重修河東運司志

第二册

卷四至卷六

山西文華·史料編

清 馮達道◎編

《山西文華》編纂委員會 編

山西出版傳媒集團
三晋出版社

山西文集

鄉科

明永樂間

張　翥　乙酉科任訓導　張　璜　丁酉科歷任兩淮運司

曲　新　丁酉科官至慶府長史　邵　浩　庚子科任衛經歷

李　輅　庚子科江寧中式見甲榜　劉　海　癸卯科見甲榜

宣德間

李　桼　己酉科見甲榜

正統間

衛　儀　戊午科見甲榜　康　謨　辛酉科任寶雞教諭

南　璧　甲子科任長葛教諭　盧　瑞　甲子科任章丘知縣

祁宣丁卯科任大名訓導

景泰間

王勝丙子科任沂水知縣　陳齡丙子科官至韓府長史

張璡丙子科見甲榜　張岫丙子科見甲榜

天順間

郝珙壬午科見甲榜

成化間

張燧乙酉科見甲榜　薛海戊子科任麟游知縣

馬璠甲午科見甲榜　馬珩丁酉科任陵縣知縣

韓鉉丁酉科任王府教授　郭崧丁酉科官至西安同知

張芮丁酉科見甲榜　李勝丁酉科任曲周知縣

宋杞庚午科任郯城知縣　侯禋癸卯科官至西安同知

路顥癸卯科任茌平知縣　張聰癸卯科任均州知州

李偉癸卯科任衛經歷　張璧丙子科任隆慶知州

弘治間

張棨壬子科歷任陝西僉事　張蔓壬子科歷任辰州知州

南溟壬子科　薛甫壬子科任河內知縣

喬遷岐壬子科官至西安同知　張蒞乙卯科解元歷任建寧同知

馬栻乙卯科官至西安同知　郭名世乙卯科任永清知縣

鄭濱戊午科任東昌推官　李昉戊午科任秦安知縣

謝　譽　戊午科官至泰安知州　王　鎬　辛酉科任陽信知縣

白　錦　辛酉科任文安知縣　王　誼　辛酉科任良鄉知縣

謝　詰　甲子科見甲榜　曲　環　甲子科見甲榜

正德間

祁　鶴　丁卯科見甲榜　相世芳　庚午科見甲榜

張　祚　庚午科官至平涼同知　孫　環　庚午科任原武知縣

張瀟甫　庚午科歷任陝西僉事　王一中　癸酉科任交河知縣

張淳甫　癸酉科見甲榜　趙　璡　癸酉科任隴州學正

崔　金　丙子科任滕縣知縣　張時亨　丙子科見甲榜

崔　巍　丙子科任肥城知縣　劉　鎬　丙子科任西平知縣

孫繼先己卯科見甲榜

嘉靖間

王命壬午科歷任苑馬寺丞

郭鳴鳳壬午科

翟潤壬午科

楊奬壬午科見甲榜

常鮫乙酉科

喬一峯乙酉科任虞施知縣

孫由義乙酉科任沈丘知縣

張良知戊子科官至户部員外郎

張誼戊子科任山陽知縣

何天錫戊子科任西鄉知縣

馬天驎戊子科順天中式

路來賓辛卯科見甲榜

王嘉會辛卯科任洛川知縣

張邦柱甲午科歷任静寧知州

丘民望甲午科任慶陽通判

張良甫丁酉科

李維喬 丁酉科任河州知州　劉從寬 庚子科

胡志夔 庚子科見甲榜　胡登庸 癸卯科

李柟 癸卯科任會寧知縣　馬紹賢 丙午科任韓城知縣

路柟 丙午科歷任福寧知州　張集 壬子科官至監察御史

劉弼寬 壬子科歷任臨洮同知　劉得寬 壬子科見甲榜

馬時才 壬子科任臨城知縣　楊聯芳 乙卯科

趙文奎 乙卯科歷任景州知州　馬紹英 乙卯科官至戶部主事

喬翔鳳 乙卯科任河內知縣　蘇養蒙 戊午科歷任兩淮運使

王宇 戊午科見甲榜　王士魁 戊午科任莊浪知縣

楊一魁 戊午科見甲榜　李淩玊 辛酉科任平涼推官

宋應昌辛酉科任交河知縣　趙欽湯辛酉科見甲榜
丁誠辛酉科見甲榜　董汝漢辛酉科見甲榜
李如金辛酉科任嶧縣知縣　喬起鳳甲子科歷任陝西行太僕卿
宋洛甲子科歷任鞏昌同知　鮮學禮甲子科見甲榜
張邦臣甲子科任行唐知縣

隆慶間

郭之屏丁卯科任獲嘉知縣　崔沂丁卯科
劉崇文庚午科見甲榜　王士毅庚午科任昌化知縣
劉濟教庚午科任両當知縣　馬邦珍庚午科歷任鞏昌同知
劉遇隆庚午科　孫榮先庚午科

賀朝嘉 庚午科　杜可久 庚午科

萬曆間

祁士克 癸酉科　張雲翔 癸酉科見甲榜

馬登高 癸酉科任即墨知縣　王津 癸酉科歷任瀘州知州

馬邦瑞 癸酉科見甲榜　馬一田 癸酉科任廣平知縣

張柟 丙子科歷任雲南副使　劉敏寬 丙子科見甲榜

劉行寬 丙子科　樊民望 丙子科

李圭 己卯科歷任鞏昌同知　王應期 己卯科

景登第 己卯科歷任歸德同知　薛郭 己卯科歷任漢中通判

劉中寬 己卯科任商南知縣　石岑 己卯科

馬崇化壬午科　閻庚壬午科任寧羌知州
王國禎壬午科見甲榜　宋時際乙酉科任咸陽知縣
曹信之乙酉科　劉登相戊子科任金縣知縣
韓沖斗戊子科　楊一桂戊子科見甲榜
喬士鶚戊子科任鉛山知縣　竇師儞戊子科任郿縣知縣
宋時勳辛卯科任沭陽知縣　楊時隆辛卯科更名騰光
王廷俊辛卯科任歸德同知　王一大辛卯科任澤州教諭
丁應時甲午科任平凉同知　令狐[illegible]伸甲午科
馮士奇甲午科　王化熙甲午科
王嘉績甲午科任武清知縣　康四海丁酉科見甲榜

周天徹 丁酉科浙江參政陞陝西苑卿　劉定民 庚子科

孔問官 庚子科任雲南提舉　任正斗 癸卯科見甲榜

喬國棟 丙午科任羅山知縣　喬國楨 丙午科任六合知縣

劉宅民 乙酉科任漢中知府　王疑祚 乙酉科見甲榜

裴君賜 壬子科見甲榜　李日儼 壬子科見甲榜

張希伊 壬子科　劉席民 壬子科見甲榜

胡承裕 乙卯科任滎陽知縣　胡舜封 戊午科解元任上蔡知縣

賀道昶 戊午科歷任神木道僉事　裴章美 戊午科

天啓間

李兖 辛酉科任文安知縣　張文昺 甲子科任內丘知縣

景永祚甲子科　張鳳鳴丁卯科見甲榜

張精蘊丁卯科任洋縣知縣　李貞俠丁卯科任廣平府同知

李貞佐丁卯科任郟縣知縣　鄭煇庚午科

崇禎間

張世則癸酉科任宜興知縣　李悋癸酉科見甲榜

劉先斗癸酉科任平凉推官　康弘謨丙子科

丁期昌丙子科見甲榜　景星丙子科

王瑞丙子科任濟南推官　王洪徹丙子科任惠安知縣

王天倪己卯科任松陽知縣　朱永康己卯科見甲榜

郭充里壬午科　馬廸吉壬午科任順天府治中

李啓龍壬午科

大清順治間

張聯第乙酉科見甲榜　萬敷典乙酉科

張鋑乙酉科　馬纘緒乙酉科見甲榜

王春陽乙酉科見甲榜　靳能健丙戌科

王斌丙戌科順天中　謝象超戊子科

謝象申戊子科見任潮陽知縣　曹復樾戊子科

尚翌岐戊子科見甲榜　馬光啓辛卯科見甲榜

康弘猷甲午科解元　陳澄度甲午科

賈元旌甲午科　馮昌奕丁酉科見甲榜

謝櫨齡庚子科　賈倚聘庚子科
傒世忠庚子科

任運城而由邑庠中鄉榜者具録于左以科
序萬曆辛卯以前無考
周敬止辛卯科官至臨洮府同知　李三陽丁酉科官至同州知州
路應聘丁酉科任陵縣知縣　蘇希軾庚子科

蘇希轍 癸卯科

路行義 乙卯科

楊桂 甲子科

張君憲 丁卯科

路光斗 丙子科

弋珽 己卯科見任户部員外

趙名世 壬午科任新城知縣

王价 丙戌科

張煜 庚子科

謝傳顯 乙卯科官至南陽知府

王國維 辛酉解元刑部協刑陝矜王事

張光斗 丁卯科

王國楠 丁卯科歷任長蘆巡鹽御史

路光奎 丙子科任紹興府同知

祁化禎 己卯科

李鄒蓑 清朝丙戌科

康如璉 庚子科

鄉榜

康熙間

祁斌癸卯科令孫永觀癸卯科

楊飛龍丙午科丁廷楗己酉科

隹運城而由邑庠中鄉榜者

康熙間

王寬丙午解元

壬子夏杪應徵續

武鄉科

康熙間

丁輔王　董振　李克勝俱癸卯科

李境　馬正乾　關振世

劉炳燮俱丙午科　萬璥丙午科見甲榜　李彪

張凝禎　李惟章俱己酉科　張英奇己酉科見甲榜

壬子夏杪應徵續

武甲榜

順治間

劉世嶶　辛丑科任江南大河衛守備

康熙間

張英奇　庚戌科狀元任御前侍衛

鵠璬　庚戌科

壬子夏杪應徵續

武胄

歷代無考

明崇禎間

劉有占任薊遼副總兵

大清順治間

劉永灝任都督同知鑾儀衛使

劉世崴庚子科舉人辛丑科進士

重修河東運司志　卷四

貢士

明周英開封知事　姚珪主簿　楊瑀衛經歷

薛昂大城知縣　吳旅廣施知縣　趙璧單縣丞

鄧泰平涼通判　宋斆安化知縣　毛勝大名經歷

王安南漳知縣　王聰蘭縣知縣　曹光華州知州

朱恭羽林衛經歷　馬淵鎮原主簿　孫昱蒙陰縣丞

樊章固安主簿　李轍大城主簿　席寧扶風教諭

秦顯通判　周杞東平州判　毛衡隆慶州吏目

喬正樂陵主簿　胡睿宜川知縣　賀禎魚臺知縣

張斆臨淄縣丞　張定兗州經歷　張海崇明縣丞

侯禧隆德知縣　曲璨臨洮訓導　韓璉工部主事
任清　李銳　齊銘
趙亨　郭珣吏目　賀禧
呂勝　李琰　孫霄南陽同知
李傑平山縣丞　曲成　喬貴太僕寺主簿
宋璧主簿　孫源秀水縣丞　周盛
秦昌通判　賀儒訓導　閻亨
梁大有　杜啓茌平知縣　宋深都司經歷
張璉訓導　康暠王府教授　南勳經歷
翟定寧州訓導　閻方　郭瑞許州判官

韓章知縣　喬璠廣平檢校　楊福
宋質德清縣丞　曹震會稽主簿　趙琇
李福成縣知縣　張福魚臺主簿　李綱
弋華王府紀善　南輔宜興縣丞　張誥行唐訓導
趙綸衛經歷　楊壽訓導　趙綬
馬棨蘭州判官　侯爵訓導　解紳永清訓導
張慶陳州判官　劉憲王府伴讀　王秀
焉程主簿　朱翊茌平縣丞　宋經禹城縣丞
張護　幽辯虞施訓導　賀翁拓城訓導
楊和　贊龍東鹿訓導　李璠上林典署

惠錠引禮　楊澤　何鏜
王鵠　劉鎔　常佶主簿
孫鰲慈谿縣丞　弋崇訓導　姚金
李繼綱　崔禹　曹希賢蒲城教諭
馬玠　王廷弼　王希騫華州判官
馬衍　曹司栽平涼通判　張鶴應天經歷
喬碧峯長安主簿　謝應徵撫寧知縣　呂訓鎮原知縣
喬夢　張衍大名訓導　陳謨
陳舜道王府教授　李宗周　楊遵道蓬萊縣丞
王幹華昌訓導　孔繼道王府教授　張惟新

李德義蘭州訓導　靳　愷蘭州訓導　和　鈴
馬　懷邠州訓導　喬　琳安定訓導　劉從寬恩貢中式
喬九峯　王汝垣王府教授　趙惟幾齊東訓導
郭維勳蒲城訓導　孔維賢　趙弘毅清水教諭
姚宗儒慶陽教授　張惠甫鄆城知縣　張良貴禮縣知縣
王好賢青城教諭　李承燁華州訓導　周士儒壺關教諭
王　令莊浪訓導　廖季鯤　馬　模王府教授
郭東田汧縣知縣　周士偉王府教授　喬溥恩嵐縣教諭
劉敏寬恩貢中甲科　王用予陝西華亭知縣　喬推恩文縣教諭
喬　桐河南教授　姚　璋王府教授　趙文光恩貢

王民 靜寧州學正　喬惟嶽 尉氏教諭　楊道南 汾陽知縣

任紹祖　宋延齡 祥符教諭　李時榮

張邦彥 壺關教諭　劉克寬 王府教授　謝試 儀封教諭

裴衷 贊皇訓導　劉繼統 澤州訓導　薛郡 渾源州學正

王省方 盂縣訓導　喬如岡 臨漳訓導　胡舜臣 建昌教授

康丹 代州訓導　趙欽舜 汝州訓導　周學思 延安教諭

王治 陳州訓導　張九經 任丘主簿　喬謙亨 交城訓導

郭櫝 太原訓導　侯甸 文水訓導　張邦珍 岢嵐訓導

孔賢 王府教授　李茂春 選貢　王敕 衛輝訓導

王應運 選貢　王梓　李守廉 靈寶訓導

姚時叙興平知縣　張翀岑王府教授　杜騰鮫代府教授

李呈秀襄垣教諭　路尚賢臨縣教諭　南邦柱

李承道　李汝玉廣昌教諭　謝繩祖偏頭所訓導

蘇希洵杭州訓導　張文翰平定訓導　樊國藎忻州訓導

楊舒聲鳳陽訓導　崇希堯　李永芳

范宗文　張雲翮大同教授　謝傳心石樓教諭

周士儒壺關教諭　賈化醇　宋醇儒

張斗楠　王經世　范崇文紫陽知縣

薛士吉　王彝典　張九皋

靳斗　王佐　馬之驥太谷訓導

石應元大同教授　劉啓甲　楊懋烈
韓廷鈇　丁應睹　翟夢柱
徐来庭　王國賢　介夢弼
寗獻誠任縣訓導　郝習孔　陰啓昌
邵三畏　張通潞安教授　李恪恩貢見甲榜
董標拔貢亭州知州　董之治副榜貢鳳陽判　曹應聘副榜貢
馬崇詔霸州知州
清
楊時和　王斌恩貢見鄉科　董禎恩貢
王廷召平順教諭　韓家傑副榜貢　任振鷺副榜貢
馬龍現拔貢　劉衍民新興知縣　路應元潞安訓導

王冕汾州訓導　崔灼臨晉訓導　郭用賢太谷學

王永熙恩貢　周家禎　楊宗華

郭文隆　張文耀　王凝禧拔貢

謝進印拔貢　姚淑虞　胡觀光

焦景慶　李一沆　衛明祚

寗昺臣　楊實拔貢通判

古之取士考素行之原詢鄉曲之譽類多得人自中正溺職士以賄升後乃一出于科試立法非不嚴且密也積漸凌夷黃金勢盛平欺白雪棘圍爲諧價之塲墨榜懸貨殖之傳流及崇禎間而寒畯絕望矣近者痛湔夙垢威以王鈇奎壁之光破濃雲毒霧而出摧陷廓清之烈何可刊也晉風淳厚關通之弊本稀今益矯矯濯磨吉人輩出以叶菁莪之運無論甲乙科即比年所獻亦多不槩筐篚謹攷證今昔鱗次書之昭河東盛事爲達道識

秩祀 附聖廟　祠堂　禪寺

祠廟之設有其舉之莫敢廢也況池神功德顯白歲佐司農緡錢數十百萬先事而祈已於事而報不亦宜乎他祀典皆附之以興敬共明神勿替刻之敘秩祀

池神廟離城七里在池北卧雲岡累朝崇祀唐大曆間度支侍郎韓滉奏秋霖不害仍有瑞鹽乃賜池號曰寶應靈慶池封神曰靈慶公宋崇寧間耀州觀察使王仲千發丁夫環池作護寶隄是歲鹽課倍增封兩池神東曰資寶公西曰惠

康公澹泉之神曰晉齊公鹽風之神曰薦寶侯
大觀四年進神進爵為王薦寶侯為成寶公元
至元癸丑重建廟賜號洪濟加資寶曰永濟加
惠康曰廣濟明洪武初更號曰鹽池之神左曰
中條風洞之神右曰忠義武安之神萬曆己丑
鹽生溢額侍御秦太蒙題請賜號曰靈佑祠增
廓三殿壬辰侍御蔣春芳復加鼎新中曰東西
鹽池之神左曰條山之神右曰風洞之神別搆
武安廟于廟東庚子侍御鄭廷以時從運使林國
相之請建太陽廟于武安廟之東後侍御楊師

程又建雨神廟于日廟之東土地廟在池廟西
井泉廟在池廟前海光楼歌薰楼相接于池廟
之南崇禎間侍御楊繩武重修
大清順治八年侍御趙公如瑾又重修
壇廟 社稷壇在西門外○風雲雷雨山川壇在南門
外已上二壇歲以春秋二仲上戊日致祭○城
隍廟在司治北隅嘉靖間侍御蔣暘運使黄景
星重修地震傾圮運使劉堯詩修萬曆間運同
鄭崇厚再修○三聖廟在育才舘前殿歲以三
仲丁前二日致祭○黑龍廟在鹽池東二十五

里宋崇寧間觀察使王仲年建明天順間重修
向以二月朔安邑縣致祭○寧濟廟在城北五
里許祀關張二神以有功于鹽也其來已遠萬
曆間侍御會舜漁重修崇禎間院司屢有修葺
香火地四十畝以地勢高聳俗呼圪塔廟每年
九月十三日祭○大郎廟在中條山之陽二郎
廟三郎廟在山之北世傳三昆以正直名世有
護池之功因祀焉姓字無考大郎以每年三月
初四日祭二郎三郎每年以三月望日祭安邑
縣主之○旗纛廟在北門外每歲霜降日祭○

關帝廟在司治東天啓初侍御張潑置廟田五十畝○文昌廟本在泰山行祠之旁嘉靖十八年鄉紳謝誥倡議徙建于城東北隅○泰山廟在南門外嘉靖四十三年重建○真武廟在司治北天順三年重修○后土廟在北門外洪武初重建○三官廟在東門外洪武中邑人王鐸重建正德六年祈雨有應侍御胡止有謝雨文嘉靖間重修萬曆間邑人再修○火星廟在儒學東嘉靖三十九年建○玄母廟在城內南街○藥王廟在西門外嘉靖四十二年建○崔府

君廟在西門内萬曆四十年邑人重修○龍王
廟在北門外崇禎間侍御楊鶚建○馬王廟在
察院西○武廟在北門外演武場東崇禎間侍
御楊繩武建○厲壇在北城門外嘉靖九年建
以祀鬼之無依者歲以清明日中元節十月朔
迎城隍神主祭

祠堂

仰德祠在儒學東隨丁致祭○忠愛祠在東門
成化丙午邑人創建祀侍御王公臣○衛民祠
在忠愛祠之西本侍御胡公止生祠侍御舒遷
增修改今名入盧祔余沈四公皆以修城功也

○遺愛祠在衛民祠西本侍御余公光生祠舒公又以侍御何公贊陶公謨入其中皆以鞏城功而後人又入邢公侗張公櫝吳公楷凡六位

○表忠祠祀關龍逢嘉靖二十年侍御舒遷建在忠愛祠之東乙卯地震侍御吳過重建後改為公署遂移于東察院之西僅屋三間崇禎八年侍御楊繩武狹小其制遂撤忠愛衛民遺愛三祠而大建之而以舊祠為三教庵

○方公祠在遺愛祠西本祀都運方公啓參後又入林公國相名方林二公祠後楊侍御既合忠愛衛民

遺愛三祠爲表忠祠因擴方林二公祠合祀四祠之主統名曰忠愛祠又將東南門外並鹽池内諸祠木主皆遷入忠愛祠并碑記移爲自漢唐至彼時共三十六位今每年霜降日祭衛民祠實祭忠愛祠也祠前樹懷棠祫祀覃澤名臣二坊又于表忠忠愛二祠之間設更衣房今愚民擅改此房爲三靈祠所當釐正○王公祠向在池神廟後祀侍御王公諍後併入忠愛祠○名賢祠在城之南池之北祀侍御李公日宣後以侍御楊公鶚姜公思睿並祀其中○明道明

學兩先生祠在北門外

禪寺

興寶寺在司治西唐朝建○觀音寺在司治北元朝建○弘教寺在南門外元朝建

國將興聽於人不聽於神謂各處厭職不崇資冥福耳非謂赫赫正神可瀆不血食也池神之祀所從来者久三九月初吉官主祭民私饗牲牷豬幣相接也金鼓喧闐俳優競進觀者如堵牆稱盛會焉或曰滛擺之聲神弗歆也宜罷或曰蜡祭之日舉國若狂孔子觀焉宜勿罷二說者孰是武安祠宇亘歟溢池

不可或闕相傳有蚩尤之戰其説至陋爲俚俗所艷譚夫鹵水殷赤足以敗鹽人惡之目爲蚩尤血耳豈眞有涿鹿遊魂煩伏魔之剪蕩哉寧濟廟之立亦引其説乃稱關張二神豈當時伏魔之力不能獨殄元兇復借助于鴈行耶其爲附會明甚城隍廟即元土地祠移建亦有明英宗北狩靈富侯萬里扈駕奉勅加封之説蓋同一荒唐也此外祀典所載既修舉惟謹而一二金宇琳壇亦前朝遺蹟法得附書達道識

風俗附物產

陳詩納價以知俗之媺惡然後可以施補救斯民也唐虞夏后氏之民也可曰吾信宿之客職在鹽筴且勿深談風化乎敘風俗

隋志曰河東土地少沃多瘠是以傷於儉嗇其俗剛強亦風氣使然柳宗元晉問曰平陽堯之所理其人至今溫恭克讓好謀而深和而不怒此堯之遺風也平陽志曰君子憂深思遠小人儉嗇耳辛苦薄滋味勤於耕織服勞商賈鮮出志曰州之民勤事耕織者率多淳良質朴務末

遊惰者輙巧詐好訟婚娶論財安邑志曰其民
質朴節儉力于耕耘然邑近鹽池亦頗趨於鹽
利輿地志曰河東魏晉以降文學盛與閭里之
間習于程法

每歲立春前一日迎青帝於東郊散春花春杖
士女競觀土牛以牛首青紅等色占水旱以勾
芒神鞋帽占寒煖或奪春杖以育蠶曰宜蠶或
裂土牛皮以塗竈曰祛蚍蜉運城向不迎春迎
春自萬曆庚戌始也是日啖春餅生菜元旦鷄
鳴時各懸黃錢于長竿以祀天曰接天神盛服

祀祖無禮諸神拜謁尊長親友交相賀燒避瘟丹逐疫氣也五日縛紙婦人寅夜出之街衢曰送窮上元張燈三夜放銀花火樹簫鼓聲徹旦士人嬉遊有于燈下粘詩藏謎以博物通徹者謂之打燈承平嘉事令人欲夢華胥矣十六夜民間婦女交徵請云走百病二十日抛煎餅于屋上名曰補天二月二日祀龍神寒食則喬呂毛孔四姓皆斷火相傳介子推之比隣也清明折柳揷于門并簪于首出郊展墓增以土好事者是日作鞦韆戲婦女兒童皆以遊賞罷業有

治業者則曰能令目盲穀雨粘禁蝎符四月朔戴紅花子間以雜綺並簪皂角葉曰已頭痛五月朔戴桃葉端午戴艾葉曰去疾裹角黍餽節懸艾虎帖朱符飲菖蒲酒繫五色絲繩于兒女項腕間曰蛇虫不螫其避兵續命之意乎六月六日曝衣服經書七夕祀牛女雙星穿鍼乞巧十四日置麻穀于祖先側次日再行展墓之禮爲中秋餽月餅瓜果設尊俎讌會以候月華九月九日蒸棗糕以薦先挈壺觴以登高而是日與六月六日皆俗所云迎女節也十月朔作扁

食薦先人剪楮為寒衣焚之墓間長至家叙長幼拜賀親友不賀臘月五日煮五色豆啖之禳小兒豆疹也二十三日祀土神二十四日祀竈具餳菓或以糖塗竈口曰見天無言是非嗟乎神若是其易餌與是日掃舍宇除夕換桃符貼春聯致酒上壽于尊長因相聚樂飲謂合家歡又謂守歲迎新

物産

五穀則有　黍　稷　稻　粱　來　牟　虋　芑　荏　菽　秫　蕎　芝蔴○蔬則有

瓜　瓠　薺　芥　芹　茄　葱　蒜　韭
莧　藕　蕨　藤　蘿蔔　胡荽　蔓菁　莙
蓮　菠稜　茼蒿　萵苣　白菜　蘑菰　木
耳　羊肚○果則有　桃　李　杏　棗　梨
柿　菱　芡　榛　栗　葡萄　櫻桃　沙
果　胡桃　林檎　石榴　蓮子　無花果○
木則有　椿　椰　樗　榆　桑　柘　檿
竹　桐　楸　槐　檀　松　栢　楊　楮
楝　檜　皂莢○草則有　菼　茜　蘆　蒿
苜蓿　草珠　蓬蒿　白皮　箭桿　石楠

備爪　槲葉　地丁　蒺藜　刺薊　猪耳
○花則有蓮　菊　葵　牡丹　芍藥　扁
竹　鹿葱　蘡粟　遊龍　夜合　慈竹　臘
梅　紫荊　木槿　山丹　金盞　牽牛　鷄
冠　海榴　玉簪　金簪　蜀葵　絳桃　碧
桃　海棠　金鳳　薔薇　玫瑰　刺蘪　水
紅　迎春　月季　芙蓉　夾竹桃　白木香
串枝蓮　十樣錦　三春柳　後庭花○藥
則有椒　艾　黃精　地黃　甘草　桔梗
山藥　知母　遠志　香附　石合　紫參

芍藥　苦參　郁李仁　白薇　白芷　藁本
升麻　防風　連翹　款冬　半夏　紫菀
貝母　五味　木通　細辛　天麻　烏藥
南星　大黃　甘遂　葶藶　旱蓮　藜蘆
地栢　木瓜　狼毒　商陸　膽礬　萎蕤
黃芩　蒼术　前胡　葛根　柴胡　益母
茴香　車前　括蔞　牽牛　蒲黃　麻黃
茵陳　萆蘇　大陰　玄精　威靈仙　大
九子　小茴香　石龍子　馬藺子　鷺鷥藤
天門冬　薏苡仁　白蒺藜　牛旁子　五

靈脂　酸棗仁　鹽精石　王不留行○禽則

有鷄　鵞　鴨　鴈　雉　鸛　鴿　鳶

鷂　燕　雀　烏　鵲　鵪鶉　水鴨　紅鶴

夏鷄　鴟鴞　天鵞　地鵏　鷺鷥　蒼庚

鴛鴦　畫眉　布穀　麥秋　野鴨　班鳩

乾鵲　山鵲　啄木　練鵲　崖鷄　兎鶻

火鳩　寒鵲○獸則有　牛　馬　騾　驢

豕　羊　犬　猫　兎　麞　鹿　虎　豹

麅　麝　獾　狐狸　豺狼　鼠狼　黄鼠

山豕　山羊○昆蟲則有　蠶　蟬　蝶

蜂　蛇　虺　蝎　蝦蟇　蜣蜋　蜻蜓　蜉蝣　蜘蛛　地龍　蚚蚓　蟋蟀　蝎虎　螻蛄　刺猬　斑猫　田鷄　蜜蜂　螳螂　蝙蝠○鱗介則有　鯽　鯉　鰷　鱔　龜　鼈　螺　蝌　金魚　銀魚　玳瑁魚○貨則有　鹽　麻　油　鉛　蜜　硝　布　紅花　綿花　黃臘

讀蟋蟀之詩使人不敢樂讀山樞之詩使人不敢不樂然皆有蒿目傷懷行歎坐愁之意爲河東之風略可睹矣憂生切故其謀生也

深謀生深故溺于利而不返競錐刀以填溝壑薦耻道盡而莫之恤至如嫁娶爭財聘不滿車女固不遣宣唐虞之民曾販鬻男女以博金錢乎居其上者相苟以歲月得代則已移風易俗之說便如土鼓蕢桴不可復設江河日下伊于胡底悲夫昔者平陽郡守高君登龍著有醒俗小言在今日猶是頂門一針具載邑志可以提呼盲瞶而興舉鄉約宣講六諭因之獎厥良而儆其或不良此尤不可以或緩潔已惠民化行自上則其根領也㞢

產庸碌自池鹽外無瑰異可居之物獨惜安
邑千樹棗為太史公所艷稱乃令戕伐所餘
惟供釀酒豈三杯軟飽真可不用盤餐乎無
惑乎先民之扼腕長吁爾達道識

武備 附保甲　兵事

安不忘危怡堂者敗況運城重地密邇中條亦一要害處也四郊多壘卿大夫之辱討軍實以備不虞疾之疾之迨天未雨叙武備

演武場在北門外嘉靖初御史朱寶昌建萬曆間御史姚三讓修崇禎間御史楊繩武重修又立武廟于其旁

前朝四城門各設民壯十六名中禁門民壯五名應捕二十名東禁門民壯七名快手五名西禁門民壯十名四季輪役快手五名俱派定各州

縣調用其設兵祇止射手五十名正德年慿警添設鹽壯市壯嘉靖間以北邊屢警設鹽壯市壯八百名民兵六百名吏農有膂力者二百名分為六營練習之然俱以事平報罷天啟間侍御劉大受題請設兵一百六十名把總一員領之崇禎年運同盧友竹呈請添為三百名守備一員領之鹽院王與徹又于弓兵并級內抽兵一百名鹽院楊繩武又增兵五十名此前朝兵制之大略也

清興以地方寧謐罷兵不置自己丑變後城守空

虚　梁鹽院調取平垣營兵一百七名把總百總各一員統領駐防十年間丘游擊調回五十七名止存五十名十三年改撥蒲營官兵六十名十六年添設二十名共八十名委把總一員

防守

萬曆間器械旗牌甚設後漸朽敝淪沒不可攷

清朝兵燹後遺留大藥器械有紅夷炮五位大將軍四位小將軍四位坐銅將軍二十位坐鐵將軍六十三位神器二十五位淨瓶炮十八位滑浪級二十七位牛腿炮二位規置四門各有定

數順治八年本司使陳詰又造三眼鎗各有四
十三根鳥鎗八十四根四城門每樣各發五根
餘俱貯庫火藥鐵子桶鑵各有觔數具冊聽稽
十六年本司使李月桂又添造火藥五百觔與
前項火藥鐵子各分貯敵樓以備緩急之需焉

保甲

保甲之法鄉城各立保正保副二十家為一保
保多置器械并銅鑼二面每夜保夫五持鑼逓
相巡邏一家有警保夫擊鑼報正副正副擊鑼
糾十保同心救援假期及不到者罰各有差又

各立鄉約所及約正約副約講等宣讀　聖諭明白講解不率者書名于冊又不悛則申報州縣以法治之蓋善俗弭盜之良策十七年本司新任又申嚴十家牌之制使逃人及他奸究不敢厠足于境云

兵事

崇禎四年閏十月秦寇乘冰堅渡河十一日直犯運城鹽院王與衞道守備蘇王圻拒之為賊所敗是日安邑令張問明揚兵賊至兵潰張僅以身免賴王公素得士民心協力城守賊無隙

可奏彝以蒲州兵至引去十六年十二月二十四日寇入安邑邑令房之屛投井死次日運城失守十七年正月二十三日闖賊北犯京師由縣北過溪掠極慘逼勒鄉紳比餉有斃于捶楚者賊敗囬復由縣北過六月賊屯兵安邑百里内鷄犬皆絶又勒令百姓運鹽于陝西民大困八九十月賊屢過境州邑無人跡惟運城以閉門獲全十一月投順

國朝民始有室家之樂爲六年復有姜瓖之亂愚民响應六月十八日賊王小溪至運城城不守

次日賊郭中傑至城因隙殺王小溪八月初一日賊虞儀等自蒲州敗回奔入運城悉毀四門關廂屢出戰屢爲我兵所敗嬰城固守九月二十二日我師用雲梯上城賊開西門南門走兵入城屠之十二月餘賊哨聚萬人復寇夏縣侍御梁公應龍檄陝西副將狄應奎大破之降賊將康姬廷運城安堵

向者運城遠苦礦盜近苦鹽盜今幸讐伏不敢逞顧疇昔逆賊之變地方無備望風瓦解迨乎擾亂反正蹀血盈城亦爾父老子弟所

痛心而疾首也承平之世守望相助今已安若覆盂矣然豈銷兵鑄鐻時乎調守之兵時其訓練又儆宋人弓箭社之遺意令良家子互相團結肄習拳勇怯私戰而勇公鬭建威消萌道則然乎地方安鹽澤在其中矣達道識

灾祥

麟經之作凡有灾異必謹而書之明天人相與之徵也而石言于晉神降于莘亦傳者所具録叙灾祥

夏桀時兩日鬬衆星隕五星錯行雨血夏霜木氷

漢景帝三年三月彗星見觜觿○永初六年河東池水變赤如血○建寧四年河東地裂十二處

晉建興元年河東天雨肉

後魏普泰元年歲星熒惑填星太白聚于觜參

唐乾符三年河東諸州多鼠穿屋壞衣○光啓二

年中條山鵲焚其巢

宋大中祥符七年池水漸涸鹽花不生俗傳有武安蚩尤之戰池水如故○九年七月蝗飛翳空趋河東○天禧元年二月蝗蝻復生○慶曆二年地震○至和二年春隕霜殺桑○宣和七年地震有裂數十丈者

明成化二十年大旱人相食○弘治十年鹽盛生積如山阜○嘉靖七年大旱○十一年大旱饑殍相籍十月虎入池神廟○辛丑五月大雷電有龍起于鹽池○三十二年鹽花盛生○三十

二年地大震壓死居民無数陷沒池東禁墻○三十五年黑青見○隆慶四年五月大水衝決鹽池○萬曆十三年杜鵑来○十四年大疫頭項腫死喪相望○十六年大稔石麥三百錢○十九年小蝦蟇徧野行者無駐足處八月久雨敗屋○二十三年蠛蜋徧野亦無駐足處○二十五年池塘水如鼎沸○三十四年地大震壓死千餘人解州關廟亦圮惟神像存焉○三十九年大疫體發疰死者無數○四十三年四月八日大雨雹傷麦二十一日復雨雹○四十四

年飛蝗蔽天復生蝝禾稼立盡七月大雷擊死婦人楊氏楊素號焦為數者○四十五年蝗蝝為患○四十六年有年烖大疫死亡相繼○天啓元年大有年○崇禎五年七月大雨三旬敗屋水决鹽池商大困○六年秋大旱○七年大旱人相食○八年旱月赤如血○九年正月壬申癸酉大風甲戌震雹乙亥雨雪夏大旱○十一年七月蝗飛翳天傷禾立盡十二月地震○十二年四月地震六月蝗蝻大傷禾稼自九月不雨至十三年七月○十三年二月隕霜殺桑麥枯死

秋無禾斗米九錢人相食死者無數解州北門
外群鬼夜哭○十四年四月斗米一兩一錢死
亡相繼○十五年六月地大震從西北起聲如
雷官民舍俱傾人有壓死者數十日方止○十
七年三月日生幻影如四日八月天鼓鳴
國朝順治二年大旱自三月不雨至于七月○四
年大雨水多蝦蟇行者無駐足處蝗不為灾有
年○五年大雨水堤堰衝決鹽池被患大有年
十二月日生幻影如四日○六年三月大風拔
木王府邏城無故崩數十丈八月星隕火光如

斗聲如雷○七年自七月十二日大雨至八月初十日止田禾壞房屋倒十二月十二日日生幻影如六日○十二年四月條山有積雪自四月不雨至于七月

余敘灾祥不勝三歎烏為歿鹽花盛生之年指之屈也幾何矣一嬴一縮數不相當是故有瑞可書不若無灾可紀無灾乃真瑞耳嗟乎姬衰多燠嬴爐恒寒誰爲爲之响荅如此而以腐爛朝報目春秋者至倡為天變不足畏之說豈非萬世之罪人哉逹邁識

新修河東運司志卷之五

晉陵馮達道編次
遼海朱之瑞
恒山魏機祥
荆南孫開祚同訂

帝王附輔相

唐虞夏后皆建都於河東聖作物睹何若斯之盛也濟濟佐命之臣匹休在一時功德在萬世模楷亦萬世叙帝王

唐帝堯帝嚳子始封于唐後即天子位都平陽克

明峻德光被四表格于上下號放勳氏
虞帝舜瞽瞍子父頑母嚚克諧以孝堯禪以位都
蒲坂詢四岳咨十二牧誅四凶而天下咸服四
方風動號有虞氏
夏后禹鯀之子抑洪水而天下平受舜禪都安
邑後世睹河洛思禹功曰微禹民其魚乎子啓
敬承繼禹之道傳祚四百年號夏后氏

輔相

有熊氏相風后 祀仰德祠傳冠名賢之首
蒼頡黄帝史官始造文字代結繩之政為萬世

文字祖祀仰德祠

唐虞時皐陶爲堯士師舜申命曰惟明克允乃制百姓于刑之中今洪洞縣南十五里有皐陶墓

稷堯時爲農師封於邰號后稷舜申命曰黎民阻饑汝后稷播時百穀今稷山縣有稷神山即始教民稼穡之地也

契爲堯司徒舜申命曰敬敷五教在寛封於商賜姓子氏後至湯而有天下

益爲舜虞官若上下草木禽獸佐禹奏初發避

禹子于箕山今太平縣東北三十里有益塚

伯夷為舜秩宗舜命之曰夙夜惟寅直哉惟清

周穆王曰伯夷典禮折民惟刑

夔為舜典樂簫韶九成鳳凰来儀文中子曰虞氏之德被動植矣鳥獸之巢可俯而窺也鳳凰何為而不来

龍為舜納言舜命之曰夙夜出納朕命惟允

羲氏和氏稷山人昔者九黎作亂神人雜揉帝堯授之官命羲和作曆推步精詳七政以齊四時以順 以上今祀三聖廟

夏關龍逄祀三聖廟又有專祠傳在名賢志中

商巫咸子巫賢祀仰德祠傳在名賢志中

傅說平陸人高宗以夢得說與之語果聖人爰立作相陳說命三篇商道中興

三聖人建都虞距運城如鼎足故河東書院特建三聖殿以祀之先是祀益稷諸佐于學宮之賢祠夫益稷五者之祖孔子豈忍儼臨其上于是合諸聖佐之位與三聖會聚於一堂而風后蒼頡等在三聖之或前或後則別祀于仰德祠於義當矣今考風后鮮以關龍

逢安邑人巫咸父子戛人於運城尤切則務其傳以冠于名賢之首無不可者抑余讀蘆志論斷語而有感焉其略曰天下大物也堯舜一旦持以與人上古無是也業已北面就臣位一旦放殺其主而代之湯武而上未之前聞何四聖人卉以身試而當時後世卒無厚訾之者哉後世視聖人太高視已太卑皆起於内不足内不足而挠之者至矣與論于法之外也嗚呼此真名言孟子曰有伊尹之志則可有其志則所謂足於内者與達道識

名賢

運城左解梁右安邑而夏縣則安邑所分壤也河山之固地足名矣抑地以人重俎豆之所崇奉史籍之所流傳敢不藉光與敘名賢

古風后解州人黃帝有熊氏之相帝嘗夢大風吹天下塵垢歎曰風為號令垢土去而后在也天下豈有姓風名后者哉以占求得之與力牧共政天地治神明至

夏關龍逢安邑人桀為不道有諫者輒殺之龍逢進曰人君謙恭敬信節用愛人故天下安而

社稷固今君用財若無窮殺人若不勝民惟恐君之後亡矣不聽龍逢立不去桀怒殺之至今稱直諫者必首龍逢

商巫咸夏縣人相商太戊保乂王家其子巫賢又相祖乙為商世臣

周畢萬晉人獻公使為將以滅耿霍魏既還賜萬以魏卜偃曰畢萬之後必大萬盈數也魏大名也以是始賞天啓之矣因以魏為氏

介子推介休人晉文公出亡子推從割腕股以啖文公公返國子推辭祿祿亦弗及作龍蛇

之歌奉其母隱於山文公求之終不出

魏顆萬之孫犨之子犨謚武子即爇僖負羈之宮者也有嬖妾無子犨疾命顆曰必嫁是疾革曰以爲殉及卒顆嫁之秦伐晋顆敗秦師于輔氏獲秦將杜回顆見老人結草以亢回故獲之夜夢老人曰余爾所嫁婦人之父也爾用先人之治命余是以報卒謚桓子

魏絳顆之弟爲晋悼公司馬公及諸侯盟于鷄澤公之弟楊干亂行絳戮其僕公謂絳能以刑佐民使佐新軍會無終子嘉父請和戎絳

陳和戎五利公悅使絳盟諸戎因勸公修政息民三駕而諸侯平卒謚莊子
魏舒絳之孫毀車崇卒以敗狄于太原古人車戰之法所由廢也其舉魏戊也以義命賈辛也以忠仲尼稱之謚獻子
魏戊舒之子梗陽人有獄戊不能斷以上其父其大宗賂以女樂舒將受之戊謂閻沒女寬曰主以不賂聞于諸侯若受梗陽人賂莫甚焉吾子必諫二人許諾因饋食以諷舒遂辭
梗陽人戊弟曼多謚襄子傳至魏斯爲諸侯

段干木芮城人居安邑之上段村與卜子夏田子方皆爲魏文侯師文侯過其閭必式僕曰君何式文侯曰段干木賢人也不趨埶利懷君子之道隱處窮巷聲施千里吾安能勿式秦人聞之不敢加兵于魏者數年

漢關羽字雲長解人先主爲平原相以羽及張飛爲別部司馬先主與二人寢則同牀恩若兄弟而稠人廣衆侍立終日與先主周旋不避艱險先主襲取徐州使羽守下邳城曹操東征先主奔袁紹而羽爲操所執紹遣顔良攻

東郡太守劉延于白馬操使羽擊之羽刺良于萬衆之中斬其首遂解白馬之圍操即表羽爲漢壽亭侯初操欲留羽遣張遼以情探之羽歎曰極知曹公待我厚然吾受劉將軍厚恩誓以共死不可以背之要當立效以報曹公乃去耳至是殺顔良羽封還所賜拜書告辭而奔先主于袁軍先主定益州拜羽董督荆州事後遣費詩拜爲前將軍羽嫌與黄忠同列不肯受既而感費詩之語立受拜是歲攻曹仁于樊降于禁斬龐德威震華夏操

議徙都許以避其鋒而天不祚漢竟爲孫權所襲殺追謚壯繆歷代廟食徧天下蓋大義感人英雄不以成敗論也子平與並知名平與父同死于臨沮興弱冠爲侍中諸葛丞相深器重之興子統官至虎賁中郎將

晋魏瓘安邑人覬之子覬勸漢禪魏者也瓘少爲傅嘏所知弱冠仕魏官侍中鄧艾鍾會伐蜀瓘持節監軍會反瓘攻殺之又襲斬艾于綿竹晋泰始初以菑陽公都督幽州平務桓力微二寇惠帝爲太子瓘知其不克負荷每欲

啓陳廞立而不敢發後會宴淩雲臺瓘佯醉跪撫帝牀曰此座可惜賈后因此怨瓘楊駿素與瓘不平駿誅以瓘録尚書事奏遣諸王之國楚王瑋憾焉而賈后復修舊怨遂譖瓘欲行伊霍之事啓帝作手詔令瑋等收瓘殺之子孫九人同被害

衛恒瓘之子官黃門侍郎工草隸爲四體書勢與父同難二子璪玠在醫家得免

衛玠丰神秀異見者以爲玉人善談玄王澄每聞其言歎息絕倒仕晉爲太子洗馬後移家

建業人士聞其名觀者如堵嘗言人有不及可以情恕非意相干可以理遣故終身不見喜愠之色

宋栁元景觧人少苦貧嘗隨父伐蠻以驍勇稱及北討加元景建威将軍有功除冠軍将軍再出北討威着境外後誅賊勛累功進驃騎大将軍孝武崩受遺詔輔政加開府儀同三司時勲貴多事産業元景獨無所營有菜園數十畝園人賣菜得錢三萬以献元景怒曰我受國厚禄乃為賣菜傭奪民利耶後以謀廢

江夏王義恭事覺受戮容色怡然明帝立贈
太尉謚忠烈從子世隆清素自立善彈琴世
稱柳公雙瑣為士品第一拜侍中謚忠武五
子悅惔惲憕忱皆有名
梁柳悅與弟惔並負時名悅位中書郎惔位僕射
琅琊王儉謂人曰柳氏二龍一日千里
柳遐性至孝奔父喪哀感行路中流風起抱棺
號慟風乃息仕梁為霍州刺史導人務先德
教下不忍欺贈金安二州刺史
柳偃惲之子年十二武帝引見問讀何書對曰

尚書問有何佳句對曰德惟善政政在養民

帝嗟歎拜駙馬都尉

北魏柳崇解人方雅有器量舉秀才高第歷尚書郎中孝文帝嘗遣崇撿斷鹽池爭訟及經畧荆郢累遷河中太守民有張明失馬疑執十餘人崇絕不問賊事但問其親戚老少存亡歡樂多寡以察其詞色談笑間而真盜獲郡人咸畏服焉

關朗字子明雲長之後抱負經綸妙極占筭浮沉鄉里不求官達魏孝文時王虬署為記室

歎曰足下奇才不可使天子不識入言于帝帝召見問老易朗寄發玄宗實陳王道諷帝以慈儉爲本輔之以禮樂刑政帝歎謂蚪曰先生知人頻賜引見後勑朗隨蚪鎮并州軍國大議馳驛以問齊建元元年魏太和三年也蚪又薦朗于明帝帝崩朗遂不仕蚪子彥師事之受易及春秋共隱臨汾山

東魏裴讓之解人好學能詩文舉秀才對策高第孝靜帝時爲屯田主客郎中語曰能賦詩裴讓之後奔齊爲高德政所譖見殺于神武

裴諏之為太學博士嘗從景清借書百卷十許日便還記誦如流景歎曰應奉五行俱下禰衡一覽便記今復見之裴生矣因楊愔闢門攺塟頃作十餘墓誌皆佳時有諏之勝讓衣語周文帝時為大行臺倉曹郎中

西魏柳虯解人專精好學大統中為行臺郎掌文翰疏言史官紀事皆當顯言其狀然後付史閣庶是非明著善惡有所勸懲帝從之或論古今文體之異虯謂時有古今文無古今作文質論遷秘書監加儀同卒謚曰孝

柳檜解人性剛斷善騎射太祖河橋之戰先登有功授鄯州都督吐谷渾不敢為寇俄拜使持節撫軍大將軍徵還京師時兄虯為秘書丞弟慶為尚書左丞檜嘗謂兄弟曰兄職典簡牘褒貶人倫弟管轄群司股肱朝寧可謂榮矣然四方未靜車書不一檜當蒙矢石履危難以報國恩耳頃之除魏興華陽二郡守鎮九曲會安康人黃衆寶謀反攻城城陷身被數十創賊獲之縛置城下令檜誘降檜大呼曰群賊烏合糧食已罄行即退散各宜勉

之衆寶怒殺之棄屍水中城中莫不流涕贈
東梁州刺史慶亦以治才顯官侍中

北齊王春安邑人少精易明陰陽風角神武帝引為館舍韓陵之戰四面受敵從寅至午三合三離神武將退軍春叩馬諫曰至未當大捷遂縛其子詣軍門為質若不勝請斬之賊果大敗後從征討占事多中賜爵安邑縣公

白建安邑人初入大丞相府任騎兵曹典文帳才幹為同局所推河清三年突厥入境代忻二牧牲馬數萬匹在五臺山栢谷中避賊賊

退勅建送馬與定州村人飼養建恐馬瘦矯制以便宜行事戌馬無損建有力焉武平末特進侍中中書令封高昌郡公

北周裴俠解人祖思齊議郎父欣西河守俠七歲始能言聰慧異常兒西魏累官東郡守從文帝戰沙苑封侯後爲河北郡守民歌之曰肥鮮不食丁庸不取裴公真惠爲萬世矩文帝謂俠清慎奉公天下牧守無可與並號獨立使君進爵爲公子二祥肅俱有洽才

柳敏性至孝爲河東郡丞雖統御鄉里而處物

平允周文帝尅復河東見而嘉之謂曰今日不喜得河東喜得卿也即拜丞相府參軍後與蘇綽等修撰新制尉遲迥伐蜀敏爲行軍司馬益州平加侍中遷尚書賜姓宇文氏守河東刺郢州甚得物情復拜禮部敏方正恭勤每日將朝必夙興待旦久處臺閣明練故事近儀或乖先典悉據舊章刊定及寢疾武帝宣帝皆親幸其第入隋位大將軍

隋柳機周宣帝時遷御正上大夫見帝失德屢諫不聽恐禍及已陰求出外拜華州刺史隋高

祖作相徵還京師時周室舊臣皆勸禪讓機獨義形于色無所陳請出刺衛州踐阼後徵爲納言機性寛簡嗜酒不親細務復出刺華州已而徵還以子述尚蘭陵公主禮遇益隆時楊素用事機與族人昂並爲外職因上宴素戲機曰二柳俱摧孤楊獨聳坐者歡笑機獨無言未幾復還州前後作牧俱以寛惠稱

柳昂敏長子周武帝時爲内史當途用事竭誠獻替知無不爲隋文帝受禪以疾出刺潞州見天下無事表請勸學行禮上善之自是天

下州縣皆置博士習禮在州甚有惠政

柳莊遐之子博覽墳籍兼善詞令濟陽蔡大寶負江左重名見莊歎曰襄陽水鏡復在茲矣以女妻之辟爲參軍蕭詧稱帝歷官鴻臚卿隋高祖輔政蕭巋遣莊奉書入關高祖欲結好于巋撫莊背托令申意時梁人咸潛請興師與尉遲迥爲連衡之勢進可盡節周氏退可席卷南山會莊至申高祖結納之意因勸保境息民以觀其變未幾消難奔陳迥等相次就戮巋謂莊曰微卿言社稷不守矣梁廢

莊入隋授黄門侍郎賜田宅莊明習舊章雅
達政事蘇威嘗奏帝云南人有學業者不習
世務習世務者罕通學業兼之者惟莊一人
徐璒反于江州命莊討平之即授饒州刺史
甚有治聲

柳彧少好學涉經史初仕周入隋累遷屯田侍
郎時制三品以上門皆列戟僕射高熲子弘
德封應國公申牒請之彧判曰僕射父子更
不異居父之榮戟已列門外尊有壓卑之義
子有避父之理豈容門外既設内閤又施熲

陳嘆服遷侍書侍御史彈劾不畏權貴見上
勤于聽受百官奏事煩碎因上疏諫帝嘉之
以事免旋復用知其貧命有司為治宅因曰
柳彧正直士國之寶也僕射楊素以小譴勑
送南臺素恃貴經坐彧牀彧自外至端笏整
容曰奉勑治公罪素起彧據案坐立素于庭
辯詰事狀素銜之已而持節巡省河北奏免
長吏不法者二百餘人開皇初又巡省太原
漢王諒謀反召彧計事彧初不知將入城而
諒反形已露素遂奏彧心懷兩端坐徙燉煌

素卒後乃自申理詔還京卒于道
柳肅開皇初爲太子洗馬陳使謝泉來聘以才
學稱詔肅宴接時論重其華辨遷太子僕太
子廢除名爲民後帝與段達語知肅屢有諫
正被太子疎斥帝歎曰非其罪也召爲侍郎
柳述尚公主被寵愛仁壽間判吏部尚書職事
修舉然不達大體又恃寵無所降屈時楊素
貴倖述每于上前面折其短判事有不合素
意者素或令述改之述輒語將命者曰語僕
射道尚書不肯素銜之後素亦被疎忌述作

兵部尚書參掌機密述抗表陳讓上許之令攝兵部上寢疾述與素及黄門侍郎元巖侍疾太子無禮于陳貴人上怒令述召房陵述與巖出外作勑素與太子謀矯詔執述巖以屬吏煬帝立除名徙嶺南

栁儉觧人高帝妙簡賢能擢蓬邛二州刺史獄訟者庭遣不為文書約束獄無繫囚及坐免妻子衣食不贍煬帝嘉其績徵授朝散大夫拜弘農太守清節愈厲帝問左右天下清名誰為第一皆以儉對賜帛二百疋

郭絢安邑人家素微初爲尚書令史後以軍功拜儀同歷數州司馬長史皆有能名煬帝有事遼東以涿郡爲衝要拜涿郡丞吏人悅服與柳儉等同以清名賜帛數載遷通守山東盜起絢逐捕多所克獲涿郡獨全後將兵擊竇建德於河間戰歿哭之者數月不止

柳旦歷任羅淅魯三州刺史並有能名大業初拜龍泉太守民居山洞好相攻擊旦爲開設學校大變其風帝下詔褒美拜太常少卿

唐柳範解人貞觀中爲侍御史吳王恪好田獵範

彈治之太宗怒權萬紀不能輔道將加重辟範曰房玄齡事陛下猶不能諫止由獵豈宜獨罪萬紀上怒拂衣起曰何廷折我範謝曰主聖臣直上乃解歷尚書右丞

張玄素解人初仕隋爲景城縣戶曹竇建德執將殺之縣人千餘號泣請代曰此清吏殺之是無天也釋之太宗即位問以政對曰隋之亡由君自專法不上賢右能也擢御史遷給事中時治洛陽宮上書諫比帝于煬帝帝曰他日往洛陽露坐可也魏徵歎其有回天力

歷太子庶子時太子承乾好遊畋玄素以師古詩訓諫太子怒每遣刺客伺之

柳澤解人鯁介寡言笑景雲中爲鎧曹參軍太平公主奏復斜封官澤詣闕上疏不報開元中爲殿中侍御史周慶立造奇器以進澤又諫玄宗善之

衛大經解人卓然高行口無二言遂于易人謂之易聖武后召之固辭開元初畢構爲刺史使邑令孔慎言謁亦辭不見豫筮死期鑿墓自爲志如言而終

柳冕芳之子博學富文詞世爲史官肅宗時父子並居集賢院芳與韋述同緝吳兢所次國史又撰唐歷四十篇頗得史體但不立褒貶義例爲諸儒所訕而冕以議論剛勁忤執政意出刺婺州

柳渾解人幼有相其夭者父令從釋渾曰棄聖道而從異端不如速死之爲愈也學益篤第進士官至中書平章事剛直敢言吐蕃尚結贊請盟渾料其詐後果爲所刦德宗歎曰卿書生何料敵之審也卒謚曰貞

陽城夏縣人隱居中條山學行著聞德宗時召爲諫議大夫時諫官言事細碎天子厭之城日夜痛飲韓愈作爭臣論以譏之及陸贄坐貶城乃率諫官上疏言裴延齡姦邪贄等無罪帝大怒賴太子營救得免而城自此名動天下時帝必欲相延齡城曰脫以延齡爲相當取白麻壞之慟哭于廷乃改爲國子司業已又貶道州刺史治民如治家賦稅不登自署其考曰撫字心勞催科政拙考下下觀察使遣判官督賦城自繫于獄判官辭去又遣

他判官按之判官載妻子適焉

柳宗元解人善屬文韓愈嘗稱其文雄深雅健似司馬子長皇甫湜亦以為然順宗時王叔文韋執誼用事尤愛其才以監察御史轉禮部員外郎將大用而叔文敗宗元貶永州司馬元和中量移柳州時朗州司馬劉禹錫得播州制書下宗元曰播州蠻方絕域往復萬里禹錫有老母勢不可偕行若母子異務便為永訣即草奏請以柳州授禹錫而自往播州會裴度亦奏其事禹錫易連州其篤于友

道如此盖古人所難也在柳州江嶺間爲進士者皆師之因其土俗爲設教禁俗以男女質錢子本相侔則沒爲奴婢宗元設法悉贖旁州倣其法歲得免者千人既卒民爲立廟而觀察使裴行立爲營護其喪弁所生兩幼子歸于京師按柳氏世傳尚有以行誼稱者曰奭曰調曰察躬以吏治稱者曰惲曰璧曰帶儔曰靖曰裘曰楚賢以勇烈稱者曰仲禮曰敬禮以文藝稱者曰僧習曰鷟曰弘曰騫之曰登曰沖皆有可觀若璧者雖有才辯乃

茸為隋主之狎客不足道也柳晟傳關侯補

曲環安邑人少喜兵法工騎射累立戰功德宗初威名益盛賜名馬封晋昌郡王李希烈陷汴州環斬賊數萬級進檢校工部尚書陳州刺史希烈平改陳許節度二州比為寇衝民苦剽鹵皆流寓他縣環勤身節用寬賦斂簡條教歸者繈負相屬訓農治兵穀食豐衍轉尚書左僕射卒贈司空

胡証解人未第時救裴度于酒肆中人謂之俠德宗時官諫議大夫奏請儉受省費絶冗官

之濫党項犯邊詔以儒而勇拜振武節度韓
愈贈之以詩家甚富素與賈餗善李訓之敗
衛軍聲言餗匿訓家掠其貲并害其子激
司空圖虞鄉人居于中條山王官谷唐末擢諫
議大夫不拜隱谷中作亭觀素室傳通經史
崇尚節義時盜賊所過殘暴獨不入王官谷
士人依以避難雖崎嶇兵亂而詩文猶有承
平之風嘗論詩云鹽梅之美在鹹酸之外蓋
名言也哀帝被弑圖聞之絕食嘔血數升死
宋司馬池夏縣人少孤家貲數十萬悉推諸父而

自力讀書舉進士知光山縣仁宗朝知鳳翔府召知諫院懇辭上曰人皆嗜進池獨嗜退官至天章侍制知晉州初池將廷試而適毋亡友匿其書池心動馳歸長子旦以吏治稱

季子光

司馬光仁宗初判并州擢同判尚書禮部言日食不滿分不當賀又勸帝早立儲嗣帝皆納之神宗用為翰林學士與王安石論理財安石曰善理財者不加賦而財用足光曰天下之利不在民即在官彼設法奪民其害乃甚

于加賦安石不悅又與呂惠卿極論青苗之害言平民舉錢出息尚能蠶食下戶況縣官督責之威乎惠卿曰民願取則與之不願不強也光曰愚民知取債之利不知還債之害非獨縣官不強富民亦不強也因與安石忤力辭樞副之命出知永興軍徙知許州請判西京留臺歸洛絕口不論事著資治通鑑書成加資政殿學士在洛十五年天下以為真宰相帝崩赴闕臨衛士望見皆以手加額曰此司馬相公也所至民遮道聚觀馬不得行

曰公無歸洛留相天子活百姓哲宗初起知陳州過闕留為門下侍郎拜尚書左僕射遂罷青苗錢復常平糴糶法兩宮虛己以聽遼夏使至必問光起居勑其邊吏曰中國相司馬矣慎無生事開邊隙人謂元祐相業有旋乾轉坤之功卒封溫國公謚文正著述甚富其訓儉及士則二書暨三劄五規於齊家治人事君尤切

司馬康光之子舉明經累官司諫直集賢院孝友有父風母卒勺飲不入口者三日及父卒

居喪盡禮因寢地得腹疾召醫李積于兗州兗民聞之奔告積曰百姓受司馬公厚恩其子病願君速往至則康疾不可爲遂卒

劉永一夏縣人孝廉謙謹熙寧初巫咸水溢民多溺死永一持竿立門前他人物溺水者輙為擿出之鄉人負債不償立焚其券兄泰爲醫助教居親喪不飲酒食肉終三年司馬君實傳之以爲今士大夫所難

司馬宏旦之子紹聖黨事起宏上書論時政得失坐罪謫永州

司馬朴宏之子育于外祖范純仁以純仁遺恩補官靖康初以兵部侍郎使金執節而死贈尚書謚忠潔

司馬宣以祖蔭補齋郎官駕部員外知梁山軍寬厚有守練習法令吏民不能欺與從兄里並著聲績里舉進士典數州官至太常少卿

金南濤解人以文學有聲于太定間一時碑誌多出其手又有劉制者能文亦工書與濤齊名

劉祖謙安邑人承安五年進士爲御史以剛直稱官至武勝軍節度使

劉從謙安邑人以明經擢進士主萬泉簿舉錯可法條教可觀嘗罄俸貲以修廟學儒業復興民歌誦之

元岐裕齋解人隱居不仕以學行鳴于世人皆稱曰岐先生于所居建燕居堂堂後建學舍歲時率鄉人修祀事習禮儀叙鄉飲少長之禮教之樹畜敦行誼以身先之鄉人始知向學

明岐祖訓裕齋之孫洪武間舉賢良方正歷官右都御史從弟庭訓亦以辟召授上元令

李祐安邑人洪武年以儒士召授四輔官兼太

午賓客侍食殿庭賜衣三襲後以老疾還鄉
歷圭甲午丁卯庚午本省鄉試

藺芳夏縣人洪武間舉孝廉歷官有惠澤為吉
安守解散群盜寢開礦之役永樂間累擢工
部侍郎提督運河兼管木植大著勞績殞于
官賜一品祭葬

陳仲良解人洪武間舉明經除岳州推官平恕
清謹考滿乞歸夫妻徒步行李自負焉

劉復禮安邑人洪武間兄復初舉人才時國法
既峻復初文無子復禮求代往授浙水丞令

犯法丞坐失擧罪禮歎曰為臣若此何以自白不食而死七世孫澤業商淮上有負其貲以千計者貧無以償澤焚券弗索

王翰夏縣人幼孤隱中條山肆力於學家貧無紙有所得取落葉書之每風起詩草飄落澗谷中洪武初以經明行修辟為本學訓導陞鄢陵教諭永樂初陞周府教授王驕縱不法翰數諫不聽佯狂歸後薦為翰林院編修尋調廬州教授倭寇攻城翰率生徒抗敵冐刃而死所著有經史日抄山林樵唱散篇集梁

園寓藁

史誠祖解州人洪武末以人才知汶上縣秩滿陞濟州知州仍管縣事老成敦厚勤於撫字境內安之文皇帝過縣奇之撫其背曰何以得民心如此賜勑褒美仍賜織金衣一襲鈔千貫在任四十八年壽百十五歲孫宗禮

麗通解人永樂初舉人由禹城令陞長史德行著于鄉政事著于官人甚重之

李輅安邑人累官山東布政有惠政民愛戴之學士曾鶴齡稱其清而溫惠而直廉而不激

寛而不縱時人以為實録後居家親友賢之
者輙待以舉火焉

王礪夏縣人翰之子第進士歷遼府長史以直
諫謫蒙陰令歸田教授後進多出其門

郭拯夏縣人永樂間以五經儒士召至闕宣諭
賜紅車遣還鄉里子孫多貴顯者

張璉夏縣貢生文皇帝嘗簽二監生坐　文廟
翌日遣校尉召至闕署其儀觀除刑部主事
歷陞運使所至以廉潔方正稱

尚淵解人鄉舉除刑部主事以文學重一時

李素安邑人宣德間進士累官通政剛直有為
敷奏詳雅

史宗禮解人以舉人任狄道知縣有異政後判
瑞州即陞本府知府剛介不阿撫政勤敏致
仕歸瑞州士人千餘保于朝壽八十七

史善解人以貢為邯鄲令清謹有惠政陞鞏昌
判不阿權貴致仕居鄉州大夫有不法者能
以直言勸阻

李濡解人正統間鄉舉山東掖縣教諭左遷萊
州訓導陞比直曲周教諭為儒官四十年行

慤端方時稱為鄉先生

張琦安邑人令高陵專以孝弟教人其性剛正面貌蒼古人稱鐵面瀕死之日囊無羨貲丞欲啓庫取耗金以贈琦曰吾有數子耕者自能力田讀者自能力書安用此為即取鑰符籍付丞而卒

閻浩解人景泰間舉人知泗州剛介輕財有指揮通于上官虛出通關者浩直發其罪

李杲安邑人舉孝廉從學薛文清恭勤博覽德行粹白與同時孝廉宋怡者俱為遠近所師

彔署清水教諭值督學按部講中庸首章自朝至于日昃未竟督學自謂不及上章薦舉怡任實雞訓導凢游其門者雖貴顯率懷德思樹立云

王正夏人礪之子十五歲登第為安肅令廉名大著即擢大名守母喪服闋改平涼韓王驕縱正以法繩之交章互奏未決以父喪歸隱

張英解人天順間歲貢官至淮安府判友孝廉潔有惠政人稱為張佛兒居鄉和遜琴書自娛識者推為林下一人

王徵安邑人以鄉舉為汶上令廉方為人所信服昏禮不論財鄉人獨稱徵云

張璡官御史按蜀及北畿風采凜然將抵家望里門而步鄉黨重之以忤權貴出為郡守子蒞舉成化間鄉試第一任建寧同知性仁厚以詩文名于時

王文解人成化時舉人毋病頭風或咳嗽文輒夢見異人既而果得異人醫治痊可文體貌尊嚴德器沉重兩任武功汲縣教卓立師模雖盛暑必衣冠非公事不干謁既致仕杜門

不出州守常詣訪焉
張岫安邑人爲孝廉時隨父琦在高陵有僉事欲辱其父岫披羊裘直入抗辯既聯捷選授御史僉事解官去累官都憲嫉邪好善出于天性雖一介不取撫遼時遼人有爲御史將監臨山右秋試者入謁岫詢及其子意欲令預薦也岫遂戒其子弁令稱疾不就試有得其家書一紙云稍去紅絹子爲老夫人製袍俟領秋俸再買寄吁巡撫爲母製衣須領俸乎鄉人寶此帖比于顏魯公之乞米帖云

張璲安邑人 廷試擬第一以例貢移二甲首歷御史至回鄉方嚴有器識長子蔡博學清介以孝廉累官秦中僉憲次子蔓亦以孝廉爲辰州守懇請休致足跡不及公門

張芮安邑人官翰林武宗在青宮芮爲侍讀臯遷掌院學士值劉瑾用事威焰熏灼公卿望塵拜伏芮遇瑾于塗長揖而已瑾銜之誣以他事左遷鎮江同知瑾誅起爲太常卿兩乞休不允卒于官上憫之賜卹典裔孫張正元布衣學道至老不衰鄉人重其品行以爲無

忝爾祖爲

馬驎夏縣人為都諫忤時宰焦芳又忤逆瑾之黨左遷淮安司理後守鄖陽侍郎呂文簡稱其忠讜在給舍牧愛在郡守

郝芹安邑人弘治鄉舉初令館陶薦而幹擢順天治中正直不撓辭官歸里

謝譽安邑鄉舉為昌樂令政績甚著值流寇張輿寇城公泣諭死守城得全以軍功陞泰安知州不阿當道拂衣去訓弟誥成進士識劉得寬於寒微以女妻之亦成進士

謝誥安邑人性俏介絕俗正德間爲孝廉時齊彥名謀寇運城誥慷慨建議爲城守之策監臨立鳩夫增築運城至今賴爲通籍令贛榆值武宗南狩節省供張之費民不爲厲比歸田杜門謝客蕭然如常布帷與胡公諧往来論道而已

王一中安邑鄉舉事親盡孝康對山曾以詩贈任交河尹子士弘以武榜任參戎士發以鄉舉宰德陽孫嘉績爲隴西令重孫天倪爲松陽令皆孝廉也

祁鶴安邑人歷官清慎不阿嘉靖間河南青羊
山盜起廷議擢爲憲僉討平之終山東憲副
相世芳安邑人有忠義至性嘉靖初議大禮列
名疏首叩闕直諫忤旨廷杖幾斃謫戍延安
凡十三年放還鄉里隆慶初贈太常少卿
胡諧安邑人方嚴清介宦轍所至有聲同知溫
州時張孚敬相權正赫子恣橫犯法當道畏
其焰且庇之諧竟置之法太守時其他往闌
入衙舍敝衣數事而已嗟嘆而出服藥需棗
吏以盤進僅取一枚幼子從旁索之乃再取

一枚其耿介如此致政家居曾遇盜于途從者奔散盜窺之駭曰張公也爲之御至里門叩頭謝過而去鹺臺王公諱溫人也極嚴重公移檄祀之賢祠

周官安邑人成童時父爲擇配將昏女以疾改容陋甚父欲別娶官曰命也竟納之後起家孝廉爲鎮安令

馬巒夏縣人篤學力行自號希迂子以司馬文正號迂叟故也邑令鍾恕欲罷榔榔州鄉賢之祀巒上書止之洎入太學貴戚某將建言

復九廟巒又上書止之江正郎晁議令平陽諸處邊儲改運本色巒又上書止之夏相國言欲仍復九廟時御史徐祚先知夏縣言托巒俾徐䟽請巒遜語謝之序班吳希同欲婿時貴將傾懷慶監生翟良臣之家而取其産巒又具書沮之其持正如此居家嚴敬喜濟人利物著書百餘卷藏于家

王命安邑人嘉靖鄉舉清貧嗜學耄而不倦為郿令請蠲繁役民便之歲凶撫摩賑救期于必濟所全活甚衆曾題詩公署云採盡溪頭

苜蓿芽沿村尚有幾人家東風不鮮艱辛意
吹散碧桃千樹花當道見之無不嗟賞乃薦
擢爲鄜與東阿皆祀于名宦祠

李㦸解人以鄉舉歷任莒州知州性孝友撫継
母所遺幼弟不啻同生在任著清廉居鄉稱
長厚按解梁近代名賢僅有姓名未詳事實安邑鄉賢蘇養蒙亦失傳俱俟訪補

楊瑄安邑孝廉初教諭齊河力郤貧士束修之
餽後爲新安令清操多惠政卒于官

閻望雲安邑人官給諫時倭患孔棘監軍趙文
華藉嚴嵩埶誣逮統兵司馬望雲抗疏乞收

成命否則嚮成功滋賦患忤旨廷杖謫驛丞

里隆慶初追贈光祿少卿

胡志夔安邑人幼穎異讀書過目成誦宰富平

課最徵入臺中按關時有挾冢宰勢為弟屬

鄉薦者志夔不從因出為河道憲副時黃河

無虞積工銀鉅萬當事欲假修築各取自潤

公持不可得充大工及賑荒之用焉以薦明

一歲三擢歷官僉憲撫延綏時河套頻有牧

馬與大將趙岢協防無警又引榆溪水入塞

灌田城保寧寧塞二堡遏其要害邊境以寧

于承先光祿署丞會輸粟賑饑承裕以賢良薦令滎陽有清聲孫舜封以文名爲上蔡令

劉得寛安邑人性豪爽不作萎薾態筮仕時焚香告天矢不苟取官成而歸果無餘貲惟是任刑部日讞海忠介之獄不愜外議然當時徐華亭當國囑之曰必擬辟保還爾活海主事意欲稍緩上怒或可斡旋乎忠介竟無他而得寛不理於口亦其遭也祀伊陽名宦

王得春安邑人官侍御立朝多有建明居鄉慷慨急人之急衆情歸向形乎詠歌

王宇安邑進士累官陝西憲副明察平恕克盡
四知壽九十乃終

杜可久解人品節高邁與安邑茂才張直弋不
宿俱工詩弋好古通皇極經世杜品節尤高
弋詠竹云挺挺幾年清見骨稜稜數節老無
心杜送人比上云見說客城為便道憑君寄
淚到椒山風味可窺與杜登鄉榜求仕卒

張集安邑人博學強記工詩文染翰醫藥音律
悉臻妙境官至監察御史

劉弼寬安邑人性嗜學沒齒研窮多所獨得每

茂對景物則曰此道惜無能叩者禔躬以敬過里巷總角子亦必致恭仕至臨洮貳守所涖之地民皆戴焉

景東生安邑鄉舉持身無過子昉明皆進士昉歷任河南布政明歷任太常少卿俱有賢名昉子永祚亦孝廉德行著闖逆闖之亂逼以偽職誓死不受

馬紹英安邑人官户部権關揚州裁税惠商一塵不染卒于任至不能辦後事揚州守徐尚列狀于當道咸爲制賻乃得歸塋

楊一魁安邑人清修著望雖致位宫保而門庭簡寂無烜赫狀居然先進風流

喬起鳳安邑人累官太僕寺卿斤斤自牧一語不敢先人廉潔不苟取坐此致通顯然家人不樂也數交謫之其契友亦不識也曰宦二十餘年必有餘蓄起鳳絕不自辯後至窮老無以供饘粥衆乃服爲所云清畏人知者與

吳從周安邑人任延安郡丞居鄉居官務從仁厚五子養淳養溫養源養洵養洽相繼登科一時最盛溫與洵雒川還僉事別有傳

劉崇文安邑人清修絕世弱冠登賢書後成進
士授户部主政監兑江西痛絕陋規至一硯
不茍用以清望調銓部布衣蔬食終始不渝
辭官歸里未幾歿囊空如洗幾無以爲斂編
蓆爲屏以坐吊客焉

姚良卿安邑人醇朴無競雖早㓜加以横逆亦
含忍不露人以為難任寧津令其弟良能亦
以長者重于鄉

牛犉安邑選貢倅開封持法屹如不少撓阻儕
類側目甚而驅馭分行勿計也寧陵呂公坤

不輕許可以巡撫至題其門曰直道守官
馬棐安邑人以明經爲蘭州判官因修公署掘
得古銅錢數萬報上貯庫一無所私在里時
酒後閉目默坐或意其真醉竊探袖中金棐
佯醉終不以語人亦盛德士也
孫維清解人嘉靖乙丑進士累官四譯館少卿
當在銓部時張江陵爲相巨璫馮保威脅中
外維清上疏劾之保由此得罪
張雲翎安邑人以治行高等歷官吏部考功郎
劉敏寬安邑人萬曆初進士歷官兵部尚書總

督三邊加太子太保揚威閫外屢奏膚功蔭
子錦衣指揮世及歿之日進階少保賜祭葬
張栴安邑人所至有政聲甫以太守擢滇南憲
副非老非病輙告休冢宰湖廣鄭公繼之其
知已也稱其勤慎趣赴任竟不往
馬化龍夏縣鄉舉兩任延安河間府判清廉正
直大得民心
李圭安邑舉人好古誼不規規世態令華亭政
簡民安貳真定以無妄被糾追後宦聲隆隆
起銓部且以卓異舉忽病歿仕終鞏昌同知

南邦化安邑人居官清正子拱極亦有官聲

王國禎安邑人嚴毅有風節與人交面折無諱居官恒未明視事案無留牘初令壽光壽瀕海多蔕租盡捐以充邑賦之半後補鉅鹿極力救荒全活甚衆晉冬曹出守上谷廉明冠畿輔備兵濟上督修河漕不為民擾竟以直迕于時後緣秦藩遂有中者而介終不易也居鄉猾吏持百金求居間怒叱之終其身人不敢干以私子凝祚亦進士

裴一諫夏人唐晉公之裔幼好讀書端靜寡言

行事必質諸古與曹真予先生交莫逆由明經訓谷庠以敦倫立誠為教朔望令自陳行實以示激勸歷中部唐山山陽縣令咸有惠政歸家讀書窮理子孫俱以理學傳家

馬斯才安邑舉人為尉氏令以循蹟著

馬邦瑞安邑人官大行居心平坦絕無機械與人言肝膽畢吐縱有過誤亦直陳無諱古所謂不欺者後有任正斗亦官大行操行略同而二公皆不永于年公論惜之

馬邦珍安邑鄉舉性純厚不見喜慍之色縣辛

昌貳守政尚簡靜門無筐篚清軍餉平番亂以忤當道掛冠歸養高訓族不輕出門閾

曹希舜安邑人天性醇篤博覽萬卷評註出人意表慕陶靖節邵康節之為人因顏其堂曰仰節當路咨訪造廬絕不為干澤事病且革子都憲君猶為諸生侍側公指示生死陰陽之理若論他人然真偉人也

曹于汴安邑人世稱真予先生幼讀書見薛文清王文成語録鋭然以聖賢為必可至刻謹言慎行牌懸之脘間因究天人性命之奥旁

通經世之學筮仕為淮安司理執法明刑與
釐殆盡入諫垣直聲表表退而講學于鄉鄉
人化之環召後典試江右稱得人既長吏垣
筦庚戌辛亥兩大計澄汰虛平中外悅服建
議剴切多見聽行晉太常少卿予告四方學
者日益衆泰昌天啓再召未行聞廣寧失守
刻日就道或問此行若授遼鉞何如曰濟則
為韓范不濟則為張許歷棘寺憲臺特簡少
宰遜謝乞歸特璫熖方熾坐東林黨削籍崇
禎間再起掌憲所建白皆宗社安危大計因

警鞠躬盡瘁防守無虞請告歸設教弘運書院講學明道至死不輟令太史呂崇烈倡明理學皆其遺教贈太子太保子曰良任員外郎清正有父風

裴竜美夏縣人一諫之子早慧有大志戊午登賢書有持金來賣者謝曰士各有志囑托非吾事也事父及繼母王孝謹備至事兄金章如事父與絳州辛全同以聖學相參訂令永清力行教化有兄弟爭訟者正值申明六諭講孝弟一條二人垂泣曰我輩獨非人乎以

狀投火而去告病歸明道崴人學者宗之晉
撫吳公甡朱之馮前後詣廬訪道極其契重
後避亂山中閉户著書不出者十餘年金章
亦以孝友著名性慈仁有生生録傳示一鄉
羅網者咸爲改業予可觀邑庠生潛心名理
不幸早死師辛全叔鶴章咨痛惜焉
裴鶴章童美之弟天啓間孝廉幼而端嶷群兒
戲以聖賢道學目之荅曰目我爲聖賢聖賢
何敢當笑我爲道學道學有何妨識者知非
常人讀書窮理務在力行學者師之後至弘

運書院談及天人一貫之理爲真予先生所
印可生平著書甚富皆有益于名理云
王廷俊安邑舉人有品行以孝聞任新蔡令救
荒甚力擢貳歸德上臺交章論薦致仕歸
喬溥恩安邑歲貢任嵐縣教諭賦性朴誠自甘
澹泊有黔婁遺風
相邦教安邑鄉舉爲武功令清廉無染士民肖
像立祠擢知濮州力辭不就
姚櫝安邑孝廉幼慕河汾之學家貧樂道朝夕
研求所坐處兩足如刻敦尚倫紀人無間言

巡撫吳人度曾疏薦于朝

毛深夏縣人歷任延安守進階大參所至多善政任磁州時以歲凶請減稅糧徭銀并告免萬金渠黃陵岡夫役千餘人招流亡復業三千家磁人建祠祀焉

楊一桂安邑人筮仕為唐縣令竭力救荒開渠灌田幾二百頃礦閹虐民挺身抗救由民部改御史後遭難發不以非序為解毅然往任事及歸清操益礪云

侯加釆解人由進士歷任憲副家居以講學為

事與耆儒呂論談道不輟學者稱焉

楊有成夏縣孝廉行誼過人令完縣多有惠政

張其才夏縣庠生以孝事孀母闡究心理學開五經館以授生徒兼長經濟曾著闔省七大政上臺嘉納生平自甘淡泊至好義樂施則終身不倦云以子慎學貴順治間贈御史

裴秉安邑貢生孝友著聞司訓贊皇克盡師道子君賜進士官給諫巡視十庫克釐夙弊

康誥安邑人秉性温和善事繼母訓子弟雖以皇天不負苦心爲念子四海官至廉憲任洹

水時公往觀其政猶以苦心作箴

秦士英夏縣泰昌選貢建茂栢修竹二館講學課藝後宰昌黎潔己愛民蠲漁戶官稅免廟會例銀且善斷疑獄上臺推重以母病歸

周學思安邑人孝友婣睦兩任南和延安教職曾署邑篆廉潔不苟以子天僑貴贈大叅

康四海安邑人官至江西按察使廉己不欺與物無競服官涖民一以慈惠為本

樊民秀運庠生學行俱優功名未遂而高風雅操不與俗同因陪祀賢祠

邵三畏安邑歲貢有文行多義舉嘗散粟於饑歲以救貧建橋於涑水以濟衆

喬國禎安邑人以鄉舉寧六合有廉潔名

王治安邑貢生訓泰安州鄉人推爲寬厚長者

張君賜安邑貢生分訓廣寧陞寧州學正署雞澤篆一塵不染引年歸里殁之日環堵蕭然

竇師儞安邑鄉舉行誼克端任保定通判乞休歸里

姚汝明夏縣舉人篤于孝友崇禎間歲凶給粟賑饑全活甚衆奉旨旌奬後爲蠡縣令公費

皆取于家感化劇盜悉爲良民三晉又荒令家仍前賑濟擢河間貳守遇變死節姦人聞難往省并其死節副室任氏棺殮歸姦哭之甚哀詔贈山東僉事

喬士鶚安邑鄉舉宰鉛山寇至戎服登陴竭力拒守得無恙後卒于官入祠名宦

李貞佐安邑鄉舉善理學崇禎間爲郟令寇至不屈劉舌斷肩而死母喬氏赴堦罵賊亦被害士民葬其母子于南郊立祀建碑歲時致奠詔贈河南僉事

盧學古夏縣人以鄉舉為衡水令流寇之亂捍賊全城擢襄陽同知署篆守城綽有方略外援不至城破被執罵不絕口賊怒剖其腹其子可久搬父屍賊欲加以兵可久哭父絕倒不知有死賊感而釋之因得具疏請卹

楊自升夏縣人事繼母撫幼弟人稱孝友由舉人歷任滄州知州時隣封俱被逆寇殘破升獨捐俸鼓衆出禦敵賊有就擒者城乃獲全宦歸值異荒煮粥賑饑所存活甚衆

景星運庠孝廉有品行勸之仕不仕逆闖之亂

感憤不食而死

清侯佐明解人崇禎甲戌進士任建平合肥兩邑有賢聲擢秋曹調銓部順治己丑亂兵起遇寇拷掠罵賊不屈與父嗣晉同被害

張慎行夏縣人崇禎丁丑進士宰中牟修武備以遏寇調元氏預積粟以賑荒順治初授御史巡鹽長蘆商民均惠繼巡蘇松等郡擒治巨憝十餘輩除地方之害又按視畿南北糾劾貪殘申理寃抑稽核卷冊不肯以故事自了晝夜勞瘁卒于官生平敬謹自持進止唯

諾俱有坊表

郭用賢安邑人運庠貢潛心理學分訓太谷以講學為事有奏女樂於明倫堂者用賢大詫力沮因為儕類所譖罷歸

鄭從周夏縣人任保康令廉潔自守

新修河東運司志卷之六

晉陵馮達道編次

遼海朱之瑞

恒山魏櫆祥

荆南孫開祚同訂

名賢二　附孝義

唐許由平陸人堯以天下讓由由以告其友巢父父曰何不隱汝形藏汝光由悵然乃過清冷之淵洗其耳隱于箕山今許由冢下有溪相傳為許由棄瓢處

虞董父聞喜人有飂叔安之裔子甚好龍能求其
耆欲以飲食之乃擾畜龍以事舜舜賜之姓
曰董氏曰豢龍封諸鬷川父所居地有澤陂
盛生蒲蒿至今稱董澤

商伯夷叔齊耻食周粟餓于首陽之下按夷齊餓
處不在此地解志不入人物中良為有見

周尹吉甫平遥人宣王時北伐有功詩美之曰文
武吉甫萬邦為憲

羊舌肸晉人博學多文能以禮信為國介聘於
楚楚人欲激以所不知而不能鄭鑄刑書貽

書以責子産治罪不私其親稱爲遺直
董狐晋史官趙穿弑靈公狐書曰趙盾弑其君
盾曰不然狐曰子爲正卿亡不出境返不討
賊非子而誰孔子曰董狐古之良史
荀息晋人獻公時爲大夫假道伐虢襲虞滅之
息之謀也初立奚齊繼立卓子皆見殺荀息
死焉君子謂之不食言
宮之奇平陸人仕於虞晋人假道伐虢奇以輔
車相倚唇亡齒寒諫公不聽奇以其族行
百里奚平陸人其先家於百里因氏爲去虞入

秦飯牛而牛肥穆公問故對曰飲食以時使
之不暴故肥公即拜為上大夫授以國政遂
霸諸侯世稱五羖大夫

卜商字子夏衛人事孔子之後居西河遂為芮
城人或曰河津人

漢張良襄陵人五世相韓秦滅韓良志在復讐嘗
擊始皇于博浪沙中不中亡遊下邳遇圯上
老人授太公兵法因佐漢高滅秦楚項卒成
帝業封留侯托辟穀隱去謚文成

霍光平陽人武帝時為奉車都尉出入禁闥最

乂進止皆有常處不失尺寸帝知其可托社稷使黄門畫周公負成王朝諸侯以賜光因受遺詔負昭帝封博陸侯百姓充實四方賓服及廢昌邑立宣帝前後秉政二十年甘露中圖功臣於麒麟閣惟光不名

司馬遷龍門人太史令談之子十歲誦古文弱冠游江淮浮沅湘涉汶泗過梁楚以歸太初中為太史令武帝怒其為李陵遊說下腐刑因發憤而修史記劉向揚雄皆稱為良史材

綦勝之河中人天漢中為直指使者繡衣持斧

誅捕盜賊威振州郡表薦雋不疑號為知人

胡建河東人武帝時守軍正丞時監軍御史為奸建斬之以聞遂顯名後為渭城令甚有治聲上官安以私恨捕建建自殺

龔遂平陽人初任昌邑郎中令事王賀賀不道遂引經義陳禍福至於涕泣賀入嗣昭帝位以淫亂廢群臣坐陷王於惡多誅死遂以數諫減死髡為城旦宣帝徵為渤海太守單車至府悉罷捕逐盜賊吏開倉賑饑令民賣劍買牛賣刀買犢盜賊屏息徵拜水衡都尉

姚平蒲州人受焦壽易學於京房後爲博士縣是易有京氏之學

東漢馬武芮城人佐光武中興戰功甚烈封山都侯雲臺二十八將之一也

裴遵其先雲中人徙安邑先武時爲燉煌太守平蜀有功乃晉魏隋唐裴氏之祖也其曾孫曄爲遼東將軍遷闢喜曄子茂討李傕有功封列侯茂四子分爲中眷東眷西眷之族

郭泰介休人隱不違親貞不絶俗少遊汝南識黄叔度之汪洋河南尹李膺特重之及還膺

餞送與之同舟而濟衆賓望之以為神仙丰儀秀偉善奬士類卒年四十一蔡邕曰吾銘人多矣惟郭有道碑為無媿耳

羊續平陽人靈帝時為南陽守令長貪黷吏民良猾皆黷得其狀一郡震悚丞以生魚獻受而懸之庭後帝欲拜為太尉時進三公者皆輸東園禮錢三萬續乃舉緼袍示帝曰臣之所有惟此而已帝怏怏而罷

皇甫嵩萬泉人靈帝時為北平太守討平黃巾張角等剖棺戮屍封槐里侯後拜太尉

魏裴潛茂子漢末避亂荆州以劉表非王霸才乃
適曹操操以為代郡守時烏桓單于專制郡
事潛單車之任撫以鎮静烏桓畏服每赴宫
不以家累自隨妻子織藜芘以自供為兖州
時作一胡床去則掛之於柱
賈逵襄陵人文帝時為豫州刺史外修軍旅内
治民事長吏不如法者皆奏免之帝稱曰真
刺史又通運渠二百里名賈侯渠賈充其子
也為晉元勲醜矣
裴秀潛之子八歲能屬文時稱後進領袖喪父

服終推財以與兄弟官至散騎常侍嘗改定
官制及作禹貢地圖封濟川侯
毋丘儉聞喜人明帝時為荊州刺史帝欲討遼
東以儉有幹策徙刺幽州儉督步騎萬人出
玄菟討高句麗追至肅慎南畔刻石紀功進
封西邑侯後與文欽矯太后詔舉兵討司馬
師大兵至皆遁走被殺
董永萬泉人家貧至孝幼喪母傭力以事父父
歿就傭主貸萬錢為葬具二日道值婦人求
為夫婦永與俱詣主人主人令織絹三百疋

以償錢既償婦乃辭曰吾天之織女緣君至孝天帝令我助君償債言訖凌空而去按此事近恠不足信天欲報孝子必遣織女下嫁則天之為天也拙矣

晉裴楷徽之子茂之孫徽有高才遠度生楷博學儀容俊爽時稱為玉人與王戎齊名言論清通衆號其里曰清通鄉累官開府儀同三司楷次子瓚中書郎風神高邁瓚弟憲官侍中石勒破王浚召憲至數而欲戮之憲以義對不拜而出勒甚嘉歎

韋忠平陽人也慷慨有志年十二父喪廬墓藜藿不充徵辟不就武帝時為郡功曹會山羌破郡欲害太守陳楚忠願以身代賊義之舍去後以鎮西將軍討叛者矢盡不屈而死

裴頠秀之子博學稽古履行高整累官尚書侍中惡俗尚虛偽撰崇有論以矯之後為趙王倫所害惠帝復官改葬謚曰成弟邈亦有名時人以八裴方八王邈其一也頠子嵩官黃門中書侍郎荀綽稱其有父祖風

裴綽楷之弟器宇弘曠官至襄州刺史子遐善

言名理嘗與河南郭象談論一座歎服
鄧攸襄陵人避石勒出奔負巳子及弟之子度不能兩全謂妻曰吾弟早亡惟此一息不可絕應自棄吾兒耳妻泣而從之其子朝棄而夕返及明乃繫之樹而去元帝時拜吳郡太守載米之任惟飲吳水移疾去職民爭牽船不得進乃于夜中發去後累官尚書僕射初攸之過江也曾納一妾及詢其家屬即攸之甥攸感恨不復畜妾竟以乏嗣時人哀之曰天道無知使伯道無兒按危急之際勢或難

以兩全然其子朝棄而暮及則力能自竄非
縱緤中物矣何不聽其隨行有萬一兩全之
望耶縛樹而去忍心害理於斯而極矣自殺
其兒者不宜更予以兒甚矣天之有知也
郭璞聞喜人博古高才工於詞賦有郭公者精
卜筮璞從之遊得青囊中書洞知五行卜筮
之術占驗必應撰洞林新林爾雅注數十篇
又注山海經楚詞數萬言避地過江元帝重
之用爲著作佐郎後王敦謀逆璞不從被害
王接猗氏人居喪哀毁過禮累薦不仕廬于墓

次備覽衆書嘗纂公羊傳及列女後傳雜議
數十萬言子愆期流寓江南踵成父書
南宋裴松之武帝時爲世子洗馬文帝誅徐羨之
遣使巡行天下惟松之甚得使體轉同冀二
州大中正註陳壽三國志上稱其不朽出守
永嘉琅琊吏民稱便致仕後使續何承天國
史未竟而卒所著有文論及晋紀子駰中郎
外兵參軍曾注史記
裴昭明駰子少傳儒史之學明帝時爲太學博
士議皇太子婚禮宜準經誥後歷長沙廣陵

諸郡以清勤稱及罷無宅以居嘗曰一身之
外復何所須子孫不才我聚彼散若能自立
不如一經
南梁裴子野昭明子性至孝父歿殮塟如禮每哭
處草爲之枯天監初任昉有盛名遊其門者
每加薦達子野獨不至昉恨焉由尚書郎爲
諸暨令斷訟不施鞭扑示之以理而已嘗刪
撰沈約宋書約自謂不及也爲著作郎時白
題滑國從岷山入貢衆不知其種族子野辨
之獨詳累官鴻臚卿俸賜悉周貧乏借官地

起茅屋數間妻子常苦饑寒著書百卷餘

裴邃十歲能屬文善左氏春秋裴叔業以壽陽降魏邃隨衆北徙宣武帝甚重之後隨王肅鎮壽陽因自拔南歸累有破敵之功督豫州諸軍事鎮合肥進號宣毅將軍卒于官邃寡言笑深沉有思略為政寛明得士心及卒淮淝間莫不流涕以為邃不死洛陽不足拔也

裴之横之高弟也重氣俠喜賓客不事生産之高以其縱誕為狹被䟽食以激之横歎曰大丈夫富貴當作百幅被後為河東内史拒侯

景于巴陵封豫寧侯王僧辯令與杜崱守臺城又平陸納之亂破武陵王于硤口除吳興太守乃作百幅被以成其志焉

北朝裴駿幼聰慧傳通經史好屬文鄉黨稱為神駒蓋吳作亂於關中刀陰人薛永宗應之襲破州縣來襲聞喜駿激厲鄉豪奔救卻敵魏世祖親討蓋吳引見駿謂崔浩曰駿有當世才且忠義可嘉補中書博士浩亦深器駿目為三河領袖轉中書侍郎贈聞喜侯

裴修駿之子年十三補中書學士出為張掖子

都大將以方略禦戎關塞清靜徵還歷中太夫兼祠部曹每有疑議斟酌故實咸有條貫卒謚曰恭修孝友絕人愛育孤姪同於己子及異居奴婢田宅悉推與之時人以此稱爲

裴宣修之季弟以孝友稱爲司州別駕兼司徒長史明敏有器幹摠攝州府事無疑滯後出刺益州善於撫綏甚得羌戎之心子敬憲莊伯皆博學多才文章爲時所重

裴安祖駿從子八九歲時聽講呦呦鹿鳴食野之苹語諸兄曰鹿禽獸也得食相呼況於人

乎自此未嘗獨食弱冠州辟主簿有兄弟爭
財成訟者安祖召至以禮義責讓之明日兄
弟相率謝罪或勸其入仕安祖曰高尚之事
非所敢當但京師遼遠實憚於棲屑耳後高
祖至河東安祖朝於蒲坂高祖甚悅拜安邑
令安祖以病辭乃詔給俸以供湯藥

裴詢修之子美儀容多技藝以主壻除散騎常
侍時本邑闕中正司徒以詢為之詢族叔眪
自陳願為此官詢即讓之出刺郢州表上鑾
田朴特為西郢州刺史後梁將李國興寇邊

朴特與詢掎角為聲援郢州獲全徵為七兵尚書散騎常侍武泰初為關右大使會爾朱榮入洛被害於河陰贈司空謚貞烈

裴粲性沉重善自標置魏世宗欲觀其風度忽傳詔就家急詔之須臾之間使者相屬合家恇怯粲更恬然世宗歎異時外戚高肇勢傾一時朝士望風拜謁粲惟長揖而已家人責之粲曰何可自同凡俗又嘗詣清河王懌下車始進值暴雨粲容步舒雅不改其常懌使人持盖覆之顧左右曰何代無奇人出帝初

為膠州刺史以亢旱禱海神例皆拜謁祭曰五岳視三公四瀆視諸侯豈有方伯致禮海神也不拜按祭真有名士風度卒為叛將耿翔所害送首蕭梁豈非高談虛論之過哉

吳悉達兄弟三人皆幼父母為人所害悲號不絕感動鄉隣及長報仇避地永安昆弟同居四十年閨門雍穆讓逸兢勞鄉隣有窮乏者解衣輟食以相賑卹儉年饘粥不繼客過必傾所有守宰殯喪私以車牛送還刺史上其事贈悉達父渤海太守後欲改葬失父墓所

且舁且傷號呌神祇晝夜不止忽於足下地陷得父銘記因遷葬曾祖以下三世九喪傾資盡哀有司狀聞表閭復役

張元芮城人年十六祖母失明元晝夜祈禱一夕夢神人以金篦療祖目越三日祖目痊因舐之果復明後舉孝廉行南陽府軍事

樂遜猗氏人明五經大義後周時霖雨遜陳時宜十四條拜太子諫議出為東陽州刺史賜安車衣服儒者榮之

隋裴政祐仕梁以平侯景功最封侯後為蕭詧所

獲錢見殺蔡大業諫曰此民望也殺之則荆
州終不可得乃免江陵陷没於周文帝命與
盧辯依周禮建六卿轉少司憲用法平恕因
徒犯極刑者許其妻子就之至冬行决皆曰
裴大夫致我於死死無所恨又善鍾律與長
孫紹遠有隙八懸七之議後忤宣帝免官入
隋與蘇威等刪定律令游歷官僚多所匡正
太子暕之出為襄陽總管妻子不之官秩奉
給僚吏悉知吏民犯罪者或竟歲不發至再
三犯乃因都會時於衆中召出案之太子廢

高祖追憶之曰裴政劉行本在不至此

王通龍門人幼篤學慨然有濟蒼生之志詣長安奏太平十二策不報退居河汾教授倣古作經又為中説以擬論語大業初徵不至及卒門人諡曰文中子二子福郊福畤畤為雍州司功叅軍子勃勔勮助皆第進士並以文藻知名而勃尤著四傑中之一人也

王績通二弟曰凝曰績績舉大業中孝廉授秘書正字還鄉種黍蒔藥釀酒自供號東皐子唐武德初待詔門下省官給酒一斗績能飲

至五斗不亂著五斗先生傳及醉鄉記貞觀
中與修隋書凝為監察御史以直言聞
張文詡河東人父琚洹水令有清政教子姪皆
明經自達文詡通三禮易詩書春秋三傳家
貧灌園為業仁壽中辟舉不應事母至孝以
德化人及卒鄉人立碑頌焉
敬肅蒲人少以貞介知名歷安陵令秦趙衛三
州司馬長史俱有異績遷潁州丞帝稱之曰
心如鐵石老而彌篤後乞骸歸家無餘財
唐裴寂臨晉人仕隋歷侍御史晉陽宫副監贊高

祖起義兵累遷尚書左僕射拜司空

裴敬彝中眷後曾祖子通隋大中大夫哭母喪明與兄弟八人皆以孝稱被旌表彝性警敏七歲能文高祖時爲監察御史歷太子左庶子武后時爲酷吏所陷死嶺南

竇靜平陸人武德初爲并州大揔管府長史時突厥數爲邊患糧道不屬靜表請屯田以省餽運又請斷石嶺以爲障塞

高士亷霍州人太宗嘗曰士亷涉獵今古心頗明達臨難有氣節當官無朋黨所乏者骨鯁

耳圖像凌烟閣封申公

薛仁貴龍門人應募征遼白衣陷陣太宗曰我不喜得遼喜得虓將軍耳遷武衛將軍

羅道宗河中人慷慨好義貞觀末與友人同謫嶺南友病臨死泣曰有委莝異壤耳道宗曰我若生還決不使君留此後果如其言

裴行儉中眷族貞觀中為長安令高宗時累遷吏部侍郎典選有知人之明武昭儀冊立行儉謂社稷之憂從此始嘗學兵法於蘇定方後奉詔立波斯王因襲執阿史那都支以歸

為定襄大總管又大破突厥於黑山帝稱其
才兼文武嘗云士欲致遠當先器識而後文
藝因斥王楊盧駱皆中仕終禮部尚書
裴琰之永徽中為同州司戶年甚少積案數百
省決一日而畢號為霹靂手後為永年令有
惠政子漼為監察御史睿宗造金仙玉真二
觀漼諫止焉開元中吏部尚書
敬暉絳人累官侍中留守長安以誅二張迎復
中宗之功封平陽郡王後為武三思所殺
裴光庭行儉子靜默寡交遊玄宗時弘文館學

士嘗勸張說止封禪召諸番赴行在後突厥果朝及兼吏部尚書用行儉長名榜一循資格配擬庸愚沉滯者皆謂之聖書子稹起居郎壽王瑁以母寵欲為太子稹陳申生戾園禍以諫玄宗改容謝

裴耀卿守真子守真以循吏稱耀卿擢童子科累官江淮河南轉運使初耀卿建議謂關中地狹穀少故車駕時幸東都以寛之令使司農租米悉輸東都而轉漕以實關中則關中有數年之儲且吳人不習河漕所在停留遂

生隱匿請于河口置倉吳船至彼輸米而去
官自僱載分入河洛於三門東西各置一倉
至者輸納水嶮則止水通則下或開山路車
運而過則無復留滯省費鉅萬至是行之凡
三歲運米七百萬斛省僦車錢三十萬緡
裴寬琰之從子累官河東刺史州久旱寬入境
輒雨徙河南尹不附權貴拜禮部尚書
張巡由鄧州徙芮城志氣高邁博通群書擢進
士除清河令有異績秩滿還都時楊國忠用
事人勸一見巡不可乃調真源令誅猾吏華

南金政簡民安禄山之亂起兵雍丘以討賊
賊遁走既而尹子奇寇睢陽巡入睢陽與許
遠拒却之子奇再寇城陷二人同被賊害
裴諝寬之子為河東租庸使入奏事代宗問榷
酤之利歲入幾何諝不對復問諝曰臣自河
東来所過見菽粟不種農夫愁怨意陛下見
臣必先問人之疾苦乃責臣以營利臣是以
不對帝謝之拜左司郎中
裴遵慶強學該綜外晦内明不干當世代宗時
為尚書右僕射吏事詳敏每薦賢有来謝者

輙以為耻諫疏皆削其稿代宗以為忠得大臣體幼以學行持門戶世稱孝悌子寅御史大夫孫樞第進士有經世才為朱全忠所害

樊澤河東人舉賢良方正有將帥器德宗時累官節度使威惠著襄漢間加尚書右僕射

盧綸河中人官戶部郎中監察御史德宗召見為詩輙使賡和大曆十才子綸其一也時有吕渭亦河中人為禮部侍郎卽以瑞柳賦試貢士者子温官尚書郎嘗作淩烟閣功臣贊

楊巨源蒲人為河中少尹以詩訓後進

裴垍聞喜人爲中書舍人時宰相李吉甫訪及賢俊垍筆疏三十餘人吉甫選用略盡天下翕然稱得人已而入相垍器局弘整人不敢干以私嘗與故人款狎其人乘間求京兆判司垍曰公才不稱此官不敢以私情傷朝廷至公先是執政多惡諫官言事垍獨奬勵俾盡言獻納元和之治百廢修舉朝無倖人爲學士引李絳崔群同列爲相權甞貫之裴度知制誥後以疾去位

裴度祢爲御史彈劾權倖時魏愽效順度爲知

制誥奉使宣慰軍士歡聲如雷度為陳君臣
上下之義田興悅服諸軍討淮西度為御史
中丞宣慰行營因言淮西必可取之狀盜殺
武元衡度亦被傷憲宗遽命入相因贊成討
賊之計自請為招討使往督諸將李愬得以
成功吳元濟伏誅封晋公歷事四朝以身係
天下輕重者三十年外國震慄每問其年幾
狀貌朝廷用否威譽德業比於郭子儀焉
范希朝虞鄉人德宗幸奉天以戰守功累遷御
史中丞振武節度邊人不敢橫憲宗時歷朔

方河東節度師師討王承宗號為名將
柳開河中人少有器識作文法韓愈嘗佐書生
接語云貧不能葬父將往干謁開立罄其橐
得白金百兩錢數萬贈之
裴潾篤學善隸書憲宗時起居舍人時兩河用
兵欲遣中官為館驛使潾言內人而及外事
職分亂矣上又服方士柳泌丹潾力諫且謂
君飲藥臣先嘗乞令獻藥者先餌一年則真
偽可辨帝怒貶江陵令穆宗立拜刑部郎中
王質通五世孫少孤客壽春力耕養母無仕進

意年逾四十始擢科累官諫議大夫以直諫出刺饒州李德裕薦爲給事中河南尹終宣歙觀察使清白畏慎所至有惠政

五代姚宗明河中人十世祖棲雲以父歿於邉廬墓終身唐時表其門棲雲之後四世廬墓至明宗十世同居慶曆中復其家自後又三世同居孝睦不替

宋王繼勳平陸人後周歷鱗憲等州刺史宋初授道州刺史上南漢可圖狀王師南伐以爲賀州道行營都監繼勳有武勇每戰常用鐵鞭

鐵棃鐵擿人目爲王三鐵

苗訓河中人善天文占候之術周末以指揮從
太祖北征視日上復有一日久相摩盪訓指
楚昭輔曰此天命也累官工部尚書

邢昺浮山人註論語孝經太宗時爲國子監丞
真宗始置翰林侍講首以命昺後至學士

董孝章真宗時十世同居時又有隰州趙友七
世同居潞州邢濬八世同居皆被旌表·

文彥博介休人天聖間知翼城多善政歷事四
朝出入將相官至太師封潞公詳宋史

王曙河汾人東臯子之後徙河南咸平中累官樞密學士知益州仁宗朝拜同中書門下平章事謚文康子益柔博學知應天府

薛顔萬泉人舉三禮中第歷河東運使河中浮橋歲為水所壞顔為夾渠以殺水勢因取渠水灌田民頗賴之仁宗遷為給事中孫尚善財計提舉解鹽官至知樞密院事謚恭敏

張觀絳人中詞學科第一判解州仁宗時擢御史中丞條上十餘事由同知樞院遷尚書右丞仁宗嘗以飛白書清字賜之以旌其節

薛奎絳人舉進士第一乃推里人王嚴而處其
下仕為隰州推官能辨疑獄累官樞密直學
士仁宗朝參知政事贈尚書謚簡肅
孫復平陽人舉進士不第居泰山著春秋尊王
發微十二篇范仲淹富弼薦為國子監直講
又召邇英說書遷殿中丞卒仁宗命其門人
祖無擇就其家録遺書十五萬言藏秘閣
許瀚襄陵人精春秋學有傳註行世高宗朝同
知樞密院胡安國罷瀚入見帝問曰卿識胡
安國否對曰自蔡京得政士大夫無不受其

籠絡超然遠迹實止安國一人南渡後爲尚書右丞會李綱罷相力求去不許及陳東得罪瀚謂所親曰吾與東皆爭綱者東戮吾可在朝乎乃爲東著哀辭八上章求罷得允

趙鼎聞喜人南渡後累官侍御史陳四十事遷中丞既而擢知樞密將有都督川陝之行會淮報驟至帝曰卿豈可遠去當遂相朕制下相士相賀因與浚力贊平江決戰之策寇退帝謂浚曰趙鼎真宰相天使贊朕中興及與浚並相論事多有不合求退甚力罷知紹興

府秦檜當國不附和議謫嶺南在吉陽不食而死孝宗朝贈豐國公謚忠簡

侯仲良河東人父道濟娶程珦女仲良因呼二程為舅從之遊朱子稱其清白勁正有欲館仲良者仲良見其家有佛像佛書拂衣去

金薛繼先猗氏人少三赴廷試南渡後隱居教授事母以孝聞正大末有薦其隱操者終不出

梁襄芮城人性穎悟日記千餘言諳春秋左傳太定初進士世宗將幸金蓮川襄上疏極諫以直聲聞累遷保大軍節度使

李華河津人性穎悟讀書一再誦輒記不忘舉
進士累官户吏二部尚書貞祐中拜參知政
事出知平陽府城被圍裨將出降華自殺

李復亨河中人年十八登進士累官參知政事
出爲安國軍節度使元光初城破自殺

南仲倚氏人以孝廉稱破群盜有功累遷懷遠
大將軍佩金符總判河中府事

李獻輔河中人與從兄獻卿獻誠獻能皆以文
學名相繼擢進士獻輔博學有幹局歷鎮南
京節度副使死於蔡州之難所著有天倪集

馮延登吉鄉人舉進士為詩文皆有法度正大
末假翰林學士承旨使元被留使招降鳳翔
不從髡鬻豐州後放還歷禮吏二部侍郎汴
京陷投井死

喬夔晉寧人性高介為詩文有法至正中賊陷
晉寧夔整衣冠聚妻子家有大井夔坐井上
令妻子輩循次投井已隨赴之謚純潔

元姚天福絳州人通春秋大義至元中拜監察御
史彈擊不避權貴後拜參知政事大都路總
管兼大興尹畿甸大治

李謙亨曲沃人英宗時以儒進歷內臺御史諫
止佛寺海內知名後封隴西郡侯謚忠肅
察罕號白雲老人仁宗皇慶初平章政事商議
中書省事延祐改元引年朝廷加以優禮
薛信延祐間為解縣尹士庶服教姦邪畏威累
陞晉寧路治中壽八十餘嘗出己貲修五龍
廟為鄉里祈禱之所
靖與曾平陸人篤學明經不求仕進親喪廬墓
哀感終身至正初旌其門
明張昌臨汾人本元進士不就顯職乞為晉山書

院長洪武初以議禮聘至禮部上深嘉之除
國子監助教授太子經所著有存齋稿
袁泰萬泉人洪武初進士累官右都御史執法
不撓良善獲安奸邪歛戢
賈正議聞喜人長於文學官至參議以直道聞
蔡瑄滎河人洪武中以序班累官通政使出納
以公劾正乖謬百司肅然及卒御製文以祭
并賜賻鏹復其家三年
薛瑄河津人年十二作詩賦監司異之既而從
魏范二先生講周程張朱諸書遂焚其詩賦

以斯道為己任永樂中舉河南鄉試第一成進士擢御史監湖廣銀場手録性理大全潛心誦讀夜寢有得必起燃燭記之陞山東提學每集諸生親為講解人呼為薛夫子轉大理少卿立朝蹇蹇不折節於當塗不謝恩於私室以此忤貴近被誣下獄猶手持周易玩味不輟既免復起大理由禮部侍郎入閣未幾致仕從學者甚衆惓惓以復性為教卒贈禮部尚書諡文清

韓文洪洞人成化進士歷任戶部尚書上疏首

劾劉瑾歎曰即事不濟吾年足以死不死不足報國疏上褫職下獄罰米三千石世宗朝贈太傅謚忠定

柴良襄陵人由舉人授廣安州知州寇至州治左右請避之良不可曰郡章誰屬耶獨懷章坐中堂竟被害郡人哀慕立祠祀焉

孝義

後魏閻元明安邑人有孝行除北隨郡太守以違親養涕泣喪明號訴于上乃許歸養一見其母而目復明有司狀聞詔表孝行復其家母亡服闋心喪不輟每忌日悲慟傍鄰昆弟亦感而雍和白首同居

周紐因安邑人居親喪廬于墓側負土成墳廬前生麻一株高丈許環圍合拱枝葉暢茂有烏棲其上悲鳴與哭聲相應時人異之周武帝表其閭擢授丼棠令其子士雄亦以孝稱

栁雄亮機從弟父檜周華陽太守為賊所害雄亮年十四哀毁甚至終喪後志在復讐柱國蔡賡引為記室參軍府中文書多委之後竟手殺安康賊黄衆寶於京師朝野重其志節累遷内史中大夫爵汝陽縣子隋初進伯爵

唐張志寛安邑人居父喪哀毁州里稱之王君郭起兵畧地不忍暴其閭商之以全者甚衆嘗為里正詣縣忽稱母疾求遽歸令問狀對曰母有疾志寛輙病令疑其妄繫於獄馳驗如言乃慰而遣之母終負土成墳髙祖遣使拜

散騎常侍表其閭

張琇解州人父審素以嶲州都督被誣為御史楊汪所誅琇與弟瑝徙嶺南久之逃還殺汪于都城繫表於斧言父寃狀吏捕以聞張九齡欲活之玄宗謂孝子不顧命殺之可成其志臨刑琇色自如曰下見先人夫復何恨

明周尚讓夏縣人洪武九年辟召授分宜簿有孝行母喪廬墓致靈桃之應

張璠解人英之子性至孝居親喪泣血十日死

張斌安邑人永樂間北征募三河壯士其兄當

遣斌曰兄老矣且無嗣此行能生還乎吾幸有子又膂壯乃毅然代往窮絕塞而還論扈駕功授錦衣衛百戶辭歸養親而兄亦有子後斌子祐孫璡璲輩累世貴顯

呂讓解人事親孝敬著聞及親歿思慕不忘顏其室曰孝思

李通解人敦朴好善嘗有馬馳至其門上載白金一橐通繫馬園中守橐以俟有客訪馬至言馬形狀甚悉通引至家并金付之客以百金謝堅辭不受

劉鑑安邑人烈婦李氏之孫輸粟散官弘治四年以母病篤醫治不痊鑑澡雪其體籲天請禱云吾母疾甚吾死無憾割左脇肉一片令妻作羹救母羹至母食病頓愈鑑亦無恙母壽又踰二紀七十二而卒

王鳳安邑人事母至孝母卒廬墓有白狼伏於塋鳳不懼一日狼越墻去為竇所羈鳳以手扶出狼再四迴顧自後時来伏塋者三年

李瑛安邑人父殁廬墓三年不茹葷旨塋傍隙地種瓜以備時祭至孟冬瓜猶實不因霜凋

人以為孝行所感

喬安安邑人父伯泰遘疾躬侍湯藥衣不解帶百餘日不懈及卒哀毀不食者三日既葬廬于墓斷葷酒負土成墳父嗜桃李于塋傍種桃李百餘未幾母王氏卒仍廬墓側塋中穀生雙穗桃李九月復開

呂完安邑人正德間父歿廬于墓廬外尚有狼數隻伴完宵宿鄉人傳其事於縣令令疑之黎明詣墳以視果如人言

張光射御史璡之裔孝於父母晨興必請所欲

食其父遊歷之處預授錢於舘人俾具食以待其父父遊稍遠必携家膳以從慮不精腆也友愛兄弟有無與共室人化之每食必與妯娌偕事從兄亦盡敬伯父母歿為之殮瘞族黨有不給輒捐所有以濟貧者不計人稱其賢無間語萬曆間上臺交旌其門

劉允寬安邑人運庠生也父沒遺腹三月而生侍孀母四十年竭力承歡母素食瓜豆身任桔槔母指拘攣晝夜哀禱得愈母病侍奉湯藥衣不解帶及歿孝慕不衰生平謙謹自持

與物無競課子有成人謂盛德之報

王叅家安邑庠生孝行克全養孀姊撫孤甥恩意並全邑人稱之贈國子學正

曹應選庠生家酷貧兄應聘以貢入都病故應選間關二千里備極艱辛負兄骨而歸呂宗伯扁其門曰遠負隰裒鄉紳張世則贈詩有遊魂時遠還家夢白骨猶懷鞠子情之句

景于崗安邑庠生事孀母克盡子職奉旨建坊

馬熺王衆粹皆庠生俱善事繼母而民人任恩禹者竭力事親屏子供饍鄉評重焉

郝本彰安邑庠生事繼母盡孝待異母弟嚴和家貧樂道少年即棄舉業博覧群書葉華勸入為善鹽院武陵楊公雅重之贈以句云陋巷一生顔氏樂清風千載伯夷貧姜院亦扁其門曰石渠鴻寶後浩然長往不知所之

劉薦民庠生游於曹貞予先生之門力行古道母喪廬墓哀感不衰見入賢祠

清馬之偉安邑庠生孝親友弟譽隆閭里以子光裕貴贈工部主政次子光啓亦中甲科

路應元由貢生分訓潞安事繼母如生母而孝

庶張鋟廩生張奎並以孝事繼母聞奎屢旌
鋟力學未仕

補遺

明仝寅安邑人少瞽而性慧學京房易占斷多奇中正統間客遊大同英宗北狩陰遣鎮守内監裴當問寅寅筮得乾之初九附奏曰可以賀矣龍君象也四初之應也龍潛躍必以秋應以庚午浹歲而更龍變化之物庚者更也庚午中秋車駕其還乎還則必幽勿用故也或躍應爲後七年必復辟午火德之正也丁者壬之合也其歲丁丑月壬寅日丙午乎後悉如所言上復位授寅錦衣衛百户世襲石

亨有他圖寅力止之先是錦衣指揮盧忠欲誣告南宮卜于寅寅以大義叱之曰是大凶兆忠大懼佯為風狀二事尤為人所敬服

馬進安邑人由知印為江都主簿時高郵寶應湖水溢運道孔艱進建議甃石為久遠計當事嘉之薦陞光祿寺監事先是河東荒人相食鄉人就食于揚者百餘進館餼之無難色全活甚多

劉近寬安邑人本司吏有孝行生日斷酒肉悲親之不存赴京考授凡十五年止以糟糠自

給授京倉大使常例不取倉弊盡革當事嘉之陞藍田縣大使即告致歸

王世相安邑人監生好讀書嫺詩詞醫卜諸藝所交皆當世名人任延川縣令

譚應春解人其母節婦丘氏也應春力耕奉事言動不苟里中無大小皆稱為譚家孝子

王肇益安邑人鳳翔司理王家禧之子逆闖遣黨搜捕宦家極刑索餉肇益隨父詣比所口稱家世清白願代父受比賊怒枷脚三日遂死賊亦憐其死而恕其父家禧獲全

河東為三聖首善之地風氣醲厚士君子無囂心詭行樹立品行表見勳名者比比而有即鮮安夏縣所傳頌已犖犖若而人矣及搜覽運學鄉賢舊冊則平陽一郡與他郡賢豪自明代以前羅列不少正德以後他不之及惟安邑獨詳前後不相稱識者疑焉夫舍運城近地旁及於十二州邑質諸涇野先生之論猶不為甚謬泛舉一郡則與郡學賢祠何別況他郡乎且從其近者言之而其地之先喆或不與如夏縣之陽城是矣從其遠者言

之而其地之先喆又或不與如介休之介子推是已何所見而存何所見而去與即其比肩並列者又多蘭艾雜居如裴炎之逢迎牝后擅行廢立而祀封常清之太言欺世喪師辱國而祀則又何說也予欲混而一之既於義例有乖欲憑臆更定又嫌於示人以不廣爰以切於運城者冠其前而鄉賢所並載者附其後賢而未祀祀而不必賢亦間有所增損較原志之顛倒踈略容有訂正之功降自近代光岳氣分人才難得凡吾所揚推非特

一二鉅公流馨千古即孤立獨行之士未爲當世所指名而吾咸有取焉君子善善欲其長不忍没也且鄉評足據寬矣非濫也鼎革之際潛德幽光散佚簡編之外者應復不鮮博搜慎採踵而成書其以俟諸手握如椽者乎達道識

閫德

詩云釐爾士女傳曰女之有士行者也然則巾幗而鬚眉矣豈咢咢鬚眉并出裙釵下與臚而載之匪徒羅亡實以勸存敘閫德

隋裴淑英安邑人矩之女適李德武踰歲德武坐事徙嶺南矩上表離婚德武亦謂淑英曰我無還理汝必配他族淑英曰夫天也天可背乎願死無他自是容貌日衰後十餘年矩潛許嫁栁直淑英聞之斷髮不食矩不敢奪德武亦娶妻比赦還遝解聞淑英守節乃出後妻

與淑英夫婦如初

唐衛孝女夏縣人字無忌六歲時父爲鄉人衛長

則所殺無忌懷復讐之志其從父延客長則

在坐無忌以磚擊殺之詣吏請刑太宗特免

其罪賜之田宅以禮嫁之

隋蘭陵公主文帝女州人柳述之所尚也述受文

帝旨召故太子勇煬帝即位流述于嶺南勑

公主與述離絕欲改嫁之公主以死自誓表

請與述同徙煬帝大怒公主憂憤卒

金王氏解人周君實妻年二十守節至七十而終

郭氏解人曹二妻年二十一守節七十五而終
以上二人皆于大定年旌表
元廉氏安邑人王海妻海卒氏奉衰姑撫幼子貧
餒不易節泰定四年詔表其閭仍賜以田
明馬氏解州人張清妻趙氏解譙妻張氏生員李
瑾妻尚氏生員高盛妻樊氏馬健妻高氏生
員史鵷妻楊氏貫旺母喬氏生員哀觀妻郭
氏李海妻衛氏李威妻耿氏生員揚蓁妻劉
氏張瑞妻張氏王進妻郭氏范巖妻馬氏郭
濟妻相氏張學妻李氏樊景妻衛氏喬玫妻

王氏趙豹妻胡氏安邑廩生張徽妻丘氏裴
學妻董氏主簿焦孟禎妻以上皆守節不虧
始終無玷詳載州志中
侯氏解人孫膺龍之妻年十八守節上奉孀姑
下立嗣子以延孫後四十載無間言
丘氏譚廷誥妻十九夫死哀毀過甚當道表其
貞節有見諸歌詠者
清丘氏解庠生柳星之妻家貧以紡績助中饋順
治己丑亂兵起寇入柳生家夫婦同受拷掠
並其小女索金帛且加兵丹氏度不免乃詒

寇云有衣飾埋井旁窖中可同取免死寇信之既至其地又詒寇曰業至此可暫寬我夫我則不能飛去也夫得脱氏急攜其女投井中死以智脱夫以節全身一時稱僅見云

尚氏序班趙曙之配曙大司農欽湯之孫太僕標之子尚年二十七曙卒今七十餘以節義旌生平婦道極恭母儀克謹恩撫幼叔教養弟姪與子孫等歲祲煮粥賑饑皆義舉也

劉氏王懋功妻食貧守節教四子多成名者以上皆解州人

明李氏安邑人清水訓導劉達妻夫亡姑老子幼家無所蓄惟織紝供養時富民景姓者慕其姿求為室姑允諾婦知勢不能已自剪其左耳永不櫛沐髮凝結若冠帽年七十五卒

尉氏仝璘妻年二十夫亡織紝育子成化二十年歲凶人相食氏困餒殊甚節操愈堅夏邑富民欲娶為妻伯兄允焉氏斷髮自矢哭告隣婦曰我以死為主誰敢再說縣令竇祥聞之賚穀一斛每散賑數倍于人事聞按院免其子九疇雜徭年七十七而歿

張鉞妻遺其姓成化二十年大旱鉞與妻就食河南渡河中流鉞囑妻曰我死汝從人勿我念也鉞投水妻躍而從之相繼淪沒舟中之人無不悲泣

馬氏蘭州判馬棐女適李汝安年二十夫亡無子一女歸茂才崔雲峯先故貧寡無倚播剪度日孀居六十餘載人罕識其面直指奏旌

李氏生員和芳女吳三樂妻二十一歲喪夫守節終身值吳李皆絕未旌始氏以姒子為嗣未三歲殤姒王恚曰爾命無兒致吾兒夭折

詬詈年餘氏輒遜謝曰我命真苦兒真可惜
終不與校時尤以此難之
張氏年十四適郭孔皆甫六載夫亡氏誓死靡
他子女俱無艱苦最甚而侍奉孀姑孝敬不
替暨終以禮塟焉守貞六十二年屢經旌奬
劉氏庠士王繼仁妻繼仁病歿氏哭泣不食繼
仁就窆氏謂傍人勿堅築吾將亦去不旬日
死直指尚公有貞烈之旌
侯氏幼孤育於伯父轉育于所親年十四嫁侯
村趙良進趙素貧爲人傭越二月而病氏醫

藥極恭又三月良進死姑與其母議令改嫁氏從容語母曰第同葬一陌紙錢耳母不解其意別去氏自經死時萬曆甲午之五月顏色如生張明經表其閭王太史應奎表其墓劉銓部題以辭醮臺曹公命建祠偏村以祀而都憲曹公勒碑以記嗚呼侯氏不死矣

高氏運司吏衛養民妻衛頗有積貯病故張姓者利其有賂媒欲強娶之高堅拒不聽閉門自縊聞者為之慘憤

馬氏生員路種妻甫二旬夫故逾三月生子難

苦萬狀守節五十餘年而卒先是撫孤成立爲之求婦或以其窘也欲以寡婦嫁之氏怒曰此輩豈人乎肯足辱我兒辱吾蓋惡其恥貳如是茲所以完貞哉

謝氏生員劉寓仁妻年三十夫故矢死靡他娠甫三月家貧甚無翁姑兄弟之可倚旣而生子允寬氏茹苦撫孤紡績供讀得補諸生守節四十餘年閨內寢肅然允寬事母至孝別有傳孫席民成進士疏聞奉旨旌表

周氏訓導裴袞妻袞以孝友著及卒周痛泣絕

食以姑老子幼勉稱未亡人竭力事姑義方訓子院道屢旌子君賜成進士請旨建坊

呂氏適司吏馬國良十九歲夫死無子父母翁姑勸令改醮氏剪髮斷指誓死不從上奉二親下撫二女備極艱辛事聞旌表

孫氏吏部選郎劉崇文之繼室十五歲而嫁十九歲而寡銓部居官清介殯殮無資遺孤僅有三齡瘵病幾難存孫氏守節撫孤饑寒自忍耕牧樵採無不備嘗真與夫同操云

王氏景愈昌妻夫故無子女薄有田產盡付夫

弟愈芳逼氏改醮誓死不從又嗾媒誘之氏乃飲藥隣婦救之獲免族伯原任知州景登第義責愈芳兼賑氏之貧景官發芳鬻産他住氏絕食餓死

黄氏楊遵義妻翁姑嘗同病割股為饌奉之病俱愈翁延壽十年姑八年院道旌奬年給廩三石子而孝難矣婦而孝尤稀黄氏足尚哉

景氏十六歲適庠生張永祚吏部郎雲翺子也甫三月夫死守節至七十七歲卒奉旨建坊

呂氏粢廷試妻早寡撫二女事孀姑旨旌節孝

曹氏都憲公于汴長女適庠生景永嶶十九歲夫故守節四十一年卒曾值毋夫人侯氏病篤割骨和藥以進死而復甦屢經旌表

張氏郭錫妻申氏儒官陳玄妻劉氏胡世德妻王氏張校妻李氏儒官劉漢民妻王氏司吏楊三省妻張氏典膳路遷妻路氏生員喬尚賓妻常氏儒官曹時聘妻胡氏周誥妻李氏庠生張任重妻王氏庠生景茂才妻文氏生員吳濟妻皆以苦節聞

清曹氏都憲公次女適庠生李肇元孝謹恬約順

治六年兵入城抱子投井死
周氏郭懷妻守節四十年家貧無子女清操終始不虧姜瓖賊黨據城投井死
路氏庠生劉際皡妻守節撫孤屠城死難
古氏王之傑妻員氏庠生王昺隆妻相氏庠生王昺盛妻崇禎間逆賊任國奇引兵入鎮三氏恐被汚辱同時投井古氏有三歲兒抱以俱死一門三烈一井四命聞者無不哀憐
犢氏庠生周光祚妻順治六年兵亂氏臨難生計將幼子授夫囑其竄匿乃挺身罵賊而死

王氏庠生李禧侃妻六年兵變被掠強逼不從攜幼女跳入深溝死馬氏張鳴鳳妻亦為強寇所擄亢聲罵賊被殺

孫氏庠生丁養珍妻家貧守節兩值異荒三遭兵變而清白獲全

郭氏儒士張君綸妻十七守寡遺孤又以兵變被傷清節不虧迄今七十餘歲

胡氏壽官張君惠妻子張其謨妻李氏次子生員張其策妻趙氏順治六年寇至恐失節姑媳三人皆投井死

胡氏庠生席於陛妻順治己丑傳聞兵至即投井死年方十四歲以上皆安邑人

明盧氏車輅妻盛年守節三十年不出戶庭鄉隣罕識其面

劉氏庠生申信妻二十喪夫斷指守節事翁姑以孝教子孫以義孀居六十餘年

清王氏義民張問仁之繼室前妻生二子皆在襁褓中夫死氏事翁姑撫二子盡孝盡慈苴指特題旌表以上皆夏縣人

明薛氏安邑人出自望族係宮保曹真予之侄婦

爲諸生曰泰正室善事姑嫜以孝稱蘋蘩外
帷以粗衣糲食自井織紝躬親雅嫺婦道其
孝母尤篤母居貧迎養之備極滋味克以色
養值母病侍湯藥衣不解帶者百餘日號泣
禱天願以身代母疾劇且終哭幾絶淚盡而
血繼之三日告殂上臺交給扁旌其門吕宗
伯有誰能餘孝及所生絛湅淑媛稱薛氏之
句

嗟乎凡此淑媛豈不皆烈丈夫哉彼其一念剛決豈顧身後名然而自予以名矣寧惟自予以名且予其夫以名或予其子以名矣是故婦德之所全大也善乎曹先生之紀侯氏也其言曰貧家幼婦非有保姆之教習見之素而一醮不忘井死如飴與敗節而偷生寧一死以全節生且可捐況區區末利豈與燕耻校重輕哉乃有圖利欲之便安猒禮義之拘檢喪耻不顧聞烈婦之風當亦忸焉泚其背矣嗟乎士君子宜日三復于斯言達道識

流寓

山川都邑以名賢一過為重况僑寓于斯以月以年者乎留姓氏於斯編皎皎白駒迄今尚未逝也叙流寓

周范蠡佐越滅吳後浮海至齊變姓名曰鴟夷子皮致産數千萬齊人聞其賢以為相蠡歎曰居家則致千金居官則致卿相此布衣之極也久受尊名不祥乃歸相印盡散其財止懷重寶間行止于陶以為天下之中善為生自號陶朱公相傳邑之陶村即其所居

漢蔡倫桂陽人和帝時爲中常侍有才學以古書契用竹簡中古用縑帛因取樹膚麻頭敝布魚網造爲紙天下便之曾寓居安邑云

閔貢字仲叔太原人高節士也周黨見其含菽飲水遺以生蒜受而不食建武初應司徒侯霸之辟不合辭去家居安邑老病家貧不能得肉日買猪肝一片屠者或不肯與安邑令聞之勑吏常給焉貢怪問知其故乃歎曰閔仲叔豈以口腹累安邑耶遂去客于沛

第五倫宦未達客于河東變姓名曰王伯齊載

鹽往来河東上黨間所過必爲糞除而去
元王通平陽人隱居安邑博通經史尤精于春秋
易累薦不仕述周四王年譜傳于世年七十
八而終塟條陰之阜
歸暘汴人至順初進士累官集賢學士兼國子
祭酒後避兵寓夏縣慕温公為人居其墓傍
所著有雜肋集卒塟于墓北一里
明張讓山東人先判解州後知平陸洪武初慕歸
暘之為人来籍夏縣士子多就學焉
范少伯止于陶果即陶村乎記者或有所據

若蔡侯墓乃在洋州之龍亭鄉碑記鑿鑿然謂倫曾寓此可也謂倫墓在張董里則未敢信也嗟乎龍隱鱗于跛鱉鳳匿羽于凡鷄萬目睽睽誰知之者即今鹽車鑾鐸中保無有王伯齊其人者乎我之懷矣何日忘之達道識

山西文華·史料編

重修河東運司志

第三冊

卷七至卷八

清 馮達道◎编

《山西文華》編纂委員會 編

山西出版傳媒集團
三晋出版社

山西文华

新修河東運司志卷之七

晋陵馮達道編次
遼海朱之瑞
恒山魏櫆祥
荊南孫闢祚同訂

疏議

鹽政所關鉅矣河東鹽政又與他省不同蓋臣喆士意美而法良其見於論列者爛然雲日爲昭烏前事不忘後事之師也叙疏議

明巡鹽御史王宣裁革奏討疏

為照河東之鹽專供宣府之費不容別有所侵正德十年該慶城等王府奏稱近年蠲免祿糧汾州衛旗軍王成等奏稱近年蠲免月糧俱要於河東餘鹽內折補正德十六年御史丘道隆題稱阻壞鹽法虧損邊儲奉旨裁革今復奏討不止臣思王府之祿軍校之糧皆其應得之物本不可缺但池鹽連歲不結國課逋欠者多户部借太倉銀兩以給邊費者八九十萬即今倉場如洗補償無計就使目下能生盡力撈辦於已前逋欠之數尚難補足前項已革鹽數動計

五十七萬有餘不知何年月日剩有餘鹽可以折支且一次蠲免即仰給餘鹽後復有蠲免之詔引援前例何以應之國家行法以義守法以信已奪而復予恐無以信天下且徒為嗜利者立赤幟耳合無遵照前旨通行裁革以後凡有揑故奏討者奏詞立案不行仍行提問重治庶免一羊九狼之弊而逋負易完姦欺可杜矣

○巡鹽御史方涯額課常規疏

竊惟規制適中則事可行而法可久一失其常徒置虛數不濟實用查河東鹽課原額三十萬

四千引成化間添至四十二萬引計其鹽花盛
生及不生之年衰多益寡僅足以辦額數間有
多撈餘鹽亦不足補缺乏之年難以準爲常例
先年河東事例除解宣府八萬兩外餘存留山
西補歲用之不足未嘗限有定數嘉靖二年以
山西業面額糧之數議將河東餘鹽每年該賣
銀八萬九千三百餘兩改派宣府以抵前數如
餘鹽數少准將正課鹽内變銀解送嘉靖七年
又經户部題奉欽依山西民糧復還宣府河東
餘鹽價銀抵補山西臣今計之餘鹽正課皆不

可限為定數也盖自嘉靖二年以来俱係拖欠年分未見撈有餘鹽若将正課變銀補數鹽價隨時高下不一以今價每引三錢二分計之則四十二萬引止得銀十三萬四千四百兩耳何以既解宣府八萬兩又能補山西八萬九千三百餘兩耶乞行該部今後鹽課惟以額定引數為準不當以銀數為準如每年賣足四十二萬引之數除解宣府八萬兩外餘隨多寡解布政司支用如有不敷聽撫按議處具奏若有多賣引數即係別該年分之課就當補還前欠間有

多撈餘鹽仍備缺乏之年撥補不可以爲常例如是庶幾事體適中公私易辦而法可久矣

○巡鹽御史王諍請復鹽課舊額疏

查得河東鹽引之價自成化年以来每引定價三錢二分正德年間偶因延綏邊費不貲户部議將河東鹽引每引增作五錢商人因價高無利絕不中納宣府年例無從湊觧遂致借太倉銀五十四萬七千餘兩此加增引價反沮鹽課之明驗也後巡鹽御史楊東題請減作四錢二分商人仍不中納又該巡鹽御史方涯題請減

作三錢二分復成化年間之舊至今課無壅滯商亦樂從嘉靖四十年原任副都御史鄢懋卿奉命清理鹽法遂於每引加鹽作二百二十斤每引加銀作三錢八分五釐及將在場歷年堆積鹽料內取鹽三十七萬引共易銀一十四萬二千四百五十兩行令運司分作三運每年十一月以裏觧京又於正課六十二萬之內每年扣出餘鹽銀四萬三百兩行令運司每年秋成後觧京皆額外之數也竊見河東之鹽與各處不同方其生之盛也固不假人力之煎熬如今

年自春至秋顆粒不生亦非人力所能強至於舊鹽在場者堆積既久化為硝版地震之後復為泥水所浸不堪食用間有可用者色既青黑價因低減夫以青黑減價之鹽乃令商人加價買之殆非人情此難行者一也鹽池所產止有此數每引加以餘鹽則額鹽必虧矣商人資本亦有限量每引加以餘銀則額銀必少矣況三年之間即令於正課外多納銀二十六萬五千餘兩雖盡與以好鹽彼且無力上納無處發賣況好鹽無多此難行者二也商人既不樂輸而

太倉之課又係奏准新例且云先儘解京次及
宣大次及抵補民糧運司官吏知其勢不容緩
乃將好鹽所易解邊銀兩那抵一運之数而各
邊應解之額因而不足共計四十年四十一年
總欠邊儲十萬餘兩而歷年拖欠者尚不下三
四十萬各邊差官守催絡繹不絕然運司無銀
何以應之邊儲益缺邊人益困一旦失事誰任
其咎此難行者三也一時增課之虛名雖若可
喜往年缺糧之邊釁亦所當慮與其巧持之於
末孰若拙守之於初為今之計合無軫念糧餉

之急缺而姑免新增之京鮮則引價不必加而邊儲自足矣軫念商人之折損而仍復三錢二分之舊價則餘鹽不必加而商自樂輸矣

○巡鹽御史鄧永春因鹽利以廣召募疏

臣見鹽池北岸撈採原有額設鹽丁或一時鹽産浩大外用庫貯銀三十兩召貧民撈一料以廣收鹽利初行甚善年來姦民坐騙官銀却轉雇無籍之徒撈採低黑克數甚有不足一分成色者及運司召募銀又於賑濟鹽丁米價內動支一時挪借已難為經況費出庫中之十止還

場下之一耶至南岸鹽利欲用鹽丁則民力不堪欲動賑濟則財力不繼召募之法又當權宜據安邑縣申稱前御史尚維持廣召貧民一年之鹽比往年多至十倍其法不給銀兩就以本人所撈之鹽每料給自撈鹽十車貧民爭先撈採自取一色高鹽商人亦樂報中乞要比照召募等因看得工鹽十車准官銀三十二兩除脚鹽一車尚不滿舊規雇募之數所希冀者不過營數兩利耳至池南尤人跡不到之處鹽花又自來遺棄之物與其棄之孰若因而利導之況

官得其十民得其一較之給銀尤為長便且鹽丁撈取必待督率完料必待賑濟若貧民則不煩督率賑濟而自無不精不多蓋鹽丁視為官事而貧民則視為家事也鹽丁之力十不能得一二召募之夫一可以當十百何所憚而不為

伏望責令該管員役兩岸每撈鹽一料外給鹽十車許令比照太汾事例各給小票發賣則不必分外征求而雇募自有餘資公私俱足矣

○巡鹽御史房寰查議護池官地疏

臣入境以來見節年水患頻仍鹽池受害詢其

故俱稱附池東北有一受水巨區名苦池灘曾中條諸山之水洩入姚暹渠以歸黃河灘地形勢載在運志併鹽池錄可考自嘉靖中年水漸乾涸姦民謀占耕植不遂因而投獻晉府稱為牧馬草場召佃收租年復一年日益平阜水源壅塞禁牆屢決職此之由臣查接管卷內前灘節經查勘與王府無干批詳種種明悉又該臣親踏姚暹上流忽至苦池邊中斷古來蓄水之說信乎不謬其於國計關係豈淺鮮哉向聞前灘稅租入府中者什一入官校者什九該府獲

利甚微國家受害甚大縱係欽賜亦當捐助保障二池以垂永賴況非固有乎且晋府素負賢聲義必體國如真知就中詳細豈肯與朝廷爭尺寸乎非請自上裁特行申飭誠恐姦徒嗜利復踵前謀伏望嚴諭該府不得聽信姦謀有乖分義仍敕下所司行臣等永為遵守將前灘時加修濬保固鹽池如姦人再以投獻為名該府復假欽賜為詞定將輔導官員參治撥置人役按法問遣庶息覬覦之萌而國計有裨多矣

巡鹽御史吳達可奏復開歸疏

竊惟開歸二府自成化以來改屬河東並無不
便之説隆慶四年水決鹽池澆晒充數摻和硝
鹹有司懼于派散而紛紛之論起矣臣奉命以
來即以二府事宜殫心竭慮求為商民永久之
計據商人呈稱河東行鹽之地國初甚廣鹽課
亦少以後課漸增而地漸減猶恃開歸户口繁
多可通觧鹽開歸割而地愈蹙無論本年課額
目今壓待之商每年撥補新舊撈積鹽共一十
六萬引安所售乎且開封府屬如許州襄城臨
潁等州縣乃鹽運必由之路去開歸而南陽之

咽喉絕矣南陽私販充斥勢必延蔓於懷慶河南之間是胡可不慮哉況舊鹽運至兩府有堆積未售者有已賒而價未償者此數十萬引鹽價係衆商命脈也豈忍終弃耶又據運使王以纁揭稱萬曆元年起至十三年止河東積欠餉銀二十四萬餘兩部文催督甚嚴猶覬鹽生補解割此二府而積欠無可補之期矣夫開歸不行解鹽敢於私販者無非以鹽味美惡鹽價高下為辭耳查得十二年以前晒鹽充課二府采蜀困累十三年以後鹽花生結見貯場中撈鹽

四十餘萬開歸每歲所需止十餘萬耳鹽味既美價置得宜即姦民勢豪喜行私販何辭哉臣反覆僉謀俱似有據又查得鹽花生結雖由天時而鹽池修護實由人力先該巡鹽御史李堯民目擊水災建議一勞永逸之策一應禁墻馬道堤堰在在興築既防客水可免後災是鹽花結者其常也不生者其變也鹽生則撈料多撈多則克貴廣何派散之足虞臣方擬疏上聞而河南撫按二臣乃不與臣會議而先發矣戶部亦不行臣議勘而徑覆矣此臣所未解也今已

奉明旨臣何敢再瀆顧地方事宜所當議者有
四一曰商人之積運宜恤各商運發兩府之鹽
有積之數年而本未足者匪獨壓待之商為然
也棄之則引價業已輸官不棄則地方業已他
鬻其困不愈甚乎此商情所當議者也二曰三
關之積逋宜緩累歲所欠雖難速完鹽花盛生
陸續可補今二府既割戶口有限欲補則行鹽
之地已隘不補則軍士之需甚急此邊餉所當
議者也三曰運道之蔽塞宜通河東鹽行河南
必經許州襄城臨潁等州縣開封盡屬長蘆而

行鹽所過人必以私鹽視之矣此運道所當議
者也四曰壓𢳆之增數宜減夫壓𢳆鹽課每歲
十萬原議在六十二萬之内今減二十萬是爲
四十二萬矣復於正課外增加十萬又五十二
萬矣有減二十萬引之虚名無減二十萬引之
實數以十萬引鹽去二太府地果得其平乎此
國課所當議者也凡此皆勢所難行而不可不
亟爲之處者矧今以無鹽議割後以鹽生議復
豈非消息之常理乎伏乞再加裁酌令臣會同
河南撫按從公擬議期於共濟國事而後已庶

行鹽有地既不病國計之難充而劑量有方且無為商民之重累矣

清巡鹽御史劉今尹請清引票疏

竊照河東鹽筴與他省不同他省鹽法或煎或晒皆產於海惟河東獨產於池乃天地自然之利但採辦之法有二一為官丁撈採之鹽一為商人撈採之鹽何謂官丁撈採池周圍百二十里附近十三州縣額有丁口每撈鹽十引令商人納課三兩二錢每引重二百斤此官鹽也皆用引也何謂商人撈採商人自備工本出人力

以撈鹽每百引為率內分七十引為官鹽每十引令本商納課三兩二錢內分三十引抵作商人工本不納課銀止給官票以別於私鹽此商鹽也用引兼用票也舊例山西太汾遼沁等處食本地煎鹽每引折刷小票每張行鹽一百斤以小販擔負不能多也此又照引折票也我
清朝鹽法統歸戶部不用票而用引誠有深慮但
官丁採辦之鹽皆用引可矣而商人採辦之鹽內有抵作工本者欲用引則不納課不用票將何以別於私鹽且太汾等處引不能行者又將

何以通融乎伏祈
聖明勅部早爲酌議畫一通行之法庶引票定而
鹽法不致壅滯矣以上奏疏

明運使方啓參清理鹽法事宜議

自古軍國之需多取給於鹽筴但法久而玩事
窮則變謹以職掌所及者條悉之其一折祿之
病國竊惟河東之鹽雖以四十二萬引爲額而
數常靡定也時或惡其棄地採之稍盈所以備
意外不時之闕藩王窺之遂假餘鹽之名奏討
抵祿倡自瀋藩蔓延奏討者十二府計銀幾及

正課之半取此與彼其數自虧安得不病國哉夫藩封歲禄掌之司府徵之州縣成法也如其徵之不足止宜查催運司鹽價解赴布政司補給斯惠溥於宗藩而官盡其職不此之出迺使王府官校徑赴鹽場夫買紛紛争利而鹽法大沮朝廷利權所在乃為諸王所侵奪此其漸不可長豈止國之病哉推原其故皆由豪猾官校攛置使然蓋以鹽折祿所得之價止於正數所餘之利盡歸官校利歸於已勢藉於人何憚而不為此輩不除終無止日况祿米催徵差人州

縣者已有明例鹽法至重不可并著爲例乎迺今奏討之疏又復頻下開支之勢似若難遏歟乞急爲題請嚴立法禁追究撥置之人以塞倖奪弊源仍乞明文行司截日停革庶竈獘可瘳而額課可盈矣其二編籍之病民竊惟池鹽生結每於春夏必丁夫齊心併力盡池撈採始得課有盈餘但丁夫額編蒲解等州縣二百年來户籍消耗丁數虧損有司按籍清審數不充額併其老少咸列冊中况當鹽生之時正值農作之候人廢生業逃亡更多又鹽丁狡猾事熟人

頑富者脫於賄貧者無其役故丁夫止有虛名而撈採無裨實用雖常招募各色人等而工價所費似亦不貲甚非計也以職愚見莫若令原定州縣照依額数挨里輪派不許與當差年分相妨如每里十甲先一六甲次二七甲次三八甲隔甲順年審其丁多人户家有五人可任者一人總計可任之人如數赴池仍照例撈鹽千引給銀八兩雖役其力亦償其勞有丁之家未必不樂於趋事又鹽丁奉例俱得優免差役今既廢而不用自不得再冒鹽籍向所優免均攤

槩縣稍覺輕省此於非鹽籍之民亦便夫通縣
起集則人亦衆輪以五年則力可蘇況又差徭
攤之而輕工銀計引而給乎是所以役之者實
利之非病之也其在鹽籍窮困者亦得漸蒙休
養之恩富豪者不得獨擅優免之利裒多益寡
徙有於無均平之政尤今日所當講且如曲沃
太平見役之數多者二十餘人少者不及十人
猗氏臨晉迺至五六千丁邑治之高下不侔鹽
丁之多寡懸絶補偏救弊是可弗之行乎其三
私煎之病商竊惟鹻鹵之地俱可成鹽河東地

方旣遠運司統攝不及州縣視國課為末務小民以煎鹽為生計雖設巡鹽職官徒有名存雖編應捕人役止勾公事上下混同恥無紀綱囤積販賣遂牟大利夫土鹽煎之立成其事甚便其價必賤民樂於易得易買而不知有法有禁官鹽何由而行商人安得不病哉先時巡鹽察院立為州縣打卯條格坐以職名給以文簿簿開鹽犯鹽贓退引每於朔日百里者按月二百里者間月三百里者按季俱赴院執簿查點以所獲贓犯次數定其罪罰輕重可謂嚴矣然地

里有及有不及歲月有限有不限法度有畏有不畏甚至販徒攢銀處罪紙上虛文竟無益於事實況當此玩弛之時乎以職愚見更煩察院巡歷行鹽去處亦如兩浙故事身經其地事得其詳可以廉察鹽政臧否可以緝訪鹽販奸弊可以查比鹽役功績雖不能保無漏網或庶乎物無遁情矣其若私煎所在自陝西言之則有華州之蒼頭鎮朝邑之鹽池凹華陰之胡蘆咸陽之木廠等灘富平之師家堡平裡王家村蒲城之高樹王子明德等村臨潼之康橋靈口同

州之羌白雷家等鎮最大者靈州之花馬池也一省如此餘可類推若非鹽院遍歷周遭灼知肯綮立以規以示諸司恐不免終為沮隔者藉口舍禁去幾以干百姓之譽何補於鹽法哉其四占種之病池竊惟鹽池四面高阜池最汙下故四圍築立垣墻池外各為渠堰所以防客水也其曠閑灘地逸池而東南延袤稍廣所以殺水勢以護池且備渠道崩潰預防水患也節年以來渠堰稍堅水患漸免灘地之低窪者蘆葦盛生高燥者五穀可播是以允勢可得為與力

所能行者俱假佃種之名以遂侵占之計雖領之於官司而實據之為已有雖嘗認納其籽粒而實未入於倉廒以官地之所出為私家益其富其計不亦左乎使無害於鹽地猶之可也今日天時旱澇不常地則原隰不等公私利害人情之向背必偏故當其澇也下濕者不利則暗開近墻之小堰以泄水及其旱也原由必傷則又暗開通流之大渠以灌溉惟知利田以圖已便而不知堤防少滲水勢衝激漫及禁墻其為池患豈小哉如以地產養人惜其遺利當於近

堰稍遠之處置立以為封墩立石以定界限盡收官宦舉監生員吏承之占種者而入之官召小民願耕者佃之隨民力而給之頃畝計田畝以科其稅糧秋夏所入即以充本司官吏俸給原派安邑縣倉糧行令改派別倉或王祿或邊餉未必無小補云夫灘地佃之小民必不敢越法以侵渠堰必不敢恃頑以負公稅渠堰固而容水有所蓄泄公稅足而俸給有所出辦原派倉糧更資他用除一害而三利興則是可行耳

○巡鹽御史蔣春芳按鹺要規

一定發鹽之法河東之鹽甲天下原無垢鹽因池遭水患鹽花不生設法澆晒垢鹽始名官以此而搭派商又因而抑和強百姓以食之其誰從我今本院預任鹽生二次撈之不下數十餘萬皆上色好鹽今定前項垢鹽盡行屏革給發商人專用一色撈鹽運司呈發樣鹽本院驗過印發各州縣凡商鹽到彼掌印官同管鹽官即行比對如有色黑味苦與樣鹽不同者定係本商抑和即將商鹽一併解院重究鹽貨入官若寄係腳户抑和併解對質該州縣亦不可故令

人役私和圖誣商人違者參治一定運處之法蓋行鹽州縣雖有坐派引目而商人領引原無註定地方僻遠崎嶇之所商跡罕至此猶有說及查附近地方退引不足店手亦稱官商不到所食皆小販之鹽無引可繳如是則私鹽又奚辨也商不到而責引於州縣又似不通今令商人報認發賣處所即將引目填定各州縣名色並本商姓名如臨汾之商襄陵不能賣安邑之引聞喜不敢收商人到彼官驗鹽引之後在城在鄉任其便賣小販買擬從其給發須要挨引

庶便稽查其他無引者不論大商小販擔挑驢駝即係官鹽亦當私拿情重者招解如是則所賣皆官鹽私鹽自無所容矣一定收引之法蓋行鹽正法引隨鹽行原不相離近来商人夫鹽發於販客運到各處又發小販而引目不行給付又有奸商通同牙店鹽雖運到不行報官各州縣又漫不經心縱容私販不行官鹽及至繳引無出乃勒令牙店地方掇拾遠年老引他省假引充数塞責殊可恨也今將引目填註商人姓名並派定地方着令執引前去發賣其各州

縣須嚴行舖店牙行凡商人一到即查鹽數引目一同呈報當官填註日期立限完賣按月將引送官截角類繳如鹽未賣官不許勒奪其引若鹽到地方未曾報官私自發賣或執持官引影射私鹽商販店牙一併治罪繳到退引本院檢閱如無運到日期併賣完月日即將彼處官吏坐以怠玩究罪中間小販之引有告打府批者情亦可通只要細驗真引鹽數對合商人認識方許轉賣一定稽賣之法蓋商販運發之鹽全賴牙店發售乃各處店牙多係市井無賴誆

鹽入手經年累月不肯償價致令商人坐困還場無期國課虧損查得兩浙行鹽地方各府州縣俱有稽賣文簿開具各商運到日期牙店領鹽斤數照限追給以便轉運殊為良法文到各州縣置立文簿一扇名曰驗賣請印發下專委管鹽官管理如遇商人到彼即將引目鹽價照數登簿其店牙領鹽若干該銀若干限其月某日交還如有不完嚴為追給每年差吏齎簿赴院查比違者提來重究此係鹽法緊要非尋常比較可寬也又各省地方前運未售及三場之

中向掣未運各鹽引俱許併入驗賣簿內其引亦許告照各州縣打扒如是庶商本不虧官鹽不滯一定平價之法運鹽雖美其價太重民或有不願食者今量程途之遠近較脚價之高下定為差等如五百内路近而脚少每鹽一斤定以五釐至河南一帶平陽以北冀城以東頗稱崎嶇加一釐五百里外每一斤定價六釐六七百里則少遠矣定價七釐八九百里則又遠矣定價八釐一千里外定價九釐一千二三百里定價一分一千五百里外定價一分二釐分為

七等鹽美而價賤則民自樂於食民爭趨而售則商不困於守商民豈不兩利哉竊恐商人猶難於遠涉而憚於險途運司於運發各商在千里之外者姑免還場以償涉歷之苦如是則商安於運發之遠民不苦勸價之高官鹽可通私鹽自絕一定申請之法運鹽既美議價復平但地方窵遠路途崎嶇商人有不能往者該州縣鹽何自出引何自繳此條約所以有請鹽之說也仰各差人照派定引數請鹽運司據申發一邑撈鹽併給一年引目仍將樣鹽呈院印給鹽

到州縣官當時比看如有與樣鹽色味不同者即係差人摻和當即究問擬罪解院責遣刻撈鹽一引二百斤納銀三錢二分計一斤止用銀一釐七毫及其賣也一斤多至一分二釐則利數倍矣崎嶇窵遠之區商人雖不肯往而其本處之民聞風興起豈無願齎本報中者乎除小販聽從民便外如商人不到地方百姓有願報中者該州縣印給批文赴司報納仍赴本院掛號發運本處貨賣完日復報運發但不許隔省人氏通同吏書冒籍揑申販往長蘆兩淮發賣

亦不許土著之民給鹽到手中途盜賣挿和或
逸出境外私售致引不足額官吏受比違者重
究不貸

清分司徐化龍等備陳鹽池蓄洩之源議
竊照兩池有不得不蓄之水如各堰與護河皆
以外流爲内潤者也一任其竭澤則地必至于
中枯亦有不可不洩之水如任淋與積潦皆以
逆湍爲直入者也専聽其横行則池必至于外
潰所以古人相中條水勢總滙于王峪口特築
五條重堰以禦之迄今四堰五堰皆衝決僅存

老堰二堰三堰而已其實總名為李綽堰也一當大水漲發西行數十里其間山澗所突出與村水所旁奔勢如排山倒峽過此又成沙石灘矣折而東有五里橋又折而南有朱呂村橋即姚暹渠之接口也前行六七里至裴介村對北渠心高壅先在夏縣工程內約有一二里其餘皆屬聞喜工程自此水不能前從而北決遂流至張良苦池灘不但橫流奔入各堤堰貽禍鹽池即民池之被污萊亦不可以頃計惟水再浩大始從西轉南流至新橋仍合渠內此姚暹渠

之首梗也欲去此梗須嚴勅兩縣民夫令之各
疏其壅不妨取苦池灘之有民地者量出夫以
助之一以疏久壅工程一以捍汚菜地土非厲
之也由是而至安邑至平陸渠道逓皆深濶通流
直從運城北門遶出惟至芮城渠上則水勢窄
逼渠堤淺薄總于今年二月内修築衹因渠底
衝陷無土取填遂借別地濬溝引接原渠之上
茀衝陷渠底時有他水流注勢須于傍地照民
間平價買二三畝掘土以填陷坑陷坑既填則
其地可耕矣即以抵還逓借濬渠溝其掘深處許

澇則留為蓄水旱則引以灌田公私未嘗不兩便也此姚暹渠之中梗今有成緒而尚待補修自此至解州通行無阻再至萬泉亦有原渠可濬且據上半年芮城破口修築後水已直越泉界到猗氏口其明驗也惟猗氏工程地勢高壅且中有張王二村每當村水橫發内堤不能捍禦多有衝破其村民亦利有此破蓋欲保廬舍之無虞不復顧渠堤之衝決當衝決時水直從外堤湧過而渠溝遂多閼積此姚暹渠之再一中梗也由是而至臨晉勑工至滎河至河津渠

道現成可以民力修濬惟毋至臨晋終工則渠與堤高下相並絕不似初工之可按渠而濬者自是而五姓湖之出口舊流入于黄河從此断矣此姚暹渠之尾梗也三月間隨貴司從臨晋工上逆遡而至芮城修築地相察渠勢蓋蹐民力議于縈津渠上酌開一口疏削渠六十里之水令其流入硝池急則治標可積數十年不溢然畢竟水由黄河而至海乃其墊也且計臨晋終梗之渠長不過五百二十八丈苟取夫丁三百名每夫每日責以濬渠尺五即以尺五丈撒

築渠堤約十餘日便可了五百餘丈之修築其
首梗在聞喜夏縣者亦以此法治之安見古人
刱於前今人不可踵於後哉渠勢既全可論堤
堰東南惟黑龍堰為最重盖諸堰弟可蓄本堰
之水獨黑龍深廣可容衆流然令姚暹渠一破
則水必瀰漫溢過小月堰月堰不能容即溉過
護池河所以十年十月內一溢迄今護河汪洋
魚鱉滿尺而蒲猗等之禁墻屢遭决破其明鑒
也再論西北莫如長樂卓刀二堰長樂水淵地
高勢與禁墻相埒此堰一破水必直奔黄牛七

卽卽卓刀堰亦在立破況卓刀堰東西面俱受風浪震撼故芮城一口去年兩決今春一決延禍于蒲州禁墻此最利害所關不必長樂破而後卓刀破也外是則五龍堰山水猝發難以力禦其禍獨受于萬泉一決而西則水從解州城西而走直入黄牛等堰一決而南則水從解州南門而横去年大壞民居然相其總勢其屢衝處地基倍見窪削而直衝水又鋭不可當且中行水道多有沙石亂積激水而怒怒必奔潰其理然也此須督夫搬運沙石護之萬泉堤下自

高而漸低自低而延廣則水行坦道無所阻碍堤藉沙扶不受衝决料非萬泉民力所能獨辦也又有賀家灣堰其舊堤既皆削薄而新修仍取堰土是以堰修堰害更倍于不修須相度地利移堰别禦方為得之更有短堰每當山水迅發左右兩地皆高壅不可以分水勢水必猛決堰堤堰堤一破水直射禁墻此必危之道也凡此皆臚陳重大不為瑣及微流可近而論池墻矣夫池墻用以防盜非高峻不可亦禁然四面墻圍獨臨晋最屬低薄外此安邑聞喜多不及

古墻之堅厚必須外築副墻以幇之方可憑基高壘然托重全在馬道馬道既堅墻自不仆而近水馬道又重于陸道蓋緣四周馬道并前各堰堤舊可並行三車今以數十年積陁蕩去過半民力未可遽復所以今年修築堰道皆用木椿椰稍編欒水沸而此椿稍之用即取給于週圍池椰因是而識古人之裕用遠也今視臨晉解州馬道多有木植其餘州縣各馬道空地最多急宜預行州縣責令春季丁夫一遇空地約離五尺各種拱把椰木一株此木易于長養十

年成林一以固堤一以儲用古人以百年種植留為今日之利賴今人亦以一時種植留為百年後之資藉豈迂而無當哉此皆全池大勢其縈繫獨在姚暹渠渠堤不破諸堰皆可無害縱有風雨漂揺不無待于補葺然于一歲中得免一二季提修民力之留餘者有矣使數歲中再無一歲衝決則民力之留餘者更多矣此其事全在貴司張主而其權獨在　院憲呼提張主維何須措餘金千兩積公帑以待急需呼提維何酌量重工傳令州縣印官多率民夫親至工

所即令一分司配之毋縱縣胥以賣放夫丁毋
縱司役以需索夫丁更無多延時日以重疲夫
丁其有州縣工重而夫力不支者如姚暹渠之
聞喜臨晋并猗氏如五龍堰之萬泉即取給金
別募夫以助之其有丁夫歷勞不息者間備壺
漿以勞勸之以真實心做真實事用以固池防
而杜池患安見古今人之不相及哉仰祈轉
院採擇施行

○運司龔如錫再陳鹽池蓄洩之源議

竊照姚暹渠關係鹽池重大並阜司長樂二堰

暨五龍峪皆為諸水所聚易於衝决自修築不行實事以致渠道壅格堤堰削薄數十年来不但潰决鹽池者固重且汚菜民地者更多今蒙院准堂司條議特軫民艱措設工費通渠修濬以一半壅工責之應濬民夫以一半濬工需之僱募力役因分工載定刊冊民夫不便别募即以此半工價給與赴濬各夫其自夏縣開喜首梗工程濬起皆以八尺寬四尺深為限唯開喜民夫遲觧而復狡匿故礿工皆僱募於苦池灘村夫每丈給工價八分今夏縣署官胡向極後

慮王峪白沙兩水合流首注於夏縣聞喜分工之上恐現濬渠溝未能大受特為加濶四尺加深二尺則聞喜之夫不能不循之以繼然夏縣稱夫皆一日一換不便逐夫散給故兩次發銀堅辭不受聞喜始旣募夫再又照量夫尺除一半屬民夫應濬外餘仍給以工直故費獨多於諸縣也自此而芮城衝底破陷買地填築工費浩大計工約用銀四百餘兩至解州萬泉猗氏雖仍照八分一夫之例查中有破水口而大者各量助以工銀惟臨晉東西兩工並滎河河津

三縣其工尤難故給價量增以一錢一夫且中
梗之工界在平壕橋地方分于臨晉者不過百
餘丈其外六百餘夫分于河津工上則渠溝與
渠堤高下相並須濬深至五六尺方可平流審
難易而給工直亦除一半應濬外每夫各增以
一錢五分且中有石橋一座係村民通行車道
歲久壓墜僅留四尺寬三尺高之橋眼仍之必
為全渠大壅勢須更造照前後渠之橋式俾可
濶大通流先發銀一百兩備買灰石度其工費
非四百餘金不可俟工完之日另文確報可也

以上姚暹渠共用過銀八百七十二兩九錢三分外估銀六百五十三兩二錢五釐其修卓刀長樂二堰皆買大木椿於夏縣山排釘于兩堤堰仍用栁稍編禦水沸較削窄舊堤增濶渠八尺許其修五龍峪則多買石灰填補罅隙防其水浸其水道中梗沙石皆搬移深陷處用以蕹堤防決其種拱把之木則皆分布于灌溉可及專以水澆為活樹之策亦以得活為直受之報故自四門邊餘地以及野狐泉亭前後與堤堰水側皆多種植而身任是事者唯恐株數或未

全活遂多種餘木以備不虞以上四項共用過
四百三十三兩四錢八分是役也始于十二年
十月初十日成于十三年四月十一日中間氷
雪間阻與歲臘遲延其實實用工者不過三閱
月耳統計一萬五千八百餘夫之工隨在告竣
可以觀斂功爲且皆空隙餘日不碍農功可以
觀時使爲衆心或畏難于始旋即群奮于終如
夏縣不呼而再集如臨晋滎河河津之先期而
爭濬又可以瞻子來爲而總藉　院鏹軫恤惠
足使人故呼提無不靈而厥成無不奏也合行

備造細用以候查閱准此該本司看得渠堰修瘵最切鹽池利害蒙　院准議重修又慮民力艱難批定捐助工價之半今據冊開已用過銀一千三百六兩四錢二分外估銀六百五十三兩二錢五釐照見用之半應動　本院捐銀六百五十三兩二錢餘俟本司同三分司設處修完可也又查前詳內有李綽堰為姚暹渠之上流諸山之水總滙而出全借此堰障之然後順流而入於渠誠恐此堰稍有衝潰則池患最迫姚渠雖通勢不能遥接外此仍有賀家灣堰當

堤削薄短堰適當水衝皆應相地急修合無再
請本院捐銀一百五十兩發總巡分司查計
修理其有不足則本司與三分司勉力以助其
成庶余池大勢鞏密而前工永固無患矣以上條議
河東鹽法至今日而可為矣曰引鹽無占種
餘鹽無奏討引票無溷淆鹽池無鹵掠官地
無吞嚙水利無壅底解額無祿糧邊餉之奈
馳其可為而未可為者一曰商自為弊而鹽
不精一曰私販為商弊而引不清而其由皆
起于鹽生之不足鹽足自精商不得自為弊

矣鹽足而精則所行自遠私販不得為商弊矣此聽于天者也聽于人者有二在國曰毋加賦在吏曰毋尅商使自今以往永遵畫一之制而國計平盡蠲引外之需而商本裕即時蠃時詘間有不齊而裒益通融必無大困反是則雖鹺海効靈利源百出然人情走險弊源亦復百出安知蠃之害不更甚于詘哉予叙次疏議見夫嘉謨讜論金石不刊而奏行者之難其人也因以歎勝國之紛拏視

熙朝之簡靜而附列芻蕘之説如此云達道識

新修河東運司志卷之八

晋陵馮達道編次
遼海朱之瑞
恒山魏攡祥
荆南孫開祚同訂

文苑一

文章經國大業不朽盛事一切規為創制必得如椽之管則事核而義該壽之貞珉千百年而或泐壽之青史則未知春秋之何所底極也選要録尤編摩者之責叙文苑

唐崔敖河東鹽池神祠頌碑

地絡之紀莫宗於河隂潛之功光啓於滙旣畧大華浸溼中條嶽瀆宣精融為巨浸肇有元命玄珪告成惟其潤下乃生爲鹵皇穹隂隲兆人眷祐中土因飲食以致其味節和齊以調其心滇溟天池寔曰鹽澤幅員百里澄澈萬頃元極積數大醎為鹺其墟實沉其宿畢昴其漕砥柱其闗巓軨后祇寶之設以重險謙順成量潤溪攸鍾涵風蓄雷終古不息漫若山外連為海門所以帝乙建社王豹遷都執其重輕以曜富有

在昔山澤委于虞衡周制無征漢方盡斡務其
尊穡蓋用柳商少府所户均其權重郡族自占
築廬環之業傳祖考田有上下旱理其埂水營
其高五幅為塍塍有渠十井為溝溝有路泉之
為畦釃之為門漬以渾流灌以殊源陰陽相蒸
清濁相孕動物潛象蠢為陶工滑手而凝莫見
其朕雪野霜地積如連山羨漫區域歸于塗潦
泉貨之廣泛于齊人皇家不賦百三十載玄宗
御國五十年姦產薊丘爟火通鎬嗣聖受命以
兵靜之擊鼓崤洛封豕燕趙亶其宸威風動八

極調發之費仰于有司雖田征益加而軍實不足遂收鹽鐵之筭置榷酤之官以權合經以貨聚衆晝野標禁塹川爲壕西龍鮮梁左繚安邑乃滌場圃乃完窖倉畢其塲功以謹秋備度土定食止于中州濟于橫汾爰距隴阪東下京鄭而抵于宛艘連其檣輦擊其轂終歲所入二百千萬供塞垣盡敵之賞藏天下大半之租然後傳於甸人納于監人有形有散以宴以祀每仲夏祓吉爲墠而享之懿夫明徵厥有前誌中宗反政崇朝而復鹹大曆窮霖巨漲而不淡誠宜

命秩視彼封君先皇帝薦靈慶以號神索氳氳而建廟施諸侯之法服鏘半縣之清樂籍二郡之版六百隸于司池故得浮縈光結顥氣冲其德正其味粒重英以表稔花四出而呈瑞陳陳相因非秭載所能計矣貞元九年冬户部尚書裴公延齡奠三壤之差均九州之賦鐵鼓之貢林鹽之饒允晋人是輸以河中為會府遂表職方郎中兼侍御史馮公與委以大計詔曰可乃駐居蒲城以馭群吏分命前永樂縣丞張巨源前鄭縣丞蕭曾率屬而臨之洎十一年秋九月

裴公蕘今户部侍郎蘇公弁繼之以馮公成績
有聞禮任如舊度支又以前詹事府司直陸位
知解縣池前大理評事常縱知安邑池惟職方
領池官之外權惟評直守制使之成筭姦氣不
作阜財有經十三年四月兩池官吏及畦户等
請勒豐碑揚兹利澤感和羲之訓心遊傅氏之
巖稽近鹽之詞氣對郇瑕之邑微臣作頌式贊
新宮頌曰浩浩靈池冠于水行蒼茫大陸滲漉
純精惟澤在晉與時為程禍貪而竭福儉而盈
巨唐君臨坤順乾貞冥勤其官坎德効靈海眼

通波河源伏脉千里一氣潴為廣斥雲漢照臨王繩下直曰雨曰風以凝以積自我天產惟其口食斯皇元后乃聖乃神既潔浮沉亦循明禋大禮畢舉大樂畢陳馮公朅来克諧神人登牲廟壖瘞幣池瀕既醉既飽馮公則欣蕭張行優陸常德隣有署有屬伊馮之賓仰彼玄造垂于無垠皇運天長頌聲日新

○榔宗元晋問略

榔先生曰猗氏之鹽晋寶之太也人之賴之與穀同化若神造非人力也但至其所則見溝塍

畦畹交錯輪囷若稼若圃渙兮鱗鱗邐瀰紛錯不知其垠俄然決源釃流交灌互澍若肢若胲委屈延布脉寫膏浸潗濕滑汩瀰高掩庳漫隴冐塊決決泆泆遠近混會抵值隄防瀴瀯濡濊偃然成淵滿焉成川觀之者徒見浩浩之水而莫知其所以及神液陰漉其齒窰起孕靈富媼不愛其美無聲無形慓結迅詭廻眸一瞬積雪百里皛皛幕幕奮僨離折鍛圭椎璧眩轉的爍乍似隕星及地明滅相射冰裂雹碎巃嵸增益大者印纍小者珠剖湧者如坻拗者如缶日晶

熠煜螢駭電走亘步盈車方尺數斗於是裒歛合集舉而堆之皓皓乎懸圃之巍巍皦乎漾乎狂山太白之淋漓駭變化之神奇卒不可推也然後驢騾牛馬之運西出秦壠南過樊鄧北極燕代東逾周宋家獲作鹹之利人被六氣之用和鈞兵食以征以貢其賚天下也與海分功可謂有濟矣若是何如吳子曰魏絳之言曰近寶則公室乃貧豈謂是耶雖然此可以為利民矣而未為民利也先生曰願聞民利吳子曰安其常而得其所欲服其教而便於己百貨通行而

不知所自来老幼親戚相保而無德之者不苦兵刑不疾賦力所謂民利民自利者是也

元王利用復立解州運司碑

天地間山林水澤寳於萬世者無盡藏也若夫致五味之齊調五内之氣使人壽且康者鹾而已鹹鹾之利幽齊之間居多然必假煎沃而后成惟河東解澤幅圓百里澄澈萬頃脉絡連嶽滇流通瀆鹽風一觸花蓝泛波畏日載臨玉粒結秀語其色則白雲浮洛語其瑞則榮光塞河一歲之計日月至焉而已矣我大元經始之用

作於有司或租或庸或征或調收鹽鐵之筴縱権酤之利而鹽爲諸賦之首解之鹽澤又諸鹺之首也不曰地不愛寶變鹹爲鹺則曰民不告勞財不横費永無盆鑊之勞終有釃漉之效遠乎積雪盈厥晴霜障野以佐國用以薦郊廟以惠工役以通商賈用力少而見功多比年以來遠給軍儲使人輸粟以鹽鈔易之省飛輓之苦通懋遷之貨邊用充民食足可謂作鹹之利寶萬世而無盡藏也至元乙酉州尹王奉訓致懇于余曰解州恃鹽鹺之利世爲名郡故曰豐寶

軍亦曰興寶軍曩者主鹽之官與州有隙遂置司於路村以致閭井蕭條居民鮮少于兹五紀矣日居月諸鹽法亦弛良由所置司村居野處公私通弊課失歲額詞訟日滋朝省遣使考會積年不已行中書省病之思選廉幹吏委以大計乃辟前經略司經歷吴從仕以監榷爲滋任之初究弊源立新政首以復遷解州爲便行省允其議州之正倅即以公廨爲鹽司禮接僚屬若賓主然規模制度爲之一新實至元癸未春二月也旣而歲課羨餘不啻倍蓰都轉運同知

王中順具奏以聞乃課績以從仕為最改授承事郎充解鹽使自是州司鹽司獲處其便畦户編户僉奠厥攸居擬立豐碑以紀其事非閣下之文不能揄揚其始終也余應之曰州司非鹽司則城市不集鹽司非州司則歲課不增朝廷得人兩司乃建事既告成世濟其美勒之貞珉傳之後代孰曰不宜於是乎書

○黄覺撰那海德俊築聖惠鎮新城記

河東陜西等處都轉運鹽使治曰聖惠初丙申祀姚行簡繪圖獻于上上可之乃芟薙夷榛立

司於池之北滸曰路卹仍命行簡專掌鹽賦是時鹽始有課民獲食用也延祐已来易以今名載葺廟貌曰池神曰學宫曰三皇行用庫譙樓鍾樓館傳塲教隷屬之所靡不具萬商輻輳為貨泉之淵藪室廬聯駢樓閣輝昳惜乎散漫縱横無山谿城隍之固加以河南不軌之徒倡狂恣逞闤鎮之民宵旰變顏止以天塹為恃儻有不虞何可以生至正丙申夏上擢章佩監卿那海德俊命總河陝鹽使下車日訪民所戚莫先城事公喟然曰民惟邦本豈可重戚吾民走伻

請于朝乃規材僦工徒步經度奠厥方面以為制度凡民田廬所礙者倍其直以市之於是丁夫星布畚鍤雲集命吏柴瑄董其綱築墉構門治各有人公朝省暮視口授心畫雖風雨不懈其陴墉凡一千七百丈為門者五每門一則築土為臺崇二丈奇廣不及崇二尺袤增崇之三丈甃以陶甓中峙櫛木以為塗道重扉嚴鑰石樞鐵鐏上構屋四楹户牖洞達教卒伍刺代坐作之法以備非常門内外左右各為軍廬八楹又議察所三楹正北門則塞永豐故渠改流墻

外邏池西南就為城之池其基廣袤倍於佗門屋廼四楹旋角碧甍朱檻暈飛跂翼左右夾室二楹其制稱是巡警休宴則居之門以東又為水竇一鐵櫺石楗以通行潦西門之竇亦如之軍廬增各門十三楹西門則不及七楹譏察所又增其一墉之四隅構燧火屋各四楹以為覘伺防禦之所經始八月己巳迄功季冬之末力則鳩兵二千五百人庶民輸財赴役者不與會計財費則皆公之規措也越明年三月鎮耆士相率詣余請為文以記余惟斯鎮也創于丙申

周兩甲子而成城于丙申吁天使之然邪公嘗監烏江州收創石橋三十里民免病涉之勞至今德之今為新城圍斯民於永遠安恬之域而民不知勞佗日闔境之民指高城深隍而思公曰勿墮勿壞此召伯之甘棠也故摭其實而書之

○王綿重修鹽池廟碑

延祐改元春三月中書省臣言陝西都轉運鹽使司重修鹽池神廟成當書其事于石制曰可以命翰林臣綿恭承明詔竊惟鹽在五行為水水曰潤下潤下作鹹所以供祭祀備膳羞資生

民之用不可一日闕也前代鮮鹽墾畦沃水種之今則不煩人力而自成非有牢盆煎煮之勞及蜀井穿鑿之艱也蓋得天地之精英河山之靈秀瀦而為池廣袤百里渟滀滲漉凝為大鹺皚皚浸浸浩無津涯璀璨晶明莫可名狀役夫萬餘畚鍤雲集魚貫不踰旬裒如山積舟車之運數千里皆食其利會其歲之入以緡計者二千萬皇慶二年前都轉運使阿失鐵木兒乃相故廟西壖卜地奐塏中締正殿周阿重簷翼東西廡前敞其閎後營寢室階戺峻整宏達靖深冠

大門為樓扁曰寶慶下瞰鹵澤面對中條東繚大行西峙雷首陰霽朝暮翕忽變化信一方之奇觀落成之日遷二王於新廟葺舊廟以祀成寶公率僚屬士庶商賈咸會祠下鼓舞懽悅神人大洽以廟碑請於朝故有是命洪惟聖朝富有天下休養生息租賦而外惟以鹽課佐經費然斂不及民而民自足天下之民安其俗樂其業其視齊管子正鹽筴以興屐渠之利漢東郭咸陽孔僅幹鹽鐵以歸大農唐宰相領鹽鐵以判度支萬不侔矣臣綿拜手稽首而系之詩曰

乾坤亭毒孰爲綱維萬物並育孰窺端倪五行
爲用水德稱首作鹹之利以資富有維古郇瑕
地勢沃饒右限大河南峙中條實沉之次盡野
定標滙而爲池雲蒸霧歙結而爲醝雪積嶕嶢
殆出神力民不告勞自唐歷宋祀事孔昭於皇
元聖奄有萬國山川貢珍百神效職靈池之産
歲增萬億大德三禩封號加錫皇慶御極嘉神
之德廼作新廟新廟奕奕于以揭虔有嚴禮秩
神人洽和用紀成績繄神之休國用阜康既富
而教頌聲洋洋比屋可封遺風陶唐於萬斯年

寶歷無疆

明吕柟撰盧公修河東運城記

嘉靖三年秋大水運司城幾圮侍御盧公惻焉欲甎甃以圖久遠然以瓜期且屆姑甃東面以俟後哲落成運城人歎曰斯子孫千載之利也不可不記且此城群省交會一方具瞻然地近鹽則鹻易齧其足土挾沙則風易彫其膚板帶礓礫則雨易剥其面故今歲霖潦幾淪乎郛也而又內處富賈盜易窺城大無兵盜易攻巷寡土著盜易取雜聚五方之民盜易入土無嘉實

而有厚藏盜易剽故往年流賊猝突乎郭也公乃選官吏輕訾算定征役謹命令循其舊規教其新矩裁其崇卑壹其博狹均其厚薄凡兩月告成屹爲重鎮呂耕曰聞之管夷吾曰大城不可不完郭周不可外通否則亂賊姦遁者作故莒廢渠丘楚克三都而智瑶思以汾水灌安邑也公斯舉所係乎國者重矣運城人又曰一面甃三面皆可甃也一面舉三面皆可俟也於此可觀五實焉險設而不驟力舒而不迫財樽而不汰業廣而不專名成而不私於此可覘七數

烏惠足以教畜衆廉足以教度財寬足以教節
勞智足以教豫事厚足以教敦本信足以教經
國吕柟曰此在公特一緒物耳柟近謁公論文
貴質不貴艱論學貴行不貴辯論政貴平不貴
刻是以編掣常鹽商無退怨洞開三門民無偏
利地不重給丁無積累訟不狥人獄無寃滯而
又申修書院課藝不倦愽愛運學周貧不私此
則真甃運城者也且公之官可行道于天下當
其志且欲城九州而守四彝會以此城為功耶
於是運城人曰問甃運城記得聞甃天下城記

矣於是公聞之曰將判官不忘往日之同寅孚望於我耶知勉矣知勉矣公諱煥河南光山人

○呂枏撰祕公甃運城西面及廣郭門記

河東運司城往年廵按盧公已甃東面留三面以俟來者乙酉春祕公繼至運大夫士請纘前績公唯唯已而夏雨水鹽未花秋大熟民不困公曰使民斯其時乎夫鹽既不採丁輸百甎城可旬日舉也謂運城西面受患尤急遂自九月興作以石甃基續以鉅甎月城亦克拓改甃可轉車馬至十月而告考枏嘆曰於此有先作之

者矣後不繼其先者亦孤於此有後欲作之者矣中者不續其後者亦沮斯役也可以紹先可以開後豈一已之庸乎昔者周公之治殷也克慎厥始徵君陳和中則畢公亦何以成終哉夫雖三后且欲其協心如此故公之斯役輒不陶冶其財不匱役當豐稔其力不困諸料既備使之農隙其心不慭物土有方其功不遲官有定守工有定覘其誠不苟量而後行其令不雍信而後委其人不悖故一時庶民子来攀鍤如雲歡呼如踴雖鼛鼓有弗勝者矣華元城宋城而

城者有睅目皤腹于思丹漆之歌以其棄甲而復也豈若公之斯役七美咸具而得民若是深乎公諱杲字啓昭

○

許讚撰余公重修運司北城記

城何義曰盛也城何盛曰以盛民也民何以盛曰盛之以圖安也天地以形氣爲郛郭而品彙滋聖人分州野爲城郭而民庶安無異道也河東運司山川開鹽池之利地土員徛頓之富士庶叢萃官署森列夫利興則攘者衆人富則盜者乘門閥殖而居處宜崇官府立而馭御宜嚴

此城河東運司之要義也開設以来規制甲淺歷歲傾圮弗治正德辛未燕齊起大盜偵知河東饒裕突至晉境御史胡仲善先期戒衆築濬城池高深有加於昔卒保河東然土性多斥久或弗堅御史盧君礿君相繼規畫甃其東西二面嘉靖甲午御史余君来按兹土臨城遠觀若有指受狀久之乃曰郭北通姚暹渠水性無常鹵浸漬下附者弗堅則上憑者易剝北城其可憂乎乃進運司諸長佐語之所司奉命惟慎遂集丁夫呼匠氏估費以出貨較力而受食伐石

於山取麓於陶不三旬而告成商民士夫頌聲騰耀簧耳膾口故姚暹渠雖浸淫泛溢終不能炫巧舞神以少病吾城厥功茂哉不可不書

○閻樸撰舒公建河東外城記

嘉靖庚子秋侍御舒公奉璽書按茲土鹺用丕釐政用丕飭惟是城垣歷祀滋久風雨薦凌及於敝公歎曰城之弗堅何以庇衆矧河東鹽利所委通達四接商賈萃是國課儲是伺者衆矣其必蔽以重城乃下令郡縣胥率所部民来聽要東資糧既具材器既輯乃度地與工其綿

亘悉儆内城之舊其高十有五尺其厚得高之強半其外為馳道為隍深廣各與高等四門並啓扃鍵如式内外相維表裏互峙巍乎壯矣竊惟古之長人者其舉事也必規於義其愛民也必重其力故新作南門春秋剌之是役也自他人視之若緩而公必汲汲焉噫公之意遠矣蓋雖大有道之世不能絕意外之虞而君子經營天下鮮不於變之未形者而圖之也屬者三邊不靖奸宄竊伏履霜之漸可為寒心公乃居安慮危除戎戒變及是閒暇而掞敘形勢申固保

障以奠疆宇以藩皇國故曰公之意遠矣繄其
惠洽於素化孚於遠且將以民心爲垣墉士氣
爲樓櫓地利人和又兩得之者哉遂記

○劉敏寬撰劉侍御重修運城記

運城草創於古聖惠鎮未及磚甃之自昭代
嘉靖間侍御盧公始礽公余公何公陶公繼之
屹然名城爲百代鎮而內則猶然土壁也城濱
鹽池不二射而近水土沙鹵不能風雨頻圮頻
修隨修隨圮尋至萬曆之季帑罄力疲且不任
修矣天啓壬戌侍御劉公來按河東公遡覽高

蹈不規規事為而綽負仔肩天下之度每謂官遊以為民也不貽百姓麻無論非張官本旨即丈夫自待不宜菲薄若是立綱陳紀鉅細靡遺未朞月釐政蔚然豹變閱視城垣狼狽之狀慨然嘆曰城池民命所依誰為司命忍坐視至此遂檄運長孫公咨之薦紳察之士庶謀定計周發帑募役為一勞永逸之舉畫地約期擇官督課採增尺許足捍矢石攔墻易磚永杜剝落新敵樓葺鋪舍疏水道積飛石城外浚壕築墻鎗炮可施暴客不得傍城尺寸經始於壬戌壯月

告竣於癸亥如月趨事子来歡聲雷動百年頹敝一旦金湯詎不偉哉尚以有城無兵其誰與守廨護池灘地若干頃足募鄉兵若干名操舊械若干益以新造若干件屬官操守永無虞矣然公一念痌瘝猶以是城沙鹵非他城比弗甃内垣則不能風雨猶故也歷數年而前功盡棄將使衛民者終為病民既非重修本意況目視甃外之五公能無歎於衷乃於啓行前二日慨捐節縮金二千兩責成孫公督甃内垣北面紹先基後遺百姓麻殆無已時矣昔盧公創甃外

亘東面而三面繼之今公創甃北面之內嗣是
而接臨諸公量必為國為民嘉與樂就三面之
甃可立而待不世之澤當與造物畢矣嗚呼修
城常役耳然是役也則有八異焉周爰咨度異
自用也損上益下異慳嗇也省試躬親異尊大
也區畫精審異潤略也量工給犒異厲民也緩
代觀風異罔終也剏設兵甲異避怨也遺金善
後異傳舍也惟此八異本諸三善計安宗社事
君之忠衽席蒼生保民之仁居位業官効職之
義原此三善出之一心執此以仔肩天下在在

維城可也運城一斑烏足以盡公哉而運之遺
黎戴德銘心與此城俱遠又不待言矣公諱大
受江西人運長孫公諱可僎湖廣人

○彭華撰王公重修解池垣塹記

箕子陳洪範以食貨為首政孔子繫易以理財
正辭禁民為非為義聖人治天下未嘗不理財
以利民而理之之道莫先乎興山澤自然之利
自管仲以鹽利富國後遂有榷鹽法鹽品非一
而自然之利可以坐致者莫踰解池池之垣塹
不容護視不周或雜流浸滛以入則鹽不就或

小人相群以盜竊至爭鬬不可禁我朝設都轉運司募民入芻粟於邊予券給鹽往往得利於兩淮而兩淮次之解反出其下豈亦事事者有未備歟御史廬陵王君臣特奉璽書往視事下車初即宣朝廷法意痛繩貪墨力禁奸盜且時出納平估直一切當興復者靡不舉行傍池地侵牟於人者悉取歸之官而周池垣塹遂以興築環池四面為垣南北高十有三尺厚如之而殺其上得三分之二東西高殺南北之三尺厚又殺二尺垣外為塹深十尺濶如之塹外為堰

堰自中條山北麓来者俱完其舊垣下置二十四鋪鋪置邏卒五人經始於成化甲午春正月數越月而訖工初役之將興素為奸利者洶洶造飛語君屹不為動慎選監督之人奨任之事皆心計口講惟其宜而饋廩及板榦畚鍤甓石凡百物皆預有備又躬自勞徠察其惰勤而懲勸之故人争赴而樂有成鹽大熟盜不得私竊鉅商細賈競聚池下鹽大售于時解池之利漸出兩浙兩淮上矣王留一歲卒孟侯来徵記曰是惟王侍御之功夫為國家興自然之利而不

使民陷于為非一宜書事有成効不自矜而歸功于人二宜書矧冀嗣而来者之勿忝前功以為利於無窮三宜書以三宜書不可以不書遂為之書

○王九思撰熊公重築池墻碑記

鹽于民用功埒五穀惟解鹽湧水為池一百餘里祥飈拂拂来自東南水膚凝結便成玉粒盖覆載之奇寶生民之鉅幸也于是全晋之地以及雍豫蜀漢之交悉仰于此國朝樹之運司官之長貳因池以興利執券以御商榷課以供國

流販以裕民歲命御史一人蒞其事若官之藏否鹽法不法悉以憲度從事正德丁丑南昌熊公天秀寔當其任剔蠹摘類威行惠流然守池之卒日以盜聞公往閱則短垣及肩莫能捍禦嘆曰細民見利而弗動非情也以國利與盜者慢也誨盜而殺之非仁也歸諭其長吏欲為一勞永逸之策曰戒爾役徒具爾版幹輯爾工材其以五月之吉有事于池敢後者罰又簡其吏之能且良者授以方畧俾之往督曰更其勞佚時其飲食垣之欲堅門之欲嚴其以十月之終

卒事乃各應命興事之晨公躍馬往勞執役幾三萬人罔不忻喜及期役完垣以壘計丈有五尺高倍三之一圜如池之濶而加多焉其外為馳道為隍其深廣如垣之厚有水環焉門之南北西向者各一其上有樓以楹計者各三其樓之相距為舖者六十以楹計者各一凡門與舖各守以人于是昔盜皆散去守卒夜卧警柝不聞郡縣長吏相與謀曰惟茲池之故重利所委盜賊踵至日殺人于庭罔或畏死惟公洞視遐覽好謀喜斷滋權以給公有體國之忠渝毀以

為良有子民之仁安邑知縣張鎧告諸前史王九思為記功之碑其銘曰條山之北鉅河之東啓秘發祥肇自洪濛圜為澄陂寶鹺乃興乾數坤承翊我皇明良賈懋遷如流罔滯惠浹群藩以裨國計相彼四匝頽乎儳埒慢藏誨盜其扃可輟皇眷斯士乃畀熊公驅我子民以築周墉周墉崇崇亦孔之固載作之門慎此夙莫孰曰寇狡維我其晝孰曰民懿維寇之革士慶于宮商歌載塗公不爾留翺翔天衢史也秉公作此銘詩敢告後人嗣以治之

○劉健撰吳公新作鹽池東門記

鹽利禁於官自齊管夷吾始秦漢而下屢有廢弛大抵禁時多廢時少其勢然也然諸鹽所産不同或於海或於井謂之末鹽皆須人力而户自煮之其禁之也難惟産解州者謂之顆鹽不須人力出自天成且止一池耳其禁之也易我

國家斟酌歷代之制鹽禁雖嚴然在他州皆遣

御史獨解州不遣不無微意焉成化癸巳朝廷始從孟淮之請遣御史而廬陵王君臣實當初遣遂大為垣塹以周于池若邊郡之城隍然於

是㶚池咫尺之民皆食鹽於官視他州户得自煑者廼異池廣袤百二十里獨北闢一門運司治在焉往来商賈悉萃於是豈惟車徒閡塞四方之人病之雖㶚池東西民爲官採鹽者亦以爲病近御史吴君珍請于朝得再開東西二門東當安邑西當解州併路村爲三於是僉然以爲便東門既成安邑令竇君祥董役事於余爲鄉人書来請記余惟鹽之爲物雖微而日用不能無故總而計之利莫大焉解鹽乃天地自然之利其出無窮非他州之湏烹煑者比今晝鹽

銖悉歸之於官使誠得以佐國家經費之用匪無不可而或者乃爲豪商勢家所竊擅奪彼以與此其失也何擇此最司國計者所當留意故因賓君之請併書以諗焉

○袁翶撰吳公復鹽池西禁門記

解鹽本有東西二池東屬安邑西屬解州各有門以通出入姚行簡徙運司於路村而解之分司遂廢然禁門猶在也我朝御史王公臣來蒞其事見禁門去運司四十里剽竊之徒難以防制於是徙門於路村而解之舊門窒嗚呼利之

所在勢所必趋方是時商賈之懋遷覊人之旅食與夫工執業民赴役者紛紛然皆都於路村而居觧之民浸以凋落歲壬寅大水堰决池破癸卯大旱甲辰乙巳旱益甚觧民斥地不毛死者載道而路村之民安堵如故丙午夏御史吳公珍來晝夜孜孜勤恤民隱乃下令曰路村之民民也觧之民亦民也民皆兄弟也吾欲割其所有以養其兄弟之無告者夫何由一日考圖經得東西二門舊制躍然曰在是矣乃命同知黄琳相度經營闢禁垣而闢之夫然後觧之市

井紛紛然將與路村埒而居民漸有生邑焉不可以不書

○湯沐渠堰志

解鹽藉主水以生緣客水而敗主水乃池泉之渟滀斥鹵之膏液客水乃山流之泛漲渠瀆之衝浸世知是鹽成於風日不假煎瀝不知隄防少虧決注已甚潔者汚醇者漓凝者紓矣故治水即以治鹽也然客水有遠近其設防有疎密貽患有大小而施功有緩急大抵池形若腰盆東西長南北短南梳條山雨水易迫然非泉淵

所出且横亘有護寶堤依山有桑園龍王趙家灣大小李西姚諸堰縱有飛瀑亦各容阻甚至毀墻而已多不能入北沿曠壤平丘與水隔絶無足為慮若東西盡處則俱逼禁堰一墻以外即客水所鍾次東禁堰者有壁水小堰月堰及黑龍堰次西禁堰者有卓刀七郎硝池堰各從東西自高而下多則決少則浸禁堰不能受則入池矣黑龍堰之受害實原於苦池苦池乃姚暹渠蓄而復流之所也硝池之受害實原於涑水涑水在姚暹渠之北勢高於彼者也二水皆

自東北而西南出自夏縣一由巫賢谷白沙堰為姚暹渠北合洪洛渠一由王谷口為李綽堰西合姚暹渠總經苦池迤邐西向自安邑歷解州抵臨晋入五姓湖此姚暹之渠道也出自絳縣山谷由聞喜東北来者為涑水亦西行受稷王孤山峨嵋坡諸水經猗氏抵臨晋亦入五姓湖此涑水之河道也五姓由孟盟橋注黄河則極矣姚暹首中多太狹涑水中尾亦多窄苦池在安邑不勝李綽洪洛姚暹渠之受其勢必自東北泛溢於黑龍入黑龍則壁水小堰月堰不

能支而竟衝決於東禁涑水在臨晋不勝山坡之受其勢必自西北橫溢破姚暹而奔騰於硝池入硝池則七郎阜刀不能支而竟衝決於西禁況東北有湧金泉亦注於黑龍西北有長樂灘亦注於七郎此東西隅水患之大約也故築東禁以及黑龍築西禁以及硝池治其標者也濬姚暹以導苦池濬涑水並歸五姓治其本者也急則治標其功疾而小緩則治本其效遲而大切水脉者緩南北而急於東西先根本而後於標末雖嚴其防障於東西之近堰而於姚暹

凉水源流歸宿之處常不忘其所有事焉則客水不侵主水無恙鹽利不竭邊儲永濟矣

○楊東重濬濬泉記

條山之北有泉南去鹽池半里許泉上有亭扁曰耳泉亭用八分書字畫遒勁然未有年月姓氏余曰漢成帝時楊雄奏耳泉賦非其地耶或曰非也此濬泉誤爲耳泉爾乃稽志濬泉在鹽池北池水皆鹹此泉獨濬耳泉在聞喜縣東二十里南流入涑則此爲濬泉無疑扁之者無乃賞鑒此泉以濬之意不如耳故去取於一字

之間邪然不可知矣斯泉也非獨貞潔之性不涸於舄鹵而已鹽卒當赫曦之時莫不群聚牛飲用解暍乏乃千萬人所依以為命者日久而淤遂成胥井鹽卒往往告病為之歌曰泉之淤誰則爭之使我鼓之舞之泉之淤誰則湜之使我飲之食之去年冬運使黄君請濬弗果今年春同知吳君署篆復請許爲累日不及泉余諭之曰物之在下者莫如井井之象其下為巽巽以深入為義者也入不深泉不及也於是搖礽之泥勤四之甃無二之射有三之渫而泉始活

活如故鹽卒乃復歌曰泉流深深實獲我心泉流沱沱實獲我所又各相矢曰我輩當竭力從事以無負我公濬泉之意所不與我輩同心者有如此泉由是畚鍤一舉而數十年之逋負以償未必非斯泉之一助云爰撤其舊扁仍以濬泉易之所以德二君之請而亦以賀斯泉之遭也

○朱實昌修濬姚暹渠記

河東鹽池跨觧州安邑百餘里環之以城池卑下為水所趨以客水能害鹽也前人多築堤堰以為障一遇霖潦堤堰輙壞城亦衝塌鹽用不

生役夫修築未幾又壞卒無寧歲要之水無所歸故也嘉靖改元予至適當大壞之後予諗于衆曰是不一勞無以永寧於是檄有司先治城堰民方農作則俾之更番即工再閱月繕完如舊城門之漂沒者亦以次剏建考誌問俗乃知舊有姚暹一渠所以受諸山谷之水由苦池入五姓湖以達河自唐以來湮沒至今按是者類以瓜期代去多因循苟止間有知事事者又欲動三省之民大治之使可舟楫爲疏上又輒報止予歎曰臣子受命一方可勞君父慮耶於是

委賢能脩故道使加濬爲時冬燠民亦知將遺於後也乃大和會起工於十月中旬再四旬而渠成渠成則泥塞土凍如石是豈有鬼神相其間哉渠中廣三丈兩岸各高二丈爲堤堤之上廣二丈東起安邑苦池西抵蒲之黄河長二萬丈有奇通役夫二萬人人四十日爲工八十萬而城堰之功又半之明年樹堤以柳予歷視而嘆曰天下事成於衆斷於獨疐則盈敝則新不獨茲役而已彼因循茍止忘其有事者也欲舟楫於平陸揠苗而助長者也且神禹之治水也

行所無事萬邦作乂而貢以達河為主茲為夏都郊關納總之地顧豈有是害而不知所以便民哉嗚呼是可求其故矣事竣合屬請紀其事于石予辭曰予治是水盖有得於水爲水善利萬物而不爭處衆人之所惡故幾於道斯役也城因前工渠因水道予也敢爭茲名哉姑録其公移并巡行時小作成卷題曰求故藏之篋笥以無忘所事云爾

○王九思撰熊侍御重修廟學碑

惟茲廟學之建多歷年所上雨旁風神栖靡寧

官師失據士妨就業行惻載塗靡所于告正德丁丑春御史熊公天秀承上命視鹽于茲入謁殿廡退即講堂顧瞻既久怛然疚懷于是日集工美出市材木與其甓瓦甃堊之飾既合既盈卜日興事工良吏能細大偕作甫踰旬時舊貫維新公乃釋菜于先師神覗歆格洋洋若臨士各就舍弦誦之音溢里巷公以暇訊德考業大豁厥蒙藹乎時雨滋而春風襲也安邑令張鍠睹茲盛美使人于九思令撰述以傳不朽惟河東帝都故墟先王之遺風在焉考之詩可知也

然允民之性因世乃移豪傑之士不變于俗故士者之志立然後百姓之道勸禮義之學明然後士者之志立庠序之地興然後禮義之學明故曰建國君民教學爲先今天下委職之臣宣政于列郡持節之四方非不多也若乃措意庠序善誘士人蓋亦罕矣惟公粹發夫衆學有源委發然興道克敦于行所以作人裨化佐天子而竭使臣之職分也惟爾多士來游于斯被明公興作之化質河山靈淑之氣服孔子綱常之訓勵萬民忠孝之節居則善俗出爲名卿奮跡

堯舜之墟以弼成唐虞之治不亦休哉昔文翁興學蜀人詠德韓愈造士南方頌焉以今擬昔益隆且茂是宜述錄偉績勒諸文石庶幾悅豫士心焜燿無窮者也其辭曰於休皇明式古建學菁莪載詠嗣周其作維茲河東雄峙一隅匪隸于邑國運是需乃作泮宮文教以敷俊士聿興爲國之瑜歲序既遷宮墻其頹神栖于危士離而歎謗謗熊公邦之司直涖斯睠斯爲我心惻出美貨材惟吏之飭百工畢藝庶民展力既作之堅亦落之棘曰宮曰室戢戢翼翼多士循

循以游以息含英毓粹賓于王國誰其作之繄公之績勒銘于宮垂示罔極

○黄一龍重修運司學記略

我國家筐篚萬國馮翼多士其需人才與財用至亟而河東以鹽筴佐軍興歲不翅十二萬此雖關經費之盈縮乎而國家理亂之源不與若人才盛衰則關於理亂匪淺稱志亟為郇城距安邑陽蒲二百里而近三聖人所更都也遐想其時四岳九官十二牧師濟之風斌斌盛矣汔今薪槱之途雖賡而鼎鐘之業蔑聞視昔不無

稍讓焉豈山川靈淑緼蓄鬱勃將以待後之人與爾多士幸産其鄉高山仰止且也循高曾之規矱更昜以速肖者夫宋之斤魯之削地也越之舟燕之騎習也陶之埴冶之型教也多士殆合其叅耶自今輪奐更新鼓篋於斯競相濯劘以聖賢爲必可師以名世之勛業自蘄待異時離蔬釋褐耀華名勒洪伐追師濟而方駕焉俾論世者謂郇城以財賦充邊儲而以人才翼世運也斯於觀風者修舉之雅心爲無負矣

（一）曾舜漁重修運司廟學記

皇明有天下二百餘年聖聖相承成右文治人
才風俗之美度越千古士生於時何其幸歟河
東運城伊邇鹺池百里環衛坂坻巀嶭而成巘
玉膏滃溢而流輝富中之甿輻湊貨殖之選駢
坒畦户編户萃止千萬家斯所稱富庶邦也元
立學宫國初寖廢正統己未始創興爲歷歲久
長浸以敝圮余來督鹺政謁夫子廟四顧蕭然
嘆曰是何以副國家崇重之意而永教事於無
窮廼鳩工掄材陶甓礱礎盡撤其舊巍然翼然
高黄如叜[illegible]堊丹漆光彩溢目由是山川城郭

為之敀觀閫學師儒請余稽首謝請文為記余不獲辭乃謂之曰維治有政匪教孰成維教有本匪學孰興今之黌舍新矣規制宏矣豈徒為華美之觀已乎爾爲師爲弟子必有所以新所以宏者在也盖古者先王本道德經術以造士綦詳矣然詳於教而化導不嚴非清濁之原也又擇士大夫耆老之優于道德經術者命爲庠序之師至於閭胥族師什伍之所鼔篋而從焉者亦無不以道德經術相磨切是以師無私教士無私學虞夏殷周之盛上垂拱而司契下緑

督而自勸治化休明風俗醇龐率由此矣夫學之弗新制之弗宏是固陋之規也在上之責也新矣宏矣而居其地者不知自新其德自宏其業是師之咎士之恥也何者彼既遊道術之場登洙泗之席漸被於聖賢六經之教則必口誦衷惟苦於鑽繹而果於擇蹈宅心醇粹而無假於雕飾操行端慤而無事於嵬詭敦篤乎孝弟忠信之道使絃歌雅化被及閭巷人人有士君子之行學成而用入贊九重之理出服四方之政羽翼人世砥柱天常吾儒能事畢矣故皇家

教學所以望士者在是上之新學期與士共勉者在是舍是而心口孤離本末僨悖銛於進取至畔所學以趨當世一切之好乃嚮者孔氏門墻所麾也故余因新學之舉忻然有作新之志遂為之記以告於師若士而勗其成云

○馬理撰丘公新建河東尊經閣記

河東尊經閣者運司學宮之閣也學有書千卷藏之庫正德辛巳侍御丘公來理鹺政如學宮進諸生講誦出書於庫庫則敝且壞也公曰異端賊道今其言遍天下天下欽其言弗盥弗視

金匱錦帙藏之惟謹視其書自諸隱姓妄誕之
外多淫辭漫語絕之猶懼滋蔓乃天下公崇之
何也亦緣其徒先自重故人為所惑先聖王之
書於人若水火飲食信而行之則危者安亂者
治亡者存猶覆手也吾徒顧不知重使風雨鼠
蠹至亡滅而不救愧於彼之徒矣吾今為若藏
之他日得學宮東隙地垣之南面脩山為樓樓
崇二仞朱戶雕欄貯書其上公曰書其得所矣
乎然書孰為尊經為尊學者先明乎經有餘力
則以及他書否則窮經而致用亦足矣夫經有

聖人之道四而其為害者五以經邦者尚其道以潤身者尚其德以致博者尚其文以守約者尚其禮斯四者聖人之道也而他書不與焉異端之害一風雨鼠蠹害二訓詁而臆説害三辭章而枝葉爲害四舉業而干祿焉害五斯五者天下之達害也今風雨鼠蠹之害免矣除四害與四尚是在諸子於是名閣曰尊經示下上於斯者知先務焉

○呂柟運司學進士題名記

南昌熊子天秀巡鹽河東之期年旣畢謁廟學瀕

行而建題名碑夫河東較利之地運學講義之府商賈逐末之流髦士務本之人非義無以辨利非士無以形商作士莫如敦實敦實莫如尚名進士者未仕者所求至者也已仕者所由以行其志者也名可不重乎故録字以尊名也録經以原名也録登科次第以實名也録地以稽名也録官以成名也録始仕末及仕者虛其下以俟名也録始正統丁卯本運學之復建也諸士朝升而暮降左瞻而右顧前之車後之轍昔之形今之影寧無怵惕於中乎曰斯人寬以戒

狹曰斯人果以戒疑曰斯人剛以戒懦曰斯人廉以戒貪曰斯人忠信以戒僞曰斯人達以戒滯曰斯人高尚以戒污曰斯人諂病吾直曰斯人溺病吾立曰斯人暴病吾仁曰斯人險病吾心曰斯人誇病吾德奉七戒祛五病于是考政于是善俗于是康國其科巍其名顯其熊子之志乎不然彼進士者三年之間而三四百人當日即弗聞者多矣又奚貴耶抑聞之稷契題名于唐虞益皐陶關龍逢題名于夏伊尹傅說題名于商七君子者固晋産也名至今存與日月

同光故有題一世名有題千萬世名諸士如欲題千萬世名則能予國欲磨上黨之崖襲太行之石挽西河而模墨本于天下矣

○呂柟運司學舉人題名記

進士題名于左矣又奚有此乎録未登進士者也如登進士又移名于左不登進士終其名于此然固加于歲貢士一等矣亦可以勸士亦可以戒士雖然如其進士也貪禄位附權幸蠹忠直虐百姓漁貨財隕聲而墮望殲躬而殄後此雖視樵漁者不如況能及爾舉人乎如其舉人

也秉公忠履蕉潔奉執度綏贊獨濟艱危安國家銘鼎而勒彞光前而裕後此雖視師保者不讓況肯彼論進士乎是故名以實貫亦以實賤名以實薰亦以實貫猶實有大小名有遠邇不見卜子夏乎所登之科特文學耳居西河西河人事之如夫子使登德行科又不知何如也抑又有之伯夷流寓也而首陽賴之顯關羽武士也而鮮梁為之神王通布衣也而龍門藉之高斯三子者非其里人乎又登何科邪諸君子儻有事於斯言則熊子題名之意不沒矣

○張壁撰初公重建察院記

河東察院為巡按御史所臨以平鹺政以肅吏治以考民隱所繫重矣宜壯制儒觀與責胥稱顧敝陋弗整臨者慨焉嘉靖乙酉侍御初君来按茲土先是盧君堯文溢滿當行謂君曰院就圮君盍成之君曰諾既乃曰予惟先公務而後從事遂銳意經畫修卓刀諸堰導姚暹諸渠甃運司西城開大郭門嗣是誕告諸州縣選才吏裒前所餘貲撤舊構而新之始民居雜近院後君易以官地俾得徙仍給其須乃周遭築重垣

若干雉作先門三楹扁曰察院察院前樹屏建坊榜曰貞肅左右峙者曰激濁曰揚清中為堂曰風紀後為堂曰退思又後為寢室曰氷檗皆五楹旁兩翼為庖厨為書吏房前後俱作捲棚綿亘庇蓋氷檗堂北有亭曰栢香東曰憶梅西曰存竹皆繚以短垣門皆南嚮先門傍廡墻各有棚旁居袛候胥徒南左右各一屋為各官次舍前榜旁故狹隘又廛市與院門相值復盜地若干丈南開委巷諸皆從榜旁後出入為警舖者二每邏卒夜巡鈴柝四匝察院之制備矣既

宏乃規弗愆厥素茲其良役哉壁嘗觀善持憲者先諸公而後及其所緩是役也可謂知務然侍御之志豈但已乎蓋山澤林鹽皆國之寶而今之鹽利可以坐充國課者莫踰鮮池然利于官則有廉污利于民則有惠慝欲惠民先絕吏是故不可無激揚之典激揚者風紀所有事也未有己不正而能正人者故風紀以標其憲貞肅以約其趋退食以廣其思氷檗以嚴其操而又履竹之潔梔梅之清茸栢之苦檢身飭躬靡不至夫然故平物有衡燭形有鑑舉刺興革無

性弗臧而凡天下之事皆不足為矣獨鹺政也哉此又侍御君取名之義也

○康海撰㓨公建氷蘖堂記

潛江㓨君按山西數月政通事獲百度聿貞於是舉廢興圮經營河東察院扁其蒞事之堂曰風紀退食之堂曰退思私寢之堂曰氷蘖以書来關內請予為氷蘖堂記予聞君高才令譽于大夫之間甚熟方媿無以覩其丰釆乃以簡命治鹽于是地即吾陝所逮見者睞之亦何嘗索索然但以瑣細苛察加官吏升斗合勺責市曹

纖微特較于末犯綱紀反略于横鯨者哉自惟山林僻夂荒于翰墨無以表著賢謨聿申嘉告肆覯來章憮然于懷抑已久矣夫志者事之緒也覧者感之端也弗有所覽感奚生焉弗有所志事奚成焉故君子款識其恒器者所以嚴警戒慎操履也然器苟闋于周用則感或局于耒稭豈若是堂升降必覩寢興與俱覿于其目則生于其心篤于其行則善于其事哉明諸摧惡罷茶鹽之政視往加嚴乃獨以風憲之官領其事盖利甚則奸生枝繁則本拔欲通其閼而疏

其塞非有氷檗之操則動躓于轉移事習于聞見雖有強志之士無能為也君今滿而歸矣凡其所已行者皆昭然在人人莫不以為難顧亦職分之常而敦戒懋修如是數者又不但御史而已凡有官者尚克省之哉

○王九思撰祁公建栢香亭記

潛江祁公昂建察院堂曰風紀曰退思曰氷檗後釆栢作亭曰栢香亭亭東曰憶㮣堂西曰存竹堂以為栢香亭者興自祁建非徒因舊易新若諸堂之為也不可無記以命鄠杜王九思九

思曰夫風紀云者言其職之所有事也退思云者言其思所有事也氷蘗云者言其志也若其志以達于職也是皆言其用也未有曰某堂某木為之也而因以言之若栢香云者則兹亭之可記也非特以其剏建爾矣夫栢者歲寒後凋之木也香者言其氣之芬苾也而後凋其操也氣之芬苾他木亦有然者而操或歉焉故君子弗重也梅竹者栢之儕操者也北土寡梅而竹或雜于他植故梅則曰憶而芟他植以存竹者皆以副栢也古君子户牖有銘居室有扁所以

顧名養德而克其實也君子堅栢香之操以勵氷蘗之志退思其所事發謀岀慮以收風紀之功而栢香其本也是故直指言之此公今日作亭之意九思又有望于公爲夫梅也者咢實也竹也者虛其中者也虛其中則能受咢實則羨和君子體竹之虛用梅之實以成栢之操三者俱備宰天下之道也此公他日之事而九思切有望焉故于作亭之意推廣言之而併爲之記

○蔣春芳欽綸樓記

余承上命督河東鹺政跨秦蜀衛宋而兼統之

肩鉅剸繁兢兢爲懼瘝厥官一日環睨行臺中見栢香亭後重屋三層聳出霄漢顏其額曰欽綸樓前侍御秦公大夔所建也余悚然異爲攝衣而登凭闌四顧條山揖於前涑水繞於左林木交加縈青繚白外與天際旣而撿閱樓之所有則歷年所藏制書琅函寶軸輝映日月余爲再拜捧誦仰而嘆曰欽哉欽哉載諸書如絲如綸紀諸禮樓之得名其以是夫顧名思義竊意天子不能巡行天下而畀之吾曹吾曹不能自致之天下而必假天子之綸音以為重欽綸者

欽此綸也然欽之為言豈徒曰大哉王言不敢
易易云乎哉民生未奠何以興利而除害吏治
未肅何以激濁而揚清奸宄未戢何以鋤強而
遏惡鹽政未修何以通商而阜財必如是以為
心而後可以言欽而後不負天子之綸音而後
不愧此樓命名之義余之此役當地方疲困開
歸分劃之後財賦充盈國之福也吾與有榮焉
轉輸告詘國之憂也吾與有責焉幸而涖事未
幾仰藉神休雨暘時若萬頃飛瓊駸駸乎未艾
此樓旦夕在望目擊心惟不敢不勉異日所以

逭侶而塞責者意在斯乎彼登樓希庾亮作賦慕仲宣乃流連光景無心於國事者之所爲也而愚何知焉

○踰時見闕樓記

嘉靖甲辰秋八月行臺見闕樓成夫晋距燕二千里瞻望緜邈以見擬之何哉盖設思定機江海含廟堂之筭結慮思契眉睫動風雲之邑故曰飛李不言而成蹊有實存也男子樹蘭而不芳無其情也我聖皇御極百度一貞臺臣濫被璽書祗役郡縣身違帝庭豈心違帝庭也哉是

故見闕者心見之也心取諸忠忠取諸貞抗力澡行貞之幹也炯戒毛舉貞之綱也區明釐務貞之文也餼給邊額貞之運也憑勛凋枯貞存惠也芟夷譎詭貞釐奬也嘘紆明牧貞推能也摶擊黠吏貞癉惡也疏滯棊標爇法合士宜沓士望貞順時也九貞盡而河東而天下可也見闕之義備矣余雖不似未敢以委朔来者有以廓之與因系以詩曰中條大行天繪屏風兮黄河西奔蒲坂淙淙兮鰲浪檣靄蜃波罷鴻兮夔川承霓横石簌空兮崩雲蟬蜎胥煙空濛兮我

樓倚之靈協輿通兮不雕以文靡陋而椌兮如
鵠斯驚如翬斯翀兮外達中洞霜臺穹崇兮五
雲還瞻百度宣忠兮匪以借景寧曰誇雄兮

○陳講撰余公建觀德堂記

察院有射圃侍御余子古峯所建也古峯按河
東三月而境內廓清廼飭書院創塾學造士養
蒙講行鄉約咸有精舍又謂射者君子之事射
不可廢則圃不可亡作顧近院靡地可卜與僦
者屢焉適有王生幹者上書願請近市隙地遷
厥居古峯喜出財力以相其遷遂有其地鳩工

市材建圃其上前為亭後為觀德堂東西有副室繚以周墉崇以茨屬予為記余攷弧矢之制昉於黄帝備於成周有大射有賓射有鄉射直内方外則敬義立正容謹節則禮樂明君臣父子不失其鵠則仁敬昭慈孝著所謂觀德者觀此而已然古峯之為是也豈徒取諸其身而無所於用乎盖射一也天下無事則用之於禮義天下有事則用之於戰陣古峯豈不欲習於無事而預為有事之備耶國家承平百七十年士大夫操毫落紙文藻相尚一切挽強射䠶之事

則耻言之倏爾兵革告變身被閻書未有不賦詩却敵徒取誚譏者况今大同搆亂牧馬南馳先王聞鍾石則思封疆之臣茲非其時乎是故庬器以待試畜智以乘時運甓習勞者欲致力於中原投筆勵志者期立功於異域古峯習射之意誠若是歟古峯少負奇氣十五學劍十七談孫吳二十而學道茲以臺臣負一時文望循無忘弓矢他日筦樞授任使相行邊出懋封疆之績入建社稷之勳孰非此堂為之地哉昔孔子射於矍相之圃令僨軍亡國者不得入噫良

亦嚴矣後之登茲堂者慎之

○初杲憶梅堂記

諸卉木皆待春而榮惟梅得氣之先吾素愛之忘爾汝結為莫逆交旣趋塵坌久隔風神矣頃朔行臺築堂艮隅覩得梅以温舊好乃諸木咸集梅獨不與徘徊瞻眺奚慰此懷且梅以貞靖之姿花于天凍地裂之時侵霜凌雪何孤高也映月含風何蠲潔也鏤玉裁瓊何瑩素也度窓繞檻何苾芬也鐵幹羣枝何古淡也擁蘂延竚於夜砌握髮徙倚於晨軒或對景增吁或[illegible][illegible]

索句或曰計牢盆而懷鼎鬲皆不能不戚戚於
中嗟乎梅乎其在羅浮庾嶺之隅乎柳在東閣
西湖之畔乎天限南北人增惆悵寤寐而興悅
惚若存將孔子所謂未之思也夫何遠之有乎

○喻時行臺銘

無踐垢地以落節無略死刑以来殃無邀敏迹
以種悔無作醜狀以蹈狂無輕舉事以促議無
好阿已以撓剛無摘細務以涉苛無出苟言以
取傷無借虎類以遂惡無茹柔德以摧良無薦
惡材以蒙辱無蔽賢軌以毀常無犯衆怒以戾

和無失士心以孤望無無啣私忿以亂公無惑專聽以病防無黴浮名以招損無挾奸謀以取亡法獸將將鷙鳥揚揚耳目斯章綱紀斯斯敬萬夫于襄百僚于匡既巇既將其兢其惶毛髮爾毓呼吸爾痒匪怠匪荒宜君宜王維風維飈維耀維光凡我司臺尚其監哉

○榆時行臺題名記

河東行臺舊有御史題名碑樹之儀門外左壁非其地也夫奚以便覽非其體也夫奚以取範題且盡榆予至得堅石一方視昔爲恢恢者磡

刻成升於風紀堂北廨西與御史箴配爲君子曰布憲諮臺役者攸止列名考類覽者攸則是故閱諸曲而後和聲試廣劍而後定器振萎厲弱風之所以動人也埒媸較嫮鑑之所以照形也況靡監則慾生靡懲則怠夫子茲重有感焉是故弛也尋祇勤而矩步刻也稽郭平而改服直也顧瑜合而厲節忠也識詭激而堅德要之我也總行業於務積參之數也委遇合于儻來蓋所謂前事不忘後事之師也往監臨君記之周矣覩坯夕模率爲吾裨廻翻廻移諒非多事

矧以俟夫來者邪

尚維持題名記

河東監臨御史自王公克賓始繼者若干人舊刻石題姓氏里居樹之堂隅顧名思義能無惕歟夫御史者兼言與事而有之也毋墮聰而吐茹爲毋怙勢而遷貳爲苟行吾志吾無嫌於衆怒爲苟諒吾誠吾無懾於逆鱗爲苟裨社稷吾無愛於有己爲惠迪懋修抗時離俗用晦彌光雖與天壤共敝可也奚必磨上黨勒燕然以自托於不朽與如其蠱志瘝職漁貨敗類叢尤府

怨殞問喧實行已禽夷且愧奴隸當其身而無聞者多矣題名何爲噫可懼也已持敬承前修姑述所聞以僭擬於忠告

呂柟撰初公重葺河東東察院記

河東察院既敝前巡鹽盧公堯文且行以屬今潛江初公公至既數月命運司營繕乃移居於東察院東察院者巡按及清戎諸公所至以居者也是時信陽馬公君卿方巡按於是襄陽齒公邦倫方清戎於是皆且至河東谷泉子知東察院亦敝甚寓書初公曰聞君修察院不知容

所居者亦嘗念及乎於是初公登堂則治官事退居則命與皂增飾葺理堂後多垝垣遮隔又多坑塹於是除墻堵平坑塹豁然洞開有杏一株適當寢室之後乃作獨杏園其東作春妍塢其內起百花亭子一穩其前則種值諸卉自春妍塢而北適西則晚翠塢也其內搆十竹亭繞亭周匝皆種以鮮山之竹又取靜林王宮之栢亦間植之其堂前兩墀種栢皆成行列既三二月栢竹具有生意公曰是不可以待二公邪方其經營之始每客至公輒留款或出題限韻賡

和聯句則公適物之情待友之義皆可見云

劉定之撰史公重修河東運司記畧

夫鹽所產有於海者有於鹵地井泉者皆待烹煉而成惟解鹽夏日暴之風自南來吹之自然盈池雪霜華而冰玉塊疊積纍湧增高滋多豈非天產以惠生人哉今河東陝西之民資以日用飲食而邊塞召商輸粟以為兵備民飫於內兵強於外解鹽未為無助史公與其僚措置鹽計莫不有勞焉則宏壯其署而相與慶之宜矣抑予猶有告焉舜禹所都皆在安邑其距池與

公署不遠伊邇也史公理鹽政有暇退休於後堂而思昔之佐舜禹者皐夔朱虎之倫豈無嘗至今吾所處者乎於是誦其典謨詠其賡歌慨然求繼其遺蹤則將入佐天子興虞夏之治於今日運司之署尚安得以久淹之哉史公名潛字孔昭金壇人

○呂柟撰張公建河東書院記

正德甲戌春張子仲修巡鹽河東官吏華營商民胥悅迺從官師之講作河東書院於路於是諸車人店人手人獻木石暨力諸工師獻能者

園藪獻羣植迺選義士命理廻築堵周七十雉
迺作先門三楹南面北渡石杠儀門三楹又北
講經堂五楹阿棚前南面層階雙桐夾階桐外
有松栢若槐東為崇義齋五楹西面西為遠利
齋五楹東面碑亭二在二齋南南面齋負序序
交儀門之南墉儀門東東號門南面東號門而
北東上號門東中號門東下號門皆西面北上
東序在其前三號皆南面三楹自門折道以登
其榮皆夾樹下楸中槐上桐皆背二梨其夾階
也皆茨栢號皆有廚二楹在左西面儀門西西

號門南面西號門而北其制如東號門而北表
二門皆雙楸退思堂在講經堂北五楹南面二
槐夾階茨栢在其南四教亭在堂北亦南面堂
東偏南下為左曲房西面其後胥人房西偏南
下為右曲房東面其後隸人房西牖之西蜂房
四區東面東牖之東蜂房亦四區西面四教亭
北築閣構樓曰書林上祀三晉名賢側藏籍其
林帶水為環池如圓璧以種蓮泛舟曰天光雲
影又北為亂石灘灘北為山九峯中峯曰仰止
亭東曰杏壇西曰桃源旁皆甃井曰源頭四洞

先後山曰游仙蓮池在山後麓巘岫巒巖皆樹茂木綰霧縈雲故左曰豹變右曰鷰鳴自環池東為石榴園亭曰日心西為蒲萄園亭曰月種皆背松棚菊籬見山在山北西面亭曰悠然其後牡丹園亭曰麗景又其後紉蘭園亭曰余珮皆西面亭皆南面竹徑通幽在山北東面亭曰綠猗其後荼蘼園亭曰微風又其後藉草園亭曰一般皆東面亭皆南面自仰止山後歷青楊而北為游息亭又北為百果園其山北東麓甃井槐亭西麓亦甃井槐亭棚東上水潸山翼流

南過源頭井又南會于亂石灘又南滙爲環池環池東南閘流過東蜂房南縈東號廚至東號門之南東滙爲方塘西會西流于石杠其西南閘流過西蜂房南縈西號廚至西號門之南西滙爲方塘東會東流于石杠又北流分灌山後諸園至于百果故君子入先門則懷德瞻儀門則正履視碑以懼後居齋以齋心陟崇義思入神降遠利思窒欲希講經以考業處退思以防過守四教以存誠仰山以樂仁覽水以樂智觀蜂房以思義仁且智與義矣斯周德日心忠

月種順也忠順不失斯見歲寒不凋之節故松棚在其後松棚者與松為朋也是故歷亂石灘可以知險登書林樓可以知危游杏壇以述古訪桃源以濟世懸然以正出處閱麗景以觀造化撫綠猗以成圭璧賞微風而識乾坤是故余珮如蘭斯馨籍草靡也其適若是乎可以游息矣故游息亭終焉譬諸草木既爾斯果矣故百果園又終焉

○馬理撰河東書院書樓記

河東書院張侍御所建也巍然而臨乎臺池者

藏書樓也張子曰夫書藏焉爾矣寧無不善訓習者乎以舉業者尚乎利以文辭者尚乎名以訓詁者尚乎緯以索隱者尚乎誕尚利斯不足與言義矣尚名斯不足與言實矣尚緯斯不足與言經矣尚誕斯不足與言恒矣亦寧無廢書者乎曰率性之道吾固有之也焉用書是誕之說也佞之徒也予為是惧故樂人之善學而藏書為藏欲富惡濕與蠹故用樓也藏以序故先諸經而後及其他也藏欲人故擇人以典之貯諸匱而扃且鑰也誕之害人久矣藏之富者欲

慱以文也盖悪徑約者也務慱者鮮知要焉[illegible]
藏先諸經示以要也而司教者使利者義之名
者實之緯者經之於道也其庶乎谿田理開而
善之曰侍御與人爲善如是哉可志也夫遂之志

○呂柟河東書院夫子像記

河東書院前御史張仲修所建而夫子遺像右
刻乃立於退思堂後四教亭下適當人往来必
由之地至其下者每不能常恭盖禮主於恭恭
數則慢生心主於敬敬數則褻起今巡按衲公
流觀其中見九峯山北峙而書樓巋然在前曰

是非安祀夫子所邪乃命移像於九峯山之南麓既定起殿三楹四壁内堊塗外皆甃甓丹牖朱户焕然山前南望書樓若夫子身所指顧以示後學者也公至河東之年嘗選學中俊士四十餘人肄業書院比秋已舉三人今年又選少且敏者十餘人亦肄業且謂之曰爾諸生知遵夫子之道乎夫進學以修德為先素行一虧其餘不足觀已所學亦奚以為諸生若外矯飾而内姦回口詩書而心市井或騁血氣而凌師長或挾仇忿而擠朋儕或家居而倫理弗惇或小

游而行檢不餚是皆得罪於夫子者雖明賢達
予於當路何辭于褻慢哉茲殿之成盖不獨尊
安夫子之像亦以使爾諸士知所以敬夫子者
在實不在文在信不在貌

○余光重修河東書院記

夫西渠子敦學興士以建書院其知今日將廢
為荒圃者乎夫西渠子建樓藏籍以博士聞以
防濕蠹其知今日既資其見復竊以歸而維人
其蠹者乎是故作者之慮之叢也其始建院懼
夫或隙其術以厲人或指以為寵事而人將病

已故溼野之叙及之其旣藏籍懼夫尚名尚緯之習故谿田之記及之其終又懼夫誌弗行則為具文地弗守則為游場而士以自病故大復之論及之是故作者之慮之叢也而不慮夫繼者之不同也今天下之人其上貪作者之名其次慕修者之義貪作之名則作不自已而前之作者廢矣慕修之義則修不自已而今之葺者不舉矣又其下則托諸無事坐視其廢而不葺此荒圃之所以成而勝事之所以泯也同我者繼則理斯院不至為圃勸斯士不至為廢[illegible]

為圃則隙其術而詠其髗者匪忍則妄[illegible]齋則實其名經其緯游息而學成何游場之患也夫興學以作人俾其得志為伊周不得志為思孟其功固上于作者修者且士而奮勵日夕游業則齋宇不及于額經史子集相攜以肄觀亦無待于藏矣則是涇野谿田大復之作可以無述也雖然西渠之建其思遠涇野師之倡其澤長數十年之功一旦而廢余子不忍也今之日葺其舊以致不廢所不敢辭所謂伊人相時敎士有志之士相與興行則固有所待者也

○余先新建正學書院記

路村城舊有運學其西為解州有解梁書院吾師涇野先生所建萃其州士與其耆蒙日講學以明倫且以聖訓律令與藍田鄉約朔望舉行以勸善糾惡先生去之日至於今士人風化近古余子按而觀之喟然曰君子之澤其感移一至於此路村去解未四十里風俗乃殊豈路人不若解人殆未有如興解人者以興路人也或曰解人務稼路人務賈業本還厚易近利還厚難余曰不然天生時而地生財人變化家、

養匪屬也地有監而棄之匪道也惟不為[illegible]斯可矣故曰以貨通利者賈以利滅義者貶四民皆可復古豈惟農子曰有教無類易民而治之者拙也擇地而施之者狹也吾敢視解鹽之人為二哉正學之建不可後矣酬畫彌月始思之曰無地孰基無材孰構無人孰相三者弗備功難圖也繼思之曰匪先胡倡匪友胡麗匪規胡勸三者弗備學雖建風難移也既而相其地則得城東隅三靈廟之廢址相其材則得宋同知之官舍相其人則得年同知恭相與協謀余

予欣然曰地不費價材不再鳩人不遠取是可以舉矣又曰解院之風先之也解人士友之也解約規率之也是可以興矣不數月落成其制一如解梁余予乃集路城諸耆與諸童子及召解梁諸耆人士之閑於禮樂歌詩者以率之乃進而言曰夫學以居民也路村之聚豈無良民有良民而棄之弗居者不仁也其民自棄而弗居者無立也路人其耳於淪沒乎吾知其不然乃為之記

○馬理撰余公建運司鄉學養蒙精舍記

古峯余子巡鹽河東三月歎曰惟茲唐學[illegible]乃或弗淳厥責在子乃圖教其父兄以及子弟爰遵制建學于鄉學成爰入學崇訓修約講學行禮觀德養老訓諸蒙士凡入學修約立約正約副約贊三執事惟民之父兄惟俊夫訓者皇祖之訓所謂教民文者是也凡月朔望三俊率諸義民入學乃讀教文俾衆諦聽以戒以勸是謂崇訓夫約者呂氏鄉約古峯就加潤澤者也嘗揭以示衆俾日率由至是考祥省愆是謂修約于是言言于是語語于是詰難是謂講學于

是陟降周旋循矩蹈矱是謂行禮于是張侯設物主賓就位衆耦有叙揖讓和容以射是謂觀德于是序坐以齒揚觶飲酒肆歌風雅以侑以燕諸愿不與是謂養老是諸父兄之教也學有規制古峯記載詳矣由學而入而東則養蒙精舍在焉中有游息亭即觀德所也亭後有堂六楹曰養正擇師居之所以教也左右四齋各六楹弟子居之所以學也是謂養蒙是弟子之教也凡朔望施教古峯子莅焉凡淑慝必聞行有小大勞亦如之其尤者即如制表閭免役

以耀俾衆望以歸諸寘頑匪人行有小大[illegible]如之其大者則屨校荷校滅趾滅耳以戮以徇俾衆威以遠是故罟阱設而安宅麗焉父兄知所歸矣弟子焉徃矜古峯莅衆和易小人竊議不威君子退而嘆曰御史以德禮教我弗率且移屛弗齒是殆甚于不可仰視者卒乎威如吾子言夫古峯尊師取善非自用也夫鄉約雄山仇氏嘗行之呂子判解州日嘗為仇氏訂正行于解城又太學生王世相者仲木之徒也古峯嘗選為約贊呈十善即榜而行焉古峯真不自

用矣夫夫古今高明之患在自用其甚者則妬賢而嫉能乃古峯獨異他日休休之度其可量乎後之君子於古峯有取焉以光厥休吾知堯舜之民可復見也監哉監哉

（一）

吕柟正學書院志序

侍御余子晦之巡河東釐政既舉乃曰予身履唐虞之墟目覩稷契之舊顧風俗未振醇良未興是先以一鹽自足也爰度運城東隙地建正學書院并建塾學於傍選信厚端慤之士業其中暇則親訓廸以明道又舉行藍田鄉約

仕馬張諸君為約正副講習古義表正群
時志士與齊民勸於是監生王世相纂其事作
志六卷而都運詹子廷珪走使問序然其志亦
采予判解州時事苟有題引是予自多其績也
既而曰昔召信臣守南陽開芍陂以灌民田杜
詩繼之不啻其烈南陽有前父後母之謠予之
道不及信臣萬一然當時之心固不敢以一善
自私也今去解且十年矣侍御乃能兼攬古今
廣開藝局雖在淺陋亦與舉行凡蒲解諸地莫
不聞風飈起挽回古道是予行之一郡者今克

而爲數十州縣之廣試之一時者今傳而爲千百年之遠豈特一杜詩繼信臣而已哉予又何敢以一己之私而廢侍御之公乎斯志也雖以公天下後世可也

○曹嘉正學書院懷德碑

古峯余公曠代高士也監鹺河陝素風玄趣暢然自適是用多得暇日游覽載籍或溢爲文賦歌詩宏麗藻雅洋洋乎騷選史漢之遺一時髦士嚮往而蹴附之公乃修拓書院簡其穎俊俾之居處夏屋渠渠四簋有餘請學問道者

盈兩序矣乃又申以訓章程以業軌博[illegible][illegible][illegible]要以三適有弗率者威以二物於是諸士子息爲游爲蛾赴而羸負爲容服琅琅步趨蹌蹌君子之器邦家之光非古峯孰至此哉於時觧政既終僕夫在御諸士子喜其來而憂其去相率而頌於曹子曰惟我晋鄙鹵斥磽埆士多捆屨爲知爲學何幸古峯瀹我蹙濁臨敎井養旣優既渥其德孔碩罔極乾坤頹言酬之猥賤無門矧將去矣驄馬遄奔眷然懷思中夜鬱煩爰搆葉宇載伐文石像之鐫之聊以永澤回賜敎誼

昭彼遺冊顧子之筆寫我肝膈曾子瞿然起敬
仰而嘆曰懿哉古峯之行厚哉諸士子之心也
粤稽在昔其子夏仲淹邪雖西河之士開其無
聞房魏諸賢弗明師教然祠屋有隆珉碣是豈
爍於鄉邑叢於泮宮者詎知非其徒之倡邪詩
有曰奉璋峩峩髦士攸宜古峯之謂乎淑人君
子懷允不忘諸士子之謂乎使古峯任作人之
責則懷思頌說者將綴之旂常范之鍾鼎著之
麟閣雲臺宇爲石爲河東爲爾已邪於是運吏
詹君述鄉學子之覘同知牟君稱異童之

喬九峯輩於文賦歌詩又能篇誦而章[illegible]子仰嘆踰朝不能濡毫但亦為之頌曰長江鍾阜秀出金陵有美一人鶴矯鳳騰攙雲避席王謝陪乘風流氣槩振古誰勝乃跨蒼虬遨遊四遠降覽龍門至於蒲坂雲旆飄飄帝鄉是返欲徃從之懸車已晚

○李日宣新建弘運書院碑記

余不習吏事少時但從鄒南師諸老譚學耳比釋褐即藏拙秘省尋改言路未嘗不與叅觀而於吏事茫然也邇受事河東則日親吏事於茫

然中求稍可自憑者一以平日所聞於父師爲要領而參以書生之知識日漸融會不爽分毫恍然悟曰學在是也予昔所聞於父師者學也即吏事也河東爲三聖人傳道地而講學一會自曹師仰節堂數武外寥寥無聞余日覩諸老恂謹端凝居然有道氣象又皆振古循良絕世經濟卓然有以自樹於世豈其於吏道深而於學肯漠然乎乃與諸老間一尋會反覆研究又恍然嘆曰學在是也諸老向所自樹者非吏事也學也然則學何負於吏哉今之君子

于政而偏欲諱之且使天下士從事於[illegible]亦曰吾肆力於文章姑置是嗟乎學者學為儒學為吏也今舉文章政事一切諉之學外無怪乎天下無真儒無真吏而徒紛紛烏鶩紙上之月露釣口角之襲黃即語妣天下名震四遠於道何居且夫不衷之言聖人弗聽違心之行君子不居文章靈氣功名大物盜取亦為不祥況剽竊唾餘乘風雲於天上鋪張故事買尸祝於人間則是鏤氷可以耀日團沙可以尸饔也竊為今之君子憂之憂之維何亦惟是刻意共學

而已余既於育才館拓地為室以居諸子衿紳
僉吾曹師還山六日諸老聚首更須及時登壇
有人而擁皐無地長民之謂何於是卜得學宮
之左射圃一區可以經營爲所司塈而構之仍
移其圃稍東焉構成題其閣曰經正民興顏其
門曰弘運題其堂曰傳是凡既備矣而余周爰
始歸吾師亦應期且至諸老相向賀曰兆足行
矣時余以家山司馬例請引避旦夕且行於是
相訂一月之内凡再會會無資則薄有所捐貫
田以饍其詳具載志中聞曹師且請於

之矣而余猶不能已於一言者良以余方[illegible]而来也吏事耳余不能以不習之吏事報献廷而徒以所習之風聞對父師何以稱肅將乎而非也天下患無真吏耳欲天下有真吏先須天下有真儒真吏易致真儒難得使予為其易而以所不習者塞責於目前無寧為其難而以所習聞者報効於他日且未必無少補于日前乎此區區創始意也或曰子所題者傳是也篇記不及是何也曰莫非是也人盡吏也人盡儒也我乃於其中求一真則是吏非吏是儒非儒自

有能辨之者此又予傳是微意也若其大義則與諸君子譚之文矣

○蔣春芳重修野狐泉亭記

余奉命按河東鹺政鹽花盛生檄丁役撈採懼其怠若事時往督焉從中禁門南行折而西過野狐泉前侍御喻公所建惠民舘遺蹟也入其門窈如登其堂廓如環四壁率皆吟咏篇什讀之不能盡又進而後庭題曰源頭活水即所謂野狐泉也泉上三亭嵒峙逈出雲表中凌虛左觀瀾右逢原徘徊眺望見條山前拱蒼

一鑑池塘樓臺倒影樹林陰翳鳥鳴嚶[illegible]逸思飄飄喜動清揚間矣下而繞其後又有泥可憩有亭可玩有矍圃可射泉亭之大觀已備第歲久人跡罕至漸就湮圮余發然更新之斬荆棘薙糞壤燔椔翳泉源之淤塞者濬之前後池之蕪穢者蠲之榱桷柱栱欂櫨之朽腐者易之甎瓦墉垣之破缺者補之漫漶不鮮者丹雘之至門外所樹之棹楔則又前此未備誠勝槩也然竊有感焉泉亭一也如得其道觀風之暇以之閱鹽課以之節勞逸以之避風雨以之督

工而考勤惰以之親民而問疾苦是亭之設不為徒矣不得其道則必假此為遊觀宴會之場飛觴浮白流連光景吟風月傲煙霞棄國事而罔恤審若是豈惟吾輩之羞抑亦為國者之憂余不佞謹以此自勗且鐫諸石以俟後之君子履斯亭者擇焉

○蔣春芳新建歌薰樓記

有虞氏彈五絃之琴歌南風之詩迄今洋洋盈耳誠萬古絶唱哉相傳以為南風起鹽始生環廷之歌盖歌此也三代以還騷人墨士

翰日習而不知余奉勅重修池神祠曁[illegible]祠前有一亭棚與祠直卑陋蕪圯殊爲不稱旣命所司撤之搆樓三間基沿其故制更其新民不告勞財不濫費越月而工成八牕玲瓏殊可人意且條山揖於前神祠抱於後淡泉呈於左狐泉聳於右而此樓聳峙於中以之眺視上下瓊瑤萬頃浮雲飛霧迭相来往令人飄飄然有憑虛之想忽爾清風徐来入我襟袖曰噫嘻此南風也胡爲乎来哉意者其産鹽之徵乎人亦有言風来自東蠢蠢其蒙昌以起吾民之疲癃

風来自西景物凄凄祇以重吾民之憔悽風来自北群動休息孰能蘇吾民之困極維彼南風吹噏大空資生鹽筴國課攸充誠足尚已爰題其額曰歌薰樓盖取觧愠阜財之章載歌載咏於此也夫是樓豈徒快耳目悦心志窮騁望恣游觀已哉觀南風則思發生觀鹽池則思撈採觀料臺則思轉運觀神祠則思所報觸目警心撫今思昔民生國計種種關情是樓不為無助然則琴雖不奏自有無絃之琴詩雖不歌自有無言之詩況發於吟咏播於節奏寧不

之響相為應荅也耶乃若大風之歌秋[illegible]非不歌風也一近於霸一涉於衰風斯下矣非吾之所謂歌也觀風者其慎諸

○朱寔昌除戎廳記

路村鹽利商賈所趋故設運司以司貨權勅御史監臨為利在則誨盜人聚則啓争勢也况國家太平百五十年文恬武熙民不知兵邇来民窮盜起内外阻閧攘奪矯虔流害郡邑如劉六回賊之變皆嘗朶頥争是監臨者築城集兵為防禦計是故有備無患嘉靖改元予承乏至又

值河陜盜發侵及近境乃復繕城之壞缺附近州縣分兵防守欲閲練以為用則無所於處於是相度城外之乾方得漕運所廢地二十四畝又以帑金易民地十畝九分而以灘地代其稅矩以周正華離者仍以與民共為地三十四畝周為垣南為演武門三北為廳三間扁曰除戎廳之東西又各為屋三間廳後為屛墻面湢井溷左為將臺周垣以樹空中四至可百四十步抗以射侯表以壘磧列以式磚而教場之事略備予觀易之象曰澤上於地萃君子以

戒不虞傳者謂凡物之萃則有不虞之[illegible]象而戒也鮮池爲澤上於地有利以爲衆趨其爲萃聚之象深切著明則爭與奪所不免況重以時方多故乎此所以尤貴於戒也戒之義有二有心而戒曰備無日不討而訓之于民生之不易禍至之無日戒懼之不可以怠閱軍實械器之實而申以坐作進退之法即茲除戎之謂也無心而戒曰畜凡所以務材訓農通商惠工敬教勸學察獄慎罰修之以孝弟忠信而敦之以禮樂慈愛皆是也後之接是者必先之以無

心之畜而後之以有心之備庶幾其除也不至於玩而震由是推之以詰戎兵佐天下禁暴止亂保大定功安民和衆宜無難者何有於一方也哉

○郭鑾河東威武記

辛丑歲冬十一月槐川魏先生奉命代巡茲土釐垢剔蠹凛然風裁尤以西北軫念飭勵安攘謀于運長黃君行可曰先王耀德不觀兵而修攘制馭之策亦未嘗少懈況今三晉郊保蒙荼毒河東財貨之地與太原相為犄角

防容可緩乎乃卜日斜工週城作敵臺[illegible]
與城等與角樓間峙相距射及一矢臺起[illegible]
九座廣狹稱環城濠塹淺促浚之深一丈五尺
廣三丈造將臺中軍并大小旗幟若干面斬馬
鴈翎等刀若干把大小眉針鎗釵若干根銃鉤
若干根七星倒垂等銃若干杆大小遮箭牌若
干面地弩等弓若干張各樣鐵箭若干枝弓箭
鞍袋并鞓帶若干件大小鐵將軍銅將軍佛郎
機子砲虎尾砲各若干箇火藥若干料裝銃鉛
九若干枚盔甲若干副大小鐵架燈籠若干箇

釘板若干片鐵斧若干把鐵火藥匙若干張鐵錐若干把鐵木郎頭骨垜若干箇藥箭頭若干箇小鐵錘若干把鎗刀等器紅纓若干箇蒺藜砲若干箇磚若干箇灰若干斤草若干束布揷城濠木簽若干根繩索柴炭梆鈴燭炬之類靡有不備緣城懸以石塊滚木四門外濠塹迫狹闢開三丈許覆以橋梁城門各設吊橋徑橫二丈繫繩於城樓拽以機軸張弛有度作滑車四十懸之樓側以備來奔者使攀緣而上城中素乏儲糧始蓄米麦穀粟若干石素無兵

手五十人且月無資糧亦曲為處備[illegible]
市壯八百名取州縣民兵六百名選吏典券[illegible]膂
力者二百名咸喻以大義且教以進退之節定
以練習之期主以統領之官為方營三圓營月
營銳營各一屬工繪圖使董而習之河東舊有
灘地久棄不耕乃募民使出工食穀粟計銀一
兩給種一畝免租稅三年經國之猷宏且遠矣
嘗謂城池兵食威天下之道也三者具而後民
心固士氣揚否則惠而無政雖得民和守死待
斃迂儒曲士之事也何益於成敗之數哉周禮

司空掌修城郭溝池之固司險掌九州之圖以周知山林川澤之阻今日城池之謂也易弧矢之利以威天下費誓敹乃甲胄敿乃干無敢不弔備乃弓矢鍜乃戈矛礪乃鋒刃無敢不善今日甲兵之謂也王制國無九年之蓄曰不足無六年之蓄曰急無三年之蓄曰國非其國矣今日積儲之謂也先生其明于修攘制馭之要經而能内外無患者乎此萬世之功也蠻不文敢嘉黄運長之請而為之記

○楊繩武武備誌

兵之為道聖人不得已而用之得已不[illegible][illegible][illegible]不得已而已為忘忘戰不可為理況用武[illegible][illegible]運城舊設兵而器弗贍辛未城下之役棄其師鑒不遠也乙亥秋寇復魹魹河上竊慮財賦空名仍為本城累爰製炮於陽城購矢於寧武取弓人於平陽市鉛黃於曲沃新甲冑增馬匹并及城垣諸守具各稍稍備焉人與器不習等之無也再為建武廟修演場以每月三八日集諸壯者練之練心使毋練胆使壯練耳目使不亂練手與足使便利輕捷若不知力之自已出也

是可謂兵矣進之則更有伸屈之妙焉蓋兵過剛則悍弊流而驕過柔則靡勢漸為衄欲令剛柔並濟其故益深且微大約剛者如金練久愈精柔者如絲練久愈熟既精且熟乃可執此器以潛地動天上可固封疆次之保身命此兵家日用飲食也予行矣器或遺脫人或懈弛因壽之珉以誌予惓惓教而後戰之意云

〇喻時養濟院說

歲有饑穰地有豐磽氣有醇漓政有臧否[illegible]之不能齊然而咸遂也厥維葉哉故虞書

難周官振窮為職漢以賜帛給廩稱美[illegible]坊設局垂仁其於民也盖不忍一日後矣[illegible]高皇帝御極之五年詔天下郡縣各立養濟院處分老孤以監臨體察載之令以官司收養懸之律以畸零列之會典以存恤申之憲剛繼以列聖所軫念今上所優重凡我監臨有若民而俾其失所可乎况晋土𪉖薄連歲兵荒疲夫羸老安邑收存之所不及告者謷謷也且運城之建與府治埒有池有城有署有坊有甲有巿有廩有户役有膠庠有祭祀有選舉他事稱是獨

漏畧於此恐一有不寧蓋所謂樹虉則爲蠹者也遂謀之轉運如告者而聚爲凡若干人得罪者贖凡若干金易地築屋安置之凡若干畝集告者如例養爲蓋以仰宣皇德下荅民望已爾噫調沉痾者在依時序灌枯木者在達土宜百藥一理千種一法是有望於後之善醫而善圃者否則今日之舉未免爲贅心龐事也已

衛周祚重修河東書院記

明初種粟於邊其時鹽法大舉也其後也商困於邊倩不能儲本色久而養士之法亦耗昔者鹽屯茶馬諸政有一不儲於邊乎哉自我清之入馭也一循明之法而鹽法亦未常大敗何言之地不愛寶者也天不愛道者也氣候以養而愈出精神以積而愈生先是有西渠張公者巡鹽河東創興書院其佐單興翼世教籌商以裕賦造士以作人並行而不悖也其後劍亡走觀李公易名為三聖廟繡斧趙公更為

吉水羅敬李公更恢大前規建書舍以[illegible][illegible]
豫之士名曰育才館猗歟休哉何道之盛[illegible][illegible]
世祖皇帝平定天下河東塩法未有變更迨至康
熙
天子命滿漢兼差九年庚戌秋於是
勑曰監察御史布舒熊一瀟其往河東巡視欽哉
此二公者負大才經濟偉人也既蒞商足因復
剔弊釐奸見運志而觸懷覽舊碑而興歎慨然
於書院之宜復捐俸倡屬而謀所以新之同事
諸君張應徽一時庀材鳩工商民鼓舞率作不

數月而厥工告成內外煥然更新斯役也始於
康熙之十年三月落成於五月共用工若干後
此將見秦晉豫人士蔚然興起以佐
聖天子講學右文之盛以副二公崇道育賢之舉
豈不美哉於是乎書

熊一瀟重修河東書院歌有序

距運城八里有河東書院興替沿革之詳稽運
志可知矣
今上九年冬一瀟偕同官布公以鹺政奉
命來視茲土越明年春職協政寧日有餘

者詢所謂河東書院而驅車過焉則數[illegible]頹然瞻風烈日荒烟零雨之中者將化爲[illegible]草之墟孫兔之室矣嗟乎此非古先聖人垂裳而治彈琴而理之故區歟此頹然者非昔之人以其官守之餘孜孜講論欲明其道於己而施其勞来匡直之意於人者歟又非昔之人所瞿然而思奉三聖人榜之祀之而庶幾其無敗也柳大其堂廡廓其宮齋集三省之舉毖陶斯咏斯以蒸蒸而丕變者歟夫世道之盛衰人心爲之也人心之邪正學術爲之也崇學[illegible]人

《山西文華》編纂委員會　編

山西出版傳媒集團
三晋出版社

山西文華·史料編

重修河東運司志

第四册
卷九至卷十

清　馮達道◎編

山西文华

新修河東運司志卷之九

晉陵馮達道編次
遼海朱之瑞
恒山魏櫆祥
荆南孫開祚同訂

文苑二

○李東陽撰張公重建鹽池神祠記

曩歲山西副使陳君柢予書曰弘治甲寅軍儲闕賦有司弗能給巡撫張公念惟解池鹽利可取奏之朝給三十萬引其分巡河東實授檄爲

時歲饑民病先發粟賑之始俾就役會大雨公繼至憂甚劇乃共禱于神翼日近池州縣皆雨而池獨無越十日鹽大結課不勞而數足之日雨復大至公歸惠于神因慨其祠傾圮爰出贖金仍籍民之居貨取重利者各出資為木石費命安邑以官夫佐之始于冬十月至明年四月而成亦若神相之者又明年張公以南京兵部侍郎北上語加祥曰此數華所賴以舒吾憂者也予惟天下地利鹽為大煮海之力菹薪之伐牢盆之制勞甚矣而歲課每不給惟解池所

出朝取夕復其利不窮此周官所謂盬鹽韓獻
子所謂國之寶者顧其産必視暘雨燥濕為豐
約雖大鈞之運歸於無朕而土地所在必有神
為主之神液陰漉孕靈富媼柳宗元亦嘗言之
矣然所謂神者不必有形與聲而昭示響荅或
不可泯則存乎人焉故曰有其誠有其神誠於
為國為民者神必有以應有其舉之莫敢廢其
茲祠之類也乎且夫存乎人者亦非特事神故
也蓋必量其貴賤節其賦入如昔之監司者則
公私兼利不求神而自足若夫豪家之占奪近

池之障悋神雖有知亦安得而與其力哉此實應靈慶之封亦議禮者之所異也予獨嘉張陳之誠於國與民且徵神之靈也故爲記之

○蔣春芳重修池神廟記

鹽池自古有之神農時諸侯宿沙氏煑海作鹽觀鹽從古從鹽省儀可識矣伏羲始佃漁教民肉食其始識而用之與故傳神農黄帝之書若咸及爲唐虞時名鹽販之澤舜命伯益掌之嘗琴而歌所謂薰風時而阜民財者即是物也禹平水土由雷首虞阪而北瞰斯澤又北登景山

而南望遂定賦上上作都其墟異時商都周官魏郛秦郡皆遛是澤自漢武設鹽官牢盆迄今軍儲邊餉多倚賴爲斯池也方百二十里淵然紫色涵而不流夏日薰風時至則一夕鹽凝如印如斗如鏤如鑄君子品鹽以茲爲勝曰監鹽亦曰種鹽種鹽者梁人所謂畦地而沃以池水南風急則成鹽滿畦是也唐宋皆然宋人以三月墾畦四月沃種至八月而止池鹽則撈取而已且種且撈所獲滋多元人唯池撈不復畦種今三場因之苟主者德馨享潔神罔怨恫或池

或畦生生無窮以祀神養人療疾攻痬罔不攸宜尚無是者則百味不成百穀不旨其民腫柴瘠而墨故曰鹽者食之將也國之寶也天之藏也天下財用幾以加於是矣考諸歷代皆崇廟祀以報神休我太祖底定中原爲百神主始正其位號中殿曰東西池之神左曰中條山之神右曰風洞之神載在祀典有司歲時舉行第山澤通氣脉絡相因者也故鹽雖產於池而其原則根於山風行水上氣候相應者也故鹽雖資於水而其機則起於風彼此可相有不可相無

廟制可並隆不可偏重今池神之殿與壇宏麗雄峙於中而條山風洞二殿卑隘不相稱竊意在天之靈必有歉焉今癸年甫直指秦公奏命改造二殿與池神殿埒錫以嘉名曰靈佑祠甚盛典也芳至而底于成故記之如此云

○龍膺撰王公重修池神紀

人以妥神為德神以養人為功牲牷肥腯崇構表觀人之所以答神貺也兩暘時若財賦用登神之所以阜民生也國初設鹽官領鹽政後命繡衣使者巡察之本今商人輸粟塞下中鹽內

地淮浙而外首推河東所關邊防戎索良非淺鮮乆之罷商輸粟令得以金代一時權宜遂成錮習識者憂之世宗朝憫鹽政蠱壞會一遣大臣疏理而使非其人徒滋騷繹頃九邊蠢動太倉若掃大司農仰屋竊嘆至特遣部臣啣命疏理兩淮舉一以例餘鹽之所係如是語有之神不歆非類又曰黍稷非馨明德惟馨神所憑依將在人矣侍御王公下車甫十月上體國家設官分職之意下念丁商撈採輓運之苦封疊剪奸洞達不爽鑑空衡平明神合德雨暘愆期則

有禱風靁不時則有禳嚴餙蒸嘗寘符盼蠁孚靈富媪獻瑞貢珎取有時而用不涸公非有覬于神神實式憑之玄貺駢集令終有俶公之豊功殊績不當與此池日月風露并垂不朽哉膺不敏分典鹺局無能効一臂之力頃且移治樓煩漸遠儀範惟是枕戈卧甲之士張口枵腹維鹽是賴老兵籍手玄貺挼醪而享之士飽馬騰涓滴皆神之惠公之賜也嘉與叙述俾嗣事兹土者得考焉公諱遠宜霸州人辛丑進士

○楊繩武重修池神廟碑記

乙亥歲河東復大饑麥將熟而粃於淒風禾告登而厝諸烈日亦極凉燠之變矣乃秦寇且與河俱長鹽無脛不走百姓嗷嗷有殣於道者誰實視此何能不徬徨憶蘇長公之言曰以財與人不如以法活人之為多時池神各廟不知圮自何年予仰觀俯察豁然得所以待此阻饑者盖古人策荒每大興工作使民有所從事此意可倣也於是分脩廟之工與儒學表忠祠演武場並舉因之有材者得售有藝者得酬強者負重弱者挈輕日倚此中生活者無慮數百人而

工遂次第舉賓貢坊入池具瞻也扶其頽中東兩禁門池鎖鑰也挈其墜海光樓頫池如鑑豈其彫零歌薰樓指池如掌振其敗落三正殿之滲漏也甃而新之三亭殿之傾剥也扶而正之又為鐵連環牽之樂廚之壅拱如左右手碑樓之張好也如兩翼庭中十丈臺每當報賽牙店搆綵棚其上歲費二百緡是亭不可一勞永逸爰購民間待價之屋而鼎新焉經始於七月成於明年正月所生全者幾不可更僕矣或曰窮黎載道流寇震隣營營神居毋迺非時務乎曰

不然四方靡騁民有力罔所用且日不再食則饑不死將為盜耳予有此舉張空拳者日得一飽是療饑也所餘數錢持歸以見其父母妻子勤動之息竟夜齁鼾而不作他想是弭盜也神福利吾民其或鑒予此志如白水邊樓閣湖上亭臺冶女游人流連光景則無論今日修之意不出此想當日創建之意應不出此因記之以告後之謁斯廟登此樓者

何東序撰汪公新建鹽池太陽祠記

國家以鹽法取課多煮海而後成其自凝結而

取者獨解池之顆鹽夏月霹樴薰風自中條山來邦人相驚於山麓曰湛湛煙碧鹽信至矣則皆荷畚而往兩鄣之轅萬貫之資咸於是乎取之我明肇建祀典中曰鹽池左中條右風洞二神薦熟三獻酌洗則有司臣奉舊章事舉必祈福行宜賽按祭法山林川谷能出財用者祀之識謂參造化以變物類神之靈奉牲帛以答明貺國之禮蓋重之也頤茲池也奐形如金渟滀不流一至旻天戒序高風嘯律鬼神雖盱而潛伏品彙消鑠而莫興矣乃若急景凋年窮陰殺

節自天所育不能改有常之性間世所值無能表非時之異侍御汪公視池三載無歲不胥其祥則益修容典弁昭繹於夏蘄雨雨斯若於冬蘄暘暘斯若故當衣皁之北迎也日降天臨山明野瀲爍玄妙之至精咀凝成之丼實其爲顆也不殊流黃石精星律有變給用無絕南薰之熵不得嵩其職爲公翼然興思曰羲馭振轡海若虩魄升天無憂見渫烜物寧謝祈寒斯之沃燰於池也眎諸祀同功圖諜未有耳目書、新周爰諮度盍祠諸或曰唐大曆朝韓滉奏產瑞鹽遣官薦狀詔號建祠今之瑞由古之瑞也其不以聞柰何公曰聖王德至於天政合乎道鼓元氣於九圍揚耿光於萬象緹油播美金匱不刊煌煌乎三五之世矣休徵畢至其奚有於茲池唯是討論集賢鵷鸞之列在庭講習不師貔豹之臣息鄙永綏長利斯乃瑞之大者滉之爲賀不亦鋭乎嗟嗟信斯言也引之上前標的諫院可謂南臺典董東觀注記識國體之本末矣祠爲堂五楹兩廡大門各三楹覆以碧瓦繚以丹垣與池洞條山列皆南面工始今壬寅上元不

更琯而落成運長林公督其事屬余紀歲月刻於巖石云公諱以時婺源人林公諱國相閩縣人

○舒遷新建表忠祠記

三代以來稱諫臣以關龍逢爲首按志龍逢安邑人墓在邑東北二里許有司歲致祭然祠宇弗稱遷來而慨焉則謀諸尹尹曰惟時缺典民用匱其如何遷曰艱哉則謀諸司長貳司長貳曰謀適有贏宜歸于公酌而益之謀用不潰遷曰時哉則謀諸耆士大夫耆士大夫曰不勞而

民不煩而力報禮敦勸用為吾土之光夫子何憚而弗力遷曰有是哉廼卜地於城東門厥土維剛厥位維陽構為堂為別室為寢為棚為門為廡各若干楹樹坊曰表忠中為龕三坐主南向東列主闕武安西向西列主闕子明東向蓋懷其德思及其子孫況子孫之烈而賢者耶祠既成僉謂遷宜有言遷曰予何言哉古人有言曰成天下事難死天下事易龍逢不得為其難而僅得為其易亦可悲已有商之季微子去箕子奴比干死孔子曰殷有三仁蓋去者有全宗

之義辱者有圖存之思義不可去而思難以圖存為比干者死而已矣然則二子之死其究一也况奮于千百年之上者耶嗚呼言於所可言也其言行可以無僨國之感死於所可死也其死安可以無用生之辱千百世而下景仰咨嗟望其鄉徜陟其堂想其人猶覩其面非所謂不隨生而在不隨死而亡者乎雖然泰山喬岳齊其高冬霜秋日爭其嚴志士仁人之名屹然天地間而其國安在哉是故與其知有龍逢之忠不若不知有伊尹之任與其知有比干之仁不

若不知有夷齊之義嗟乎此又二子之微也遷

於是重有感焉三嘆而書諸石

楊繩武重建表忠祠記

三代而上無以死諫者有之自龍逢始公懷明德於既淵傷天步之將移發憤破喜起之格從夏之先王于地下自是凡爲臣子多此窮盡二法用篤匪躬遂以攖鱗爲公得計噫此公之慨慨九原而不欲自白也夫人臣不遂匡君本願亦時事之莫可如何苟從而翹其不逮以成已名是無禮於君之大者當日或抱此隱則公之

與形俱盡不云自今矣惟不侈回天之力不矜泣鬼之誠侃侃數言殉以七尺使憑吊者深一德之悲下二心之汙自比干繼起而後代有其人一脉孤忠凜然青史是公以一死生天下萬世之為臣子者也公之死足主天下萬世反不能令后之子孫守家法以盡致身報主之義殆非英爽之可信者故後數千年又有雲長公靖節章鄉遭遇合雖殊其揆則一祖孫烈烈心胆同歸然則冥契易理隱姑射之陽不求仕宦為乎明者何以自處於兩公之後哉噫是愈有微

爲者也天之道陰與陽人之道柔與剛龍逄公之以言責也雲長公之以封疆也彼子明何以死哉可鴻毛可泰山關氏之忠賢於是乎大備矣故可祠也是祠爲龍逄公所專集世系配之不過以昭其盛此又余記中詳畧之意也祠剏於前輩舒公繕於康公歷七十餘年不足蔽風雨爰撤而大之堂與享殿正門各四楹廊廡各七中表之以坊不敢以一材一役問民間

○劉敏寬重修三官廟記

運城東郊有三官神廟創建勝國時嘉靖戊午

重修綦逾四紀淹敝缺略鄉薦紳耆老輩咸謂
三官正神歲時祈報福芘梓里今若此何以妥
神靈而與以續遂相與捐資再修事協群情歡
欣競勸爾乃敝者補葺之缺者增置之復壯麗
賁飾之曜引日月址隔氛埃木被丹青土榮朱
素廡隅棟宇壁立翬飛凡所頂禮目爽神眩據
今籌逹不啻什伯矣衆徵余言記其事余喟然
嘆曰善哉是役可以卜吾黨之厚矣何則物力
凋瘵于斯爲極窘乏者米鹽犇走内顧不遑瓶
匱善念到此其有饒裕不封殖爲守虜則侈泰

淫靡矜俗肆慾古蹟淪蝕明神暴露睽若秦越耳歸盡一朝身名俱泯是之謂澆漓之民斯焉也無煩督而伏義不回弗責償而揮金如水紹往古而兆來茲諧神人而昭禮樂殫志一勞垂名千載較彼何如哉昔仲由問事神吾夫子以未能事人教之若曰神人一理事神人一道也未有能事人而不能事神亦未有能事神而不能事人若是工落成則神靈妥而似續與誠敬足以事神矣誠敬既立何往不通由是弟恭其兄子順其父卑尊其上臣忠其君比閭族黨諧

然尊君親上之風宗廟社稷將必賴之故曰可以卜吾黨之厚矣遂記之以勒於石云

○鮑道明衛民祠記

運司有城自至元二十九年始其存於今日則侍御胡公基之其甃之以磚也又自盧公始而祁公余公繼之何公陶公又繼之四面甃爲巡爲重鎭嘉靖庚子古城郜公至追其所以成之者命運司廓胡公祠而大之易朽與頹大完其所未備更其榜曰衛民萃胡公以下四君子俾有司歲時祀焉又移何陶二公寘諸古峯之生

祠於是數君子之功益白祠成予道焉公語之故予因質之曰祠何居而以衛民名公曰城也者所以禦強暴衛良民也運城規制雄偉三省之會而一方具瞻國有常課民有常業商賈萃於此有常貨各安其所而不虞寇盜之剽竊則此數君子有以衛之其制偉則其成之也難更歷數公乃克底績吁艱哉思其艱厚其報立之廟祀世世與城俱存於禮爲稱曰然則人各爲祠俾各全其尊也不可乎公曰夫祀不欲多也多則玩玩則不敬不敬則忘吾懼其祈而不屬

也是故合而一之欲其無忘兩矣曰若是奚取於敝也而更之公曰夫事有不再計而兩全者唯是運民之敝也唯是國計之詘也唯是崇報之典之不容已也吾取胡公之祠基仍舊而克拓之於事為省費業乘敝而增飾之於民為不勞而烏用紛紛建立者為曰運城之來也久胡公以上何遺焉公曰其世遠其入忘其為城也彫圮而淪滅吾安得取之而焉得祀之曰然則何為何啗二公之外建也公曰數君子者往矣唯二公事功卓卓未艾也功一也而存沒異焉

不此之稽槩謂其有功也而並寘主其間豈禮也乎又况名以衛民則如二公者豈獨終異乎哉於是運同劉子啓東徵言以紀諸石予嘉公之詔民有道而周慮以作事也詮次其問答之辭以畀之公諱遷字于喬徵之黟人

○楊鷂龍王廟紀事

崇禎庚辰七月予督理河東十六日入平定閈三州十縣無麥三十日宿郇城東署是夜風號如哭隱隱百千萬億聲予披衣起問青衣曰七年不雨斗米錢千三百父子夫妻且相食矣不

覺泣下成絶句一首中條山水未秋清七月循飛滿面塵夜半風敲窓紙碎風聲強半是愁聲明月入院焚香禱八月雨九月復雨咸曰七年來無此雨也十一月雪咸曰七年來無此雪也辛巳正月二月不雨鹽土飛黏樹壁如銀署司潞安府同知殷啟賢倉皇告予予復焚香禱發十日恍惚一老人金冕白鬚自稱龍王謂予曰此地無廟因記其語語生員馬爾健曰果能為我雨我當廟三月雨四月復雨麥大豐六月七月八月復不雨麥價頓涌久旱之民群相謂曰

先有日矣運長趙邦琦倉皇告予予又焚香禱是夜復夢冕而髭須者同予各跨一舟一麾手間沙奔水立予默念曰此龍王也俄而一小龍爪甲猙獰加予額上予駭匿托旁一人問故曰爾負約予曰勿多言吾不負汝因記其語語運長是日雨越三日又雨四日復雨咸曰七年來無此雨也予感而廟述此以示後人

○王建中撰康公特祭鹽池諸碑記

按河東解鹽當春始生至盛陽之時撈採充課若三秋已瀟然如冬生則寥寥罕睹記也歲在

丙午侍御康公廵西晉兼督鹺政按轡以來綜
覈肅毖釐剔嚴密城社噤不敢吐政洽民譽天
瑞應之旨職以閩臬謫運幕初蒞任署司符以
仲冬朔且代事先一日報池上鹽生衆皆詫爲
職同黎運判歷閱池畦一望如練瓊瑤鋪境霰
雪盈疇厚者經寸薄者數分廣可八里長可十
五里玉映珠聯莫可名狀當此時火朝覲矣天
根見矣聽輿人之頌籍籍爲侍御公德澤所溢
本司上其事公報可檄曰美哉穰穰乎玄冬生
鹽國之福也弗可暴殄亟收之于是鵠州縣丁

夫以萬計督率撈採約以八萬引計役竣本司以特祭請公報可檄曰美哉英英乎玄冬生鹽神之貺也弗可輶褻亟祀之乃設祭立壇秉恭虔告如例賽神三日事竣錄文請勒石公又報可檄曰美哉輝輝乎玄冬生鹽元春特祭亦一時盛事也弗可無紀亟志之職聞命稽手颺言曰不有明德之馨孰爲感召不有靈神之貺孰爲符徵昔唐大曆中度支韓滉奏秋霖不害仍有瑞鹽乃賜池神號曰寶應靈慶夫秋霖不害猶以爲瑞矧隆冬生鹽數萬豈不爲激揚德政

之瑞乎元貞祐間右丞李公實以霖雨禱神寶氣凝結遂收厚積夫以禱而生猶以為寶矧冬月不禱而獲可無殷禮咸秩之報乎于是命工以祭章五首鐫石併記事以昭盛典復作頌曰

峩峩冢史諤諤康公法星日曜繡斧霜雄貞度允肅鹺政聿崇三晉化暨格于旻穹粤維鮮池肇周盬鹽春夏則毓秋冬則慳南薰解阜陸海監田歲當丙午亭畝嚴冬蔽飛黍谷律應黃鍾天根尚復地脉以溶瓊珍國寶造自化工問之商坻僉曰侍御鞏鹽剔蠹汪澤覃被問之父老

僉曰侍御誠孚精微儵回天意溫泉寒火奚翅爲奇雨珠雨玉奚翅爲希玄冬生暄惟德實滋萬商侍哺三藩永資歸恩侍御侍御弗有惟我明神象蹲獅吼亘步盈車方尺數斗肇稱殷禮異數豈偶匪神弗嚴匪奇弗傳人惟誠格天則福譕民養寄命國儲裕邉勒于貞珉永祚萬年

○王諍祈雨文

上天以愛民爲心百司以牧民爲職諸神者又周旋其間察其善惡以告于天佑乎民者也有司不得其人牧民不盡其職濫行黷貨反道背

德則鬼神悔怒水旱示警此天道之常也夫百司瀆形黷貨民旣困矣又降以水旱之災民當益困下民愚惑乃謂上天縱百司爲虐而又以水旱助其虐也天必不然而其迹則近似矣豈諸神不能察其善惡以告于天耶抑上帝蕩蕩下土茫茫神雖告有不暇及耶夫仁覆憫下者天也聰明正直者神也有不告告斯憫矣御文諍巡鹽于此一歲已周而荒旱以來今日爲甚恒暘三年赤地千里水不潤下鹽不生花五穀不生生者復稿民無以爲食國無以爲課伥伥

乎莫知所之皇皇乎莫知其所終雖昊天廣大
偶遺乎此地此民若諸神則歲時受斯民之享
祀朔望受斯民之瞻拜坐視其顛連而莫之省
則非情矣百司有濫刑黷貨之人神以告于天
誅之可也民何辜耶御史有濫刑黷貨之事神
以告于天誅之可也民何辜耶御史為百司之
首罪責更重既聽命于天與神而無所悔諸神
血食于此獨無其責乎請與諸神約自五月初
二日為始神能格天速以示聞使甘雨霶霈斯
民得延殘喘則將新神之宇豐神之享以彰神

賜即神人咸休矣倘三日不雨以至五日以至八日是神無知也是神有知而不以告也冀以神爲則將掩神之象鎖神之宮撤神之豆無乃重爲神羞耶然御史之所願則在於神人咸休而不在於重爲神羞也諸神其諒之尚饗

○王諍祈鹽文

竊惟安邑是用鹽筴是毗陰運默佑神明是司所以崇廟貌而勤享祀者非無所爲而爲之也比年以來鹽課漸虧今夏已杪顆粒不藁豈職鹽之事者害政不敷無以致神之知耶抑食鹽

之利者薦饗不腆無以動神之慈耶在昔有漢增重海課而海魚不出蓋鬼神忌多取也今神之意豈亦謂斯耶夫額外之增若在所緩而惟正之供不容後時茍因加額而併虧正額是謂移怒神胡弗思耶諍等既各側身引咎矣敢竭悃誠仰叩神祠伏惟軫念國計俯恤民私感召流醪之沛潛通作鹹之資鼓南風兮時薰溥陸海兮華滋使公私各足幽明罔疵豈惟神有休光將諍等亦與有辭焉則所以答靈明而謝景貺者顧何愛於騂犧哉尚饗

○喻時祈雨文

時與事應天與人感灾不虛生變不常覽顧茲晉壤愁憤婁發狡悤動去亢陽如焞橫飈三月樵雲四空旱蛇翼翼旱草蒙蒙我魃則焚我手則髮我民何辜我罪何居叢哀於郊含愴於閭執憲責邪司縣過邪橫徵與邪勞役作邪枯骨委邪寃獄嘅邪蒙天之讙[illegible]臣之致禱肅明神昭假我志寧我焉殛無民之棄寧我爲罰無民之匱率巫於雩舉神於方弛禁於官緩刑於邦轉禱而澤移否而吉神饗斯土其勤其恤尚饗

○祈時謝雨文

倚嗟河北匪麥則畜倚嗟河東匪麥則空四月維夏三晉維荒我稼循火我郊循湯迺省厥愆迺訟厥己迺聽厥神迺介厥祉一處之格三日而雨樵者則蘇顛者則起麥其有秋秋其有食喁喁爾康洶洶爾熄侁侁爾摧居居爾植九市展顏四坰生色載柬而帛載旅而核載馨而醑載潔而炙載鍾載鼓載歌載舞我誠俯俯神歆俣俣於萬斯年昭茲來許尚饗

○劉敏寬撰柱史汪公節金裕儲記

策荒政者首言善救不如善備蓋不備而救是
圖則其政末普亦猶醫人者不綏而治其本但
急而治其標鮮能神其技矣我朝加意元元荒
政備舉公設預備倉私設社倉給歛有法兆民
多賴顧晉人不穀畱滲頻仍往歲發倉公私縣
罄不獲已散其贖鍰又不獲已勞於勸借倘嗣
是而畱滲不乏則積貯既不能充權宜又不可
復嗷嗷有衆其索諸枯魚之肆乎我鹺台汪公
擊時艱而念根本每月撥亂而不於治極危而
不於安衣袽臍噬其將不免故自按臨以及報

命一以仁民爲主通商惠衆如烹鮮也鋤强扶弱如植稗也設險置衛如保嬰也餘鹽餘銀屢疏執奏爲斯民請命如援溝壑而措於袵席上也亦以足食者民之司命鹺城原設運儲倉所貯無幾惻然憫之刻意儉素苦心節約凡自奉以及儀文不容已者悉省之不喫緊者罷之留有公用銀一千五百餘兩乃檄有司糴穀運倉爲賑貸賞賚之用復下令曰吾糴以爲民不得歛價歛價則不便於農是百姓未蒙吾惠而先受困也民咸感仰共命湏臾得穀三千八百餘

石倉箱相望而民不稱病且舉手相賀曰自有運倉貯未甚裕裕則自今日始賑亦未甚廣廣則自今日始曠古一時吾與汝何厚幸與余聞之曰君子幼學壯行務俾民各得其所我公仁心仁政旁洽三藩固不待此而後見然即此一舉仁恩洋溢有不可涯涘窺者何也民窮財盡未有甚於此時者也仁主不擾之命疊頒而海內剝削之憯愈熾當此而有貽吾民一分之賜者乎猶攫一臠於餒虎之口而延孑遺旦夕之喘雖解倒懸不啻也况數千石之儲乎且公秉

憲宣猷風化迅速即公肇是典而運司有學舍安邑饒積貯是余邑之仁公之仁也由是踵蹟者推廣闓風者則傚公之仁豈小補哉載考蕭相國趙營平之於漢陸平章榔侍御之於唐韓魏公朱文公之於宋皆抗疏建白剏倉設儲謀國者咸爲世規範而公更若節積金直欲起白骨而肉之噫嘻可謂殊絕百代者矣故樂識其詳以爲荒政者之師公諱以時號順所婺源人

○劉敏寬撰畱侍御大裕鹽儲記

天下山澤之利最鉅者莫若鹽筴顧海內之鹽

不取諸澆曬則取諸煎熬未有不需天時與人事者而河東池鹽殆有甚焉蓋池圍百二十里其仰若盂其平如砥外無可引之派中無不竭之淵所藉獨雨澤耳潦則潛旱則涸固不成鹽無薰風則波不揚非炎日則曝不烈亦不成鹽欲雨暘時若風日均調斷非人所能此產之不易也以十三屬星散之鹽丁當力農之時欲盡驅而歸之池則齊力之難以不滿二萬之丁欲無收百二十里之池鹽則盡利之難趨避影射包攬偷惰種種百出則袪弊之難此採之不易

也池鹽䆠繼久矣頃者十年來逋課九十七萬餘引生者無多積者將盡三場鹽引月漸一支商絶于途賈罷于市歲額幾不能辦我鹽臺胥公有憂之焦思畢力矻矻然爲無米之炊卒使縣罄之民不至枵腹而待哺之卒不致鼓噪而脱巾公之心苦矣猶以爲此目前之支耳由是鹽竟不生將有不可爲與不忍言者踵乎其後乃滌慮責躬省刑清政率屬禋祀靡神不周更于暗室深夜齋沐默禱三月有如一日果于甲辰季春池鹽大生歷夏及秋盡三時焉公于是

布其功令嚴其督責鼓以懲勸卒以躬親計丁派鹽日省月試派數數則賞延于丁不則究及其官足課者聽採餘料照依商民給鹽不願即釋去他如困商困民在官之役但採一料優給工本是數途者採鹽繁夥幾等鹽丁之額此其大破拘攣酌從權變虛文積習一洗盡揹計所收鹽斤一百四十四萬七百餘引足當課銀四十七萬九千餘兩三年之額不啻過矣採鹽之盛未有至此者三省四民舉忻忻相告曰連苦乏鹽幾不堪命公不以其產誘之天乞不以其

採寄之人化裁盡神拮据盡悴卒致鹽富若此其惠至溥且遠相率乞余言以紀大既余惟人臣奉天子明命專制一方但功在宗社澤被生民事逾尋常行可為則者必載之旂常勒之鍾鼎非徒旌其能將永為百世致治者之範耳況春秋大有年必書重民事也重民事重民命也重民命重國本也池鹽三省命脉所關儲計盈縮所係茲者三年之積洩于一年則三年之洩積將何限視大有年何如且其斷報通幽明措注協時宜康阜基于無窮無總備乎衆善良法

美意足垂不朽凡此皆不容不紀遂泚筆而為之嗚乎儻諳諏鹽政而觀風于是庶不無裨益云公諱舜漁號旋石廣東人

○曹于汴撰王公生祠記

王公之按鹺河東也以萬曆丁已而生祠成於天啟壬戌商氓還公久而思轉切乃謀所以寄其思而建此祠也商氓之言曰吾儕終歲臨澤上以供邦儲下以博尺寸維是地名利藪奸究易與天司雨暘薰阜難必所恃以勑拺紀酌盈詘俾我千室不瀕於困將烏臺是賴公則雖之

滕前箕壽之胸次運之掌上弊靡不除也利靡不興也茲亦何皇更僕悉舉其大者則止運發嚴私販督撈採夫茫茫三藩未必皆售鹽之地乃為商售鹽之有司第令商運之而已運之費倍蓰中之費往往輦載而去垂橐而歸商乃憊商憊而誰為供賦病乃在國商之四望年利什於官苟其地可售寧待督之而發耶公毅然止之聽商之便而帖席者衆矣山澤與民同利詎非美譚顧難論於今制也業既榷鹽以濟公可聽私販之充斥彼費廉價如之此費廣價亦如之

彼不得不通彼通則此塞公嚴爲禁戢而葫蘆灘等處且毀畦歛跡譬如壅閼決而水之注也滔滔矣地利既生採取以人人力稍稽頓成烏有抑或丁夫玩愒漫云人衆難御憲典謂何公於採鹽之時日臨池滸核察情夫繩之以法罔不奮力鹽課乃充茲皆吾儕思公而不能諠者也余閱而三嘆民情易感蓋於此益睹焉然公之鹺政有本也夫監察之要有三曰直曰厚曰實直則不阿厚則不刻實則不爲文具公雖處尊履顯而含弘容物厚矣三尺所在凜凜埒山

嶽雖近習不可撓抑何直也以故群吏愛戴而敬畏知之必行行之必成無論鹽筴即繕城繕學課士庇民橋梁樹藝之細必躬必親靡不如治其家公嘗自命以實盖策名以來如是是以庶務畢舉商蘇民悦潘鹽下增未嘗告乏久而不忘創祠祝釐亦群情之不容遏者公諱遠宜霸州入

○曹于汴撰陳侍御去思碑記

向余之再入北憲也恭遇聖主綜核名實屢壓召諭諸鵷行懔懔從事維時在臺言臺於明憲

規飭廵方輙疏輙報可而天言諄切大約欲先事預毖克其厥職用副簡書故繡衣使之者差鄭重丁寧而河東按鹽則以沙南陳公行公自令尹擢柱下項强面鐵走卒咸習比入境口碑嘖嘖達都門謂裁數十郡邑之班迎及省供億鋪設之縟費無筭識者知非尋常埒矣未及瓜余檄予告歸公尋艱制去去之月各商詣門乞言記去思碑夫去思碑昉自召棠去思碑昉自羊叔子之峴山厥後或行旌未發阿奉先紛見任輙立致嚴功令是役也公麻衣奔里商因渦追

泉儻所稱過後之思乎因進各商而詰之其樂
道者首以丁夫禁劣採課出於鹽鹽採於丁丁
以低黑搪抵課將焉賴禁之而根本澄矣次則
守令親課程州郡十二鹽丁繁夥守令弗先衆
且惰窳責其躬而綱領振矣次則蠹弊端近實
熙熙惟利是視諸竇逾蝟三尺乃壅蠹之而政
可行矣次則清衙蠹窮年穴藪窺伺那移黠狡
者肥朴木者瘠清之而刀筆之徒斂跡矣次則
調歲額食土之毛誰不急公皮盡髓竭歲增焉
極調之而商困蘇矣至於撈採之民酌止入池

侵盜之徒時塞其隙無碍互調搆竊剜量稱報之患恒軫於衷且解鹽自隆萬之交邦賦波沉開歸別隸例改壓徵四六飛𠴸之究白支趐截之孔咸期盪洗而挑丁億萬逢梗窮徒鋌海不至為橫池運人士不罹標刼之警何啻惠商實則捍難疇非天造乎大都公無事不躬無微不察聞未行之前一日猶命乘輿星駕率作不皇儻更延數十日諸商之拜鳌鳌躋衽席不更饒裕乎哉故公之艱艱歸諸商不以為一家戚以為一方之扼而縈縈於懷也兹之思也思而碑

也真周甄晉祐之高蹤乎余不但與比里之衆共誦風猷且藉以無虛憲典可記也夫

○姚誠立撰侍御王公德政記

我明閥閱名族蟬聯簪組海以內艷稱山左王氏王氏世忠于朝家學無替以冠冕人倫而經緯治化淵源遠矣時秀里王公以名柱史載勅按河東鹺正鹺政寖頹商氏交困時也且邊氛急警四起交訌大司農待餉之檄無日不責督有司爾時鹺府金錢幾至篋匱弛緘而爲發鑰岌岌乎難爲應矣所以然者鹽之竭也商之疲也

弊之滋也夫鹽竭則偶值之數而弊滋則暴者
橫掠巧者詭譎胥蠹奸法驅儈幾禁竭澤之漁
不可究詰此上所以日蒿目而下所以日懸磬
也是非以大法力振起之以大慈惠霑潤之商
民可與甦乎幸我公來涖茲土提綱挈領釐政
舉焉蓋我公間世名碩敏外慈中嚴持恕用自
讀書中秘時業舉物情民隱洞然燭照迨遷耳
目之司蹇諤風裁形于献納擊鶻埋輪應宜遜
美其服上命而綱紀是秉持大體肅瞻嚴靜默
自御寬猛兼資諏詢靡不至使節歷三藩而戴

德飭憲者合吏民一也脩明之始首逮戢法一時狐鼠鬼蜮莫不潛踪戢跡駭愕干憲網之及商害除而利源濬頃門一針效捷良餌其他芳樹犁然煥然池產見報即躬詣以視堅浮自臨採所驗其美惡雖風雨暑溼弗避緝委吏之酷索陋規而力役無落籍之數矣嚴丁夫之掇拾硝劣而正味無鹻鹵之襍矣勤民擴採擻孔千出利歸旁竇害貽正商乃通國不洩之恨除革必力則浮增者無所用其侵削矣壓侍重困杼軸交空向雖蒙恤摠成塵飯此涸轍久困之鱗

恩施必暨則匱乏者咸得獲其實濟矣汰帶報助工之虧折責令自撈則價值增而正額溢也覈有無多寡之實數懲其欺罔則乾沒寢而度支清也出以真心敷以實政妙用良規凡可裕商民而垂永久者休哉不可及矣公于巡方是年河東儻值急變刼擄之慘不遺邨落蹂躪漸逼城許公親率下僚嚴為隄備徵兵以勦洗之追逐夏臺斬馘千計賊于是奔喙不敢騁而又練兵設將增城濬隍闢郊闡利器械桑土綢繆之計莫長恃以無恐非苟且于目前者倫也然

則公之遺休固千百世之利止鹽政之修明爲商民怙恃已哉吁以此觀公則光裕謨烈允輝家乘異日者别爲奇樹以媚天子世禄世爵復始基之詩曰庶幾夙夜以永終譽其公之謂與商民重違依庇乞一言以泐之石因濡毫而忘其陋揭盛美于來兹云

○姚誠立撰翠屏楊公去思碑

余讀書而及周人之憶召伯以愛及所茇也古風弗可尚矣近世如思欒有傳思劉有歌圖繪形像揮淚游憩亦沾沾乎求慕哉然皆索諸故

籍而未常以身嘗之以身嘗之則我翠屏楊公其得人繫衆可勝道與公諱繩武字念爾滇人繇進士起家木天改簪筆史勅按河東鹽政正以所值不良而屬駕危以良御屬起錮以良醫也斯地之坻亦引領拯援閔閔為如威寒待燠猷蒸待翳念不斯須寘我公甫下車而鹽筴之洽響應影隨不期月而告理焉至其惠民之政則無巨不修無細不飭無遠弗屆無近弗淨劬支體歷險夷彌歲月廢寢食一切文事武功幽明微顯或為曲栽或為大刱或衆靡而獨逆或

一勞而永逸續之樹也偉爲澤之沛也嫡爲其于御災捍患剔奸釐蠹尤爲惓惓蓋綽見乎理亂得失之故有如歷阪之策當波之擢稍一停手害起眉睫故不忍不急急章斯識識時之俊傑而公之政所爲可思也若其所最崇者素節嚴操匹乎氷玉笥司中書劍服爲之外無他長物日用飲食一稟寒素清俸微贖盡出以給賑恤充公費去時雙袖飄然輕騶一騎何翩翩其快也先是署中一切供應器具甫滋時輒卷而藏之追後攬轡登車備呼其人而手授爲曰某甲

所辨也予之甲某乙所辨也予之乙體製衣胥完
色澤不敗循進諸人謂曰斯物原未經用畀若
以待來者可以省財蓄力嗚呼懸魚瘞麂具味
昌岐鹺海條峯同其澄峻矣夫廉則其澤易卑
故恩溥廉則其功易建故勵崇廉則其感易震
故勅法正而回邁辟此公之品所為可思也若
乃理測青丘奧譚玄宅述作景詞澶亹之祖聲華
溢翰墨之場一時人士無不甄陶而跂德造
則又文藝之可思者也夫公以治基愛以愛來
思以思得久未洎也而親以身嘗之吾觀公去

國之日四民皇皇如失所天號啼之聲徹里巷紆道而送者接跡聯肩亘出數百里噫嘻人情全此真未可強而致矣古有截鐙留鞭攀轅卧轍者至今膾炙焉余以為我公之思更有劇者然而繫思之人匪一可思之美亦匪一楮頴圖摹終屬虛擬必指其事以實之甫稱信史焉語云誦盛德論大功止舉其卓然昭明者而細微不與焉大體也余以為不然夫記所以示後也示君子非玄言不足貴示塗人非實履不能逹盖人岐俗雅而見別淺深且令後之取則者得

按圖索駿其永賴又非淺矣故別爲臚列如左
追琢巖石以遠公之休焉

○姚誠立撰姜公去思碑

謂明姜公諱思睿浙之慈谿人以才名聲海宇成進士起家中書省晉柱下史奉勅按鹺河東巡績卓犖按部去逾年而懷者未已也余一日齋居兀坐披帙流覽倏爾叩閽懷刺屬門者轉通余倒屣御之見章縫韎韐之士率其徒填陌擁除至足無可容而榻雜遍下長跽請曰先生知我輩意乎鹽臺姜公與先生道誼交其按鹺

懿美契洽必深商民思不寘也欲勒石誌之幸
公無辭揚摧矣余曰我亦覆露中人藏心與衆
共之攄一言以畢求慕願也試即衆人所思者
臚實而指吾將撮其大者以奉之千秋於是與
人踊躍應曰我輩臚若美請公諦聽其一為勤
恤困商蹠題戶口而祖制不至湮沒也其一為
步躡鹺池躬督撈採而美利之無遺棄也履店
舍而親驗美惡平價值貴而能詘者為民耳踏
畦地而力驅豪強祛侵占斂而復公者為賦耳
廣積粟米以賑鹽丁之枵腹也慱施茶湯以消

力役之渴吻也饘粥廣濟荒歲之後無調饑捐白鏹以三千計義塚恤亡環城之傍無曠土拓壟畝至五十餘英社之會立而造士蒸蒸崛起肇雲龍風虎之遇矣驍騎之餉定而義勇矯矯爭雄激發貅牙爪之忠矣暇請弘運書院以闡發聖諭廣厲加於合宫也風俗實嘉賴之特建旌賢祫祠以崇鄉賢弘施波于後裔也人望恃不朽焉若乃肆置學田芥千金而不矜俾誦讀永有資需洎直陳礦害冒批鱗而弗辭令弭睨潛消攘奪站馬調停得宜揔里甲而咸適物價

均平不爽悉行户以無虧忠孝節義華衮一及靡不生鼓而死舞城社狐鼠神羊一躍胥昔跡歛而踪潛齋素而同母食孝思徵于所嗜焦勞而憂國難忠蓋見于當途凡此皆吾儕小民所爲實胷復而景寤寐者也其他徽樹昌廣條諸他賢余曰倚與鑠哉與吾所睹記若臍之合公之所爲見思也此實足以階之詩詠有斐君子盛德至善民不能忘以是見當官者芳休宣于敷政之祁品隲定于去國之后其民之愛戴也徵以思思之濬發也徵于久大傳所語君子[闕]

先公而尊之旗鼓公誠無事不堪思無人不見思惟是撮其大者則復户口以裕國用普教化以翼聖真乃祖制道脉所係千秋功德吾之思于此獨有進焉請竟其言而泐之石

○李紹賢撰楊無山侍御救荒德政碑

元二陽九之運天行也變復補救之理人事也人非天不顯天非人不成在昔明盛時災沴頻仍亟生愁墊而智能之士經營其間能使鴻鴈有澤中之集兕虎無曠野之率百姓雖勞所謂父母乳哺者非耶晉國亦天府也民生安樂久

無夫息愁恨之聲乃數年來螟螣魃妖相繼爲厲歲屢不登道殣相望至有以人爲糧者賢爵官輩下竊見四方災異之章未嘗不蹙眉頓足不意吾晉亦有斯災也嗟乎安得命世哲人還集而振救之乎及鄉人後至者欣欣相告曰幸哉河東之免淪鋪也民雖流移而蒙袂輯屨者尚不顛踣國雖靡止而烏面鵠形者猶未噍孑豈繄異人則惟我鹺院楊公之德能以人事挽天行焉乎亟徵其政則曰公初下車已值薦饑下令民間使貧者盡力于農畝富者出資以貸

耕糞其歲有秋也然安有方春枵腹而望菽粟于簇場乎則計積俸與贖銀令糴穀于汾水而泛舟于河東又命幹辦之官召集饑民朝饘而夕粥之得免捐瘠者什五六矣迨就食益衆公又續發羨金遠糴而近賑富人服公之教亦好行其德出粟以佐之人得保家室者什八九矣於是舉掩骼埋胔之典俾游魂有歸行悉索鬼神之祀俾愆氣偕釋公濟荒美政蓋日月浩蕩而未有涯也春之孟公祈年祈穀百靈助順元日而飛雪驟清明而甘澍洽平疇彌望良苗懷

新於皇來麰將受厥明公之賜也公繡衣持斧驅車四巡敬教勸學而纓緌之士湛于道德詰戎弭盜而疆圉之外懾于威稜夫其豐功厚利未易更僕惟是全活千萬人恩衆所食其福懍其賜者章章沁人膚髓河東所以式歌且舞而欲垂之陵谷也公楚之武陵人名鵾字無山歷銓衡晉陟臺諫奉簡書視鹽課兼領三省仁風翔被而左加惠河東者譬諸曦日流暉六合兼燭而獨夜炤于萊子之城爾

○馬縫帝舜陵辨

或問於予曰晋中乃堯舜禹三聖授受之鄉舜之卒處爾知之乎予曰舜卒於鳴條鳴條係安邑封内何疑乎或曰史記言舜崩於蒼梧歸葬於陵零九疑肰則史非歟予曰衆言淆亂准諸聖經者其真傳也經以道法勝史以事辭勝矧董狐以後鮮信史矣盍以聖經折之書云舜三十徵庸三十在位五十載陟方乃死此總舜之始末也又曰格汝禹朕宅在位三十有三載耄期倦於勤汝惟不怠總朕師斯時也舜年九十有三矣禹授攝命十有七年而舜崩豈有崩之

之年尚役役爲巡狩之勞乎元次山嘗言九疑深險舜何爲到此石梁王氏謂此說必不可從卓哉二子之見足爲斷案矣設崩於蒼梧卽葬於蒼梧可矣又何所擇而葬於九疑夫商賈客亡返轝梓里狐乃一物死必首丘不忘本也舜尊爲天子富有四海乃卒於炎荒葬於荊野何也或又曰子之論似矣檀弓亦謂舜崩於蒼梧之野檀弓非經歟予曰禮記襍出漢儒難埒虞謨軻氏去古未遠確於司馬況虞書檀弓二經註疏謂鳴條九疑俱有舜塚未知孰是蓋闕疑

也司馬遂質言之以成千古不决之謬其可乎哉

○曹于汴義鄉述

邑有妓張姓胡椒名霍商鄧姓者中鹽於鹺挈金遊處其家迨後商忽溝疾殁其子奔至哭罷問椒云吾父商貲若干貯汝家有諸曰有之然浮於爾之言盖八百金也舉笥授之其子悲感溢於望表搢紳以為義號之曰義卿淡泉張公輩為詩文贈焉秦對山康公道經於此亦咏以詩由是義卿之聲動遠近夫財利迷人往往負

共所托匿金殘義至於與獄訟遭刑憲并訴訕弗吐也彼妓素倚市門固將惟利是視而慨然舉八百重貲不負弗能言語之人即亡者之子初亦若不敢覬覦而所獲之數過於所索也宜亦頂冠者之所難乃婦人而賤者能之茲不可慳嗇僥負者乎故為之論著附之於志想亦士君子所樂聞抑以藉之風世云

○方涯叙虎

嘉靖壬辰十月念五日余視鹺河東訖事守代時也有虎晝入鹽池踞林栢下堠吏走以報余

駭而疑豈其虎耶䖏形肖而視眩也豈鹿麋之
類耶命射者乘城望之戒曰若虎毋輕㬥驚之
出乃已既又報曰虎由廟旁左門罙入神祠自
陷於重壁夾壁中一吏景姓者遽而閉之牖可
待其斃也余益駭曰是惡知虎者哉虎非可閉
以牖可困而斃也命運副程伯祥督衆環以戈
乘屋升木以射之且戒曰虎躍而出必避慎毋
輕㬥不踰照報曰虎斃矣矢下之不入戈揆之
不克二健卒柴與王者入而手搏之刃貫命中
餘人繼以乘虎斃矣戒之禁門余惟土人之不

知虎而幸不傷害也明月往視之龐然大物也由首達尾長可九尺餘目光循爍爍射人爪牙剛利如鋒兩耳鋸齒者三知曾傷人者入廟拜神觀虎死所兩壁夾峙若陷穽然但戶檻積木危不可恃不知當時虎何不躍而出何為一人逐而閉之二三人入而格殺之也蹤其來跡自夏之東山過横嶺經界村越垣入池内循走二三百里未聞搏噬驚擾之害至池若有鬼物憑之徑趨神宇自敺自穽於重屋夾壁中而徐以素不知虎輩手而刃之無異犬羊然甚哉虎之

異也倚鹽瀉澤非地也不摶不噬非性也自毆自穽非情也甚哉虎之異也吾媿吾政之不修惠孚隔於鰥惸威斷沮於強禦而物妖以見是吾尤也徼神胡不人傷不物害而束身歸罪如此徼神將課者不敢塲邏者不敢夜其爲公家之害又何如也爰爲文以告以謝知政之爲妖非虎之由而殺非人力神爲之異爾故叙

○蔣春芳河東運司志序

夫志史乘之流也古昔家有乘國有史今郡邑亦各有志乃運司志何以別諸郡邑余惟志鹽

法而不別諸郡邑則安所取之爰汰其不盬法者比事屬詞象形匠意斷於有所取裁則魯司寇所稱竊取者乎陶虞邈矣猶弦信於三代爰自周邑叔虞於唐晉是爲因謀去故絳乃徙於郇代建親賢間以割據若府渤澥之海佐縣官之急則曉近之爲也作建置疆域志參爲晉壘四亭之災於是乎禜之晉侯不欽實沈爲祟誰謂天道遠乎其應乃如響作星野志河汾流惡中條藏疾斯鹽池所取潤而托址也雖有他境秩望在晉作山川志士蔿爲城屈寘柴爲其晉侯

實應是憎夫役爲思啟疆者何代蔑有崇墉巽
門以儆暴客豈其護寶而疎於防也作城池志
郇瑕之虛沃饒而近鹽或隸少府或禁齊民今
之令甲覶若畫一丁課戶役井如也作鹽法志
官家賜簿錫命繡衣持斧直指之使出矣有司
庶長不長厥居各有表於鹺額與晉世迥異矣
作制敕監臨秩官志昔郤縠勤禮樂而敦詩書
豈以聖哲文物有不翔洽鄉校者聯以學官里
選射策之制興爲作學校師儒選舉志祝史薦
信皆其族也池神與利公室乃不貧薰風阜財

山靈尸之士民近寶規於末利觀風者不惟順流與之更始奚惟其俗之罪作祠祀風俗志是地也明聖所都唐虞夏后遞相代謝士生其間蔚然名世叔季各惟其性之所近節行勲伐亦足述也作帝王聖臣人物志蓋臣策士抒所內画豈遜羊舌民長歌短什吹劍自喜要之博物君子也作疏議文章志三晉技擊孰謂不足當節制必康一旅光復舊物非異人任安所見輕進易圮也而聽其釋氷以遊作武備志生為名帝沒為名神中無異物奚所取南山而錮之百

世而下樵採所遊狐兔所宮斯趙文子所爲顧作之九原也漢魏以來梵刹實隆伺吾道失且執牛耳其風實競甘爲彼弱焉非可令薛相見矣作古蹟墳墓寺觀志斯志也詎能爲龍門子牛馬走但已欲善是姑效顰以附於稗官之侶若藏之名山傳之其人以慱不朽則余何敢知因僭序之簡端

清趙如瑾重修池廟記

觧池天產美利歷代寶之民生賴爲崇廟貌以答神庥歲時饗獻禮也邇來桑滄萬變郇城犇

火初定鴻羽未戢所存壘肆昔稱肩摩轂擊者今則影相弔矣僅存土賈昔稱戍紈綺吹笙竽者今則無完襖矣池雖茫茫巨浸含靈抱秀視昔之積雪百里畚鍤雲集者頻歲不可見幸

大清啟運我

皇上神明天縱百度維新懷柔百神徧及河岳乃

以經國重計簡余按其事余啣

命不遑馳境受事一夕夢天大雨急趨廟以避廟陋甚不能蔽覺而異之及抵卸後日以雨頻鹽損為憂偶視事池上登樓遠眺俄爲千峯雲起

風雨驟至疾趨入廟仰見神色慘黯滲漏滿室宛然夢中狀爲之徘徊四顧殿宇滲缺不完柱石殘朽幾頹樓閣府廚壞屏墻傾圮荊棘土壤之形殊覺悸怖於心乃與司屬言曰

朝廷命使臣理財惠民者也民安財裕惟神是賴可令其風塵雨露不堪對越乎無感乎池不生花神之怨且恫也盍修之盍稍貲修之遂不悼糾商舉事而商人亦爭先樂從不募民財不動民工不苛派商賈不借助州縣閱七餘月而滲者完朽者易腐者新傾者扶三殿各祠以及廊

廡門臺樓閣屛垣俱煥然改觀敢謂是以要私
明獲福祐哉亦曰神所馮依將在是耳值予蒞
事代歸畧記此俟嗣事者有考焉

○吕崇烈重修舜陵廟記

舜陵者有虞氏大舜陵寢也山陵巍然磚石爲
方塚後有廟宫殿嵳峩塑像靈爽儼然一朝君
臣也垣内大栢五十餘章皆數十圍奚啻千歲
物但創立無碑記可考其重修止有嘉靖十六
年路公天亨記又有萬曆二年胡公志夔記餘
碑再無或遠代經亂兵燹湮沒故耶傳聞原有

古碑上臺多索墨搨滋擾士人秘藏失其處揔無稽矣所可疑者有明一代祭帝王陵寢則舉事於蒼梧此何說耶又或有明太祖崛起江南人遂執史記舜崩蒼梧之說而從事焉迄子孫

朝不敢變仍之而已遂致此地荒蕪爲村人報賽之祠宇耳然而口碑載道曰舜陵不可誣也余自幼讀孟子見舜卒於鳴條弱冠時射謁舜陵在鳴條崗下恍然合於所讀者確乎不易矣及仕承乏鹺職見

朝廷遣學士白公胤謙祭舜陵於蒼梧之境蓋因

前代之典而行歟為是余惑滋甚爾時極欲疏辨然無詳可據姑不敢今歸里數載愽稽旁書始知孟子之言是而遵史記者非孟子曰舜卒於鳴條鳴條今在我安邑境內文王卒於畢郢註言近豐鎬即今鄠縣地有文王墓所謂東夷西夷者猶俗云東邊西邊也安鄠二縣正東西相對相去果有千里若蒼梧則與文當言南北矣且有數千里之隔孟子大學正論取信千古其立言必不舛錯至是太史公去古較遠且文人立言好奇少情實後人烏可不信經而信史

況以天子之尊而葬於極荒無人之境猶棄之也當日之子臣生中古文明之世敢忍於鹵莽而舉此大禮乎後之學者據理而斷之可也考之四書通典辨鳴條舜陵在安邑明矣現今安邑志可証然猶曰土著一家之言也至學者張爾公自烈豫章產也注四書大全亦極辨舜陵在安邑李卓吾贊溫陵產也博物名流著書疑耀辨古今大疑極言舜陵在安邑不在蒼梧豈非目擊當時之事有感而云然乎信夫此地舜陵真且確也然此

朝廷大禮所關且當制作之始似不可因陋傳謬
爲但不在其位上書無由不無待於當路之君
子雖然其斯以爲舜者孝弟而已惡在山川風
域之異同也苟爲孝弟之人入廟而拜舜爲舜
將福汝矣苟不爲孝弟之人入廟而拜舜爲舜
將禍汝矣即不爲孝弟之人入廟而憬然悟憣
然改舜將轉汝之禍而爲汝之福矣何也凡神
皆靈況大舜乎立廟之意原以報聖人德於既
往即以作孝子法於將來視諸玄冥不經之祀
方之懸矣初時左近鄉人謀重修廟貌曰

興隆運會百度維新撫此人倫至聖殿宇傾圮奚以嚴瞻視而悚人心余聞之亦惻惻動念隨割俸金佐之又公言於地方主者以及廵方大人而諸鄉人盍肆力募化於四方義士達官凡得金錢若干庀工鳩材始事於順治八年三月至十二月落成棟宇輪奐金碧輝煌遠邇人心靡不悅悚當時功德僧覺正三觴余記余思帝陵關係至大非尋常廟宇可比於是原其終始大義而筆之石

胡東忠重修野狐泉亭記

凡物可爲觀游之具者有二問之天成則秀環山水取諸人力則雅搆亭臺是二者於物有安勉之分而吾人之以游以觀者其會心亦隨斯而各得焉天每不居其猷勝而人則因利以相須此山水亭臺雖分而若合通於其故者自知之河東有鹽池以自然之利甲天下瑶宫氷室賈人業之其来久矣池之西傍有蹟曰野狐泉諸仕游宴憩之所也一隙疏源四甃以沼方堂廣廈層叠彌深有佳樹以息陰有崇臺以怡眺物之稱者具體而微凡厥所爲以依於泉故因

其天成而假以人力也歲月浸遠風雨剥侵曩
之方舋者固巋然尚存而不無蹝蝕壞崩之患
崇臺則欹傾欲墜矣佳樹亦摧刈無餘矣面山
止水迤延遐矚感慨興爲余以己亥按部過此
簿書之暇謀諸共事而一新之且增搆兩亭於
沼之東西額曰挹香涵碧其中植松栢以敞佳
蔭移芰荷以助清芬前之落落穆穆者今則堂
檻交映垣壘增巖矣夫豈爲餙是觀游之具已
哉亦曰盛衰之理今昔不殊使後之繼此者咸
興覽而加葺焉則斯泉之亭臺卉木可以偕雝

池而並永耳是舉也發之者余而成之者李運使諸分曹與有助焉併記而勒諸石

〔一〕賚圖弔關龍逄文

大夫夏直臣也佀顏力諫爲千古諍臣楷模後世牽裾折檻皆接大夫之踵然天眷有德已命成湯正域彼四方姒王九鼎當遷於亳都非人力可回刹忠言逆耳安能以正色危論上動宸聽哉康熙壬申圖奉
命視鹺按安邑誌龍逄公墓在縣東北二里許有雙塚乃詣大夫之墓拜之祠已無存基址尚在

因立碑於此吾意大夫忠魂當時遶青臺矣

賽圖禳瘟文 壇立真武廟

維神降鑒無私莊臨有赫上宣天道以貞邪作災祥下庇民岩以明威資呵護圖巡視茲上統攝羣寮知神人殊途幽明一理凡民有水旱災青有司達之上官上官疏聞於朝或賜賑恤或邀蠲赦斷不宜上慢而殘下也夫官有官之職神亦有神之職今者河東告凶四載頻仍哀此窮民逃亡相繼母攜女而妻於路人頭刻骨肉分離妻棄夫而投於滚浪瞬息鬼人異路縱使

床枕未卧藥餌不需有無病而甚於病者矣乃復遭此瘟疫災上加災晃棄荒郊欲作絶祀之靈而未葬身亡異土求爲喪家之犬而猶難雖下民之孽上干天怒當罹此奇禍然亦未有玉石俱焚禍有加而無已也況今甘霖普施二麥将登天怒已回民生漸復獨此瘟災纏綿不息是不能不昭告尊神急解倒懸也茲者若紳若衿若商若民共竭葵誠上瀆神聽御史居百司之長不敢不身任其事至以萬民之苦上達天曹轉危而爲安是則尊神之責矣謹告

志之有藝文也資攷證也歷年久其人陳其事往矣攷諸記事之文而源委顛訖洞然燭照而數計文之力也顧事必藉文以傳而文不必藉事以傳有一瓌瑋卓犖之事于此班馬大手敘之中材敘之下士亦敘之必班馬傳矣使無班馬而空有中材下士之文則雖瓌瑋卓犖之事亦復雲散而灰滅是故立事于此而以文殉之則文與事同沒也立文于此而以事殉之則事與文同著也予所編録必以道以法有典有則皆登焉亦歸諸事文

同著已爾爰以唐崔柳二文爲壓卷宋儔若分雲廟一文不具載由元及今以時序而一朝之文就其事以類相從不復以文體分於簡閲爲甚便至於碑版漶滅鈔謄訛謬旣不能復尋善本因而潤色成文雖斷鶴截鳧之譏有不遑恤其勢使之然也他如詳誌歲年騈書姓氏一切衍文無關典要之處則槩從芟節以稍減卷帙之繁間有一題數文同出於鉅公聲價匹敵者存一二篇外亦不得不割其所兼愛云逵道識

新修河東運司志卷之十

晉陵馮達道編次
遼海朱之瑞
恒山魏櫆祥
荆南孫開祚同訂

詩賦

感時觸物中有爲而筆墨從之或汪洋而恣肆或淘汰以簡令格執雖殊其源一也騷人逸客之所長君子有取焉况出于體國奉公謹性情而端風尚者乎叙詩賦

明劉敏寬河東鹽池賦

天備五行是生五味潤下作鹹惟水之謂蒐渚探波汲井障汊分及飛泉草木上石淘漉熬煎矯揉擘畫其獲纖纖其勞役役惟茲鹽池不疏不闢肇判鴻濛參井之分陰陽之宫股肱之域郇瑕之封唐都之南虞畿之東稷山之址禹甸之中句圜甍而偃仰伏河曲而靈通縱邇横遥幅員百里繚垣雉列斥堠巒峙若盂若盆如砥如矢蓄幽壤之重泉涵天潢之注水玄玉簇而根盤堅冰萃而床起中條崒嵂抱其前孤山嶕

峣嶟其後太行嵩崖綿其左雷首岌嶪聳其右外則渠堰繡錯淜湃而潆洄內則崖壑星羅棊沓而轇轕時澄泓而鬐髮燭眉時洶湧而黏天渥日群峯倒影離琉璃而若浮百卉貢妍䆋翡翠而欲溢凭海光而眺遠羌嶄巘之璁瓏倚歌熏而臨深恍灝景之昭融陜分雲而瀕瞰森鄧林之鬱叢據五老而流盼壯金岸之眠虹千巖嶰嶆而拱翼髣髴兮飛五嶽而會同殊流混沌而渟泊依稀乎納萬派而朝東五弦鼓其濱而衆民愉八駿歷其涯而上游著姬旦因盬鹽以

置官祖龍與重寶而建署漢皇黷武而資饒府帝除苛而用鉅閱宋迄元一致百慮洪惟我明天作其助鹽弗待治而成課不族徵而裕不啻什百于古初之乞飫者也故乃氣肅膠折月白風凉土膏向歇息機弗昌玄律并凌威肅發栗烈急景淒寒氤氳閟結青春受謝駘蕩舒恬餘陰潛伏曦景穉炎閱彼三時詎曰無鹽硝皈蒼漩溉澤弗露獨尾火首之鶉次當翼亢心之旦中赤帝握符火正致工箕伯鼓靈鼉而液蕩水若馭洪潤而波冲欲歛實以就魄豫變態其無窮

完碧既曖流霞漸舒絢若制錦賦若敷酥塌花
始凝睹輕揚而泛雪黍粒乍墮旋零亂而沉珠
儀斗鑄形不偏不頗任天賦質不烟不火儼清
冷而鏡圓倏縞素而粉傅霰纍纍而綃連貝瑩
瑩而練布玉龍鬬而甲捎素蝶墮而翅踞播藍
田之餘屑膠摶風之飈絮暮烟乇而霜冷璧寒
朝晞達而星流電逺玆盖皇輿穆清介祉飭
靈䀝寵綏丕顯明德地不愛寶瞬息千億可以
畀尸賓可以調鼎實可以作味君可以和民食
犄頓不能封其殖王鸞無所庸其億於焉詔百

官督萬户辯疆埸申鑊矩旌勞勖懲呰竊籌盈
縮別丱苦良時亟乘羡利無吐筐筥如雲鍬畚
如兩比次如鱗旅進如堵健矯如風歡躍如舞
千倉萬箱如攜如取如坻如京在水之滸負戴
繩繩涉瑤溪而泛銀河捆載轟轟過阿房而鞏
滹沱蜂蟻絡繹轉徙丘阿封馬鬣而崟比象土
屋而嵯峨厓揞克而藏富豈朘削以誇多由是
祖禹貢青州之範遵周官鹽人之筴斥桑孔之
陋規裁吳劉之故業攉便公私群情允協應時
掣支森廩甲令千乘集而鋪敦萬馬齊而驍勁

百夫勸而奏功五幟植而掩映進退適乎疾徐聚散儆乎奇正百室斯開三墉克併爾乃輓艫交飛販賈並躡轂擊騎聯袂帷踵接濟汾津沿姑射越沃霍達陽澤而晋鄙瞻也由蒲坂入潼關渡涇渭適秦山而百二給也穿青石抗河陽逾汝洛抵鄧襄而天中優足也季倫陶朱嚷嚷嘻嘻填貲帑藏公家以肥財賦不匱矣佐饒紫塞士飽馬騰撻伐氈毳銷沮憑陵邊鄙不聳矣外安內寧金湯以奠於萬斯年受天之眷九重釋西顧之憂矣河膏九里池育一方賰此河東

與與揚揚四民鮮顛連而無告矣乾坤浩浩今古延延形勝未嘗乏也而膏腴坐收俄頃無算若與形勝爭衡者諒莫之能全利源固不一也而畦畛交加山川四塞咸與利源駢集者或莫之能前蹚乎其後者銅陵金穴巖𡽱並軌者玉水金淵故宜乎鹽臨轉運肅綱紀而重事權何忝乎春秋祈報㕘九地而艾九天或曰有是哉全勝攬而寶藏與奏效捷而導利廣醝池其天下之殊觀海內之珍域乎顧鹽有時乎不繼何與曰雨暘時若採蕉鉅細杜竊防銷流曬以濟

源源陳陳悪乎不繼或曰晒鹽味劣卒致割地
如禁例何曰味劣非曬欲速其由曬久取麃撈
鹽與儔或曰何為樹防曰警賄通而繩販盜斯
漏卮不耗辜覆藉而謹決蝕斯尾閭可塞或曰
撈鹽間亦有劣者乎曰嚴察稽核峻信法程詎
復為劣皎皎瓊瑛或曰鹽商胡為稱困曰挨支
四年壓待鉅萬鹽岐羨悪值分貴賤裒多益寡
饒虧畜羨鹽鏊課存運發作雖右非近者百計
憐存濡沫餘生索諸枯魚之肆者殆將強半或
曰甦困云何曰通其情恤其私與其利除其害

庶桑榆之可收允上下其多賴或曰今而後知鹺池雖擅地靈籌策則伏人傑矣曰裁成輔相天地且因睠彼鹺池復奚疑乎為政在人

○姚誠立河東鹽池賦

河東鹽池即古所稱解池也神工所鑿海竅通之地連雍豫楚分參觜幅幀廣敞百二有奇潴滙池延衆脉委輸從任土作貢之初資庶民鹵澤之福於廓萬頃浩渺乎禹甸之陽盤盂一陂劃闢於條山之麓危巒峭壁背峙而巀嶪茂草豈林葱鬱而叢簇連碧海于長天接銀潢于平

陸耀浮景之鮮鮮瀆潤下之漉漉寒輝熵赩遥奪緋睛素波淪漣擬展紋縠時而清風徐來零雨既霽皎月空懸旭光絢麗停泓湜沚而瀠洄衆妙雜出而嫵媚誰濯滄浪之纓誰效褰裳之厲何須宴樂横汾詎羨垂綸清渭隱蛟螭于潛淵走百獸于秘邃飲如帶之霓虹離一抹之嵐翠周俯仰以四窮恙縹緲而無對若乃依人境而瀰漫傍城郭而汯泃為嘉味之聚藪歛淑氣之氤氲玉壼仙踪儵霍濩其瀊涌鮫人窟宅𣻏沉静而深濴倘蚕靈之見象恍織女之渡津東

跨夏臺而有栢塔瑶臺咸谷風洞之竒居其左西控雷首而有五老王官靜林雪岩之勝據其右稷山孤山紫金峩嵋當其前歷山讓田傅岩聖澗擁其後六地映帶而縈洄迆渠蜿蜒而廣袤總區外之吏洳殺任濤而透漏于其遠也長隄晉護架百里之飛梁于其近也繚垣匝周柢千夫之介胄戎毒無鑿可侵綦客何隙而寇又有層樓巍岸峻宇高軒崇基回繞井水瀑旋聽雕甍之拱漢睇樓檻之淩烟狀參差而錯落勢瑰瑋而蹁躚淩倒影而翕翰衝虛無而鮮頽于

是操五絃以鮮慍準六義以賡吟酌陶匏以取醉娛騷景以會心鑣輪齊馭冠蓋招尋不藏向洞庭以張咸奏伻西湖而泛武林於美哉池也景物於焉備矣而皇國裕民財源會焉于是乎集群靈恢廟貌竭明禋通顯報專祠者列東西以岐尊配享者别爲次以燔燎風雲雷雨倚陰芘於監司日月山川迓明庥於拱照遵御制之常典而肥牲清酤之交陳徇時俗之儀文而舞蹈發揚之並效欲而玄英變律蒼陸報春伊曲沼之方燠迨氷泮於斯辰北極初凝昔黯黯而

色閉東風忽解鶯庌庌之光新繁亂璚岸離披玉津開碧潭之漾漾挹白石之磷磷逞以炎夏駘宕浮華祝融秉令巽氣嘘嘉淋漓露灑滃靄盤窪其初結也纖若埽花之依水面其成實也番若麗水之墜珠華方綽約兮漸漬忽繽紛兮無涯擬編貝而貫珠亦如粟而如砂雖尖尖之參錯更方圓之殊差緬呈妍而積素殊皎潔而堪誇蒐靈根於伏壤復詭恠而槎枒於是乎徵丁力集亞旅具畚插戴筐筥負暄陽冒溽暑效胼胝圖積貯無何而珉礇之磃突起如丘磈礧

之堆容比似櫓一任取盈於天然之植何勞貸
富於海濱之煮爾乃巖賓之水晶難以方其堅
好朐腮之鐵子未足擬其非飴餅之者譬卷膏
之適口捧之者似崑璧之呈姿以擬至人之德
生有恒而化有則以方君子之體磨不磷而涅
不淄尚方需為珍產岳貢倚為先資而乃普馹
儈之利權水衡之征惟生機之代嬗斯萬室之
儲蓄或充實乎天府或佐計于邊庭偕艄艫以
併入兼梅鹽以和羹是以天王壽國鹽策是飭
經理分曹賚其掌職都運總之法軌九式迺遺

代巡迺勅司官以飭以宣褰帷懋忒繼漸猷之可圖完舊章之勿失三以分埸兩而別涖食則剖戶口而均沾法則羅三省以為樞故乃權子毋之獲者不辭負擔而出途垂頸鄰之涎者豈悍掃船而貨殖況乃著為不易之規申以畫一之令徵求有節供輸惟正跡平易之懿章弛操切之禁政挈放維時盈詘互乖察輸跡之奸回嚴升斗之量循事惟取給於均齊已斷相安以饗應而更無樊三尺勿亂五聽務使洗究息其儕差豪強戕其魚併以斯熙熙攘攘皆靡不孫

悅乎王道之本情而樂樂利利者亦胥繫屬於因民之罔病不然而煩苛橫施更張遝易蠹蝕交興煬灶四出骨吮髓獻箕張斗揭因而人悲徹骨之貧家罹懸磬之苦或籲天而載呼或仰屋而莫數或齎怨而入重泉或斂跡而離故土則生於池者死於池利於池者害於池如袁年近日不忍闞于聽睹者未宜盡委于鹵沴之侵成敗之數也民亦勞止汔可小康仁人君子幸勿緩須臾之澤以與民相更始焉亂曰洿彼鹺池波淼淼兮鹽成自天光晶爍兮寶藏與焉國

儲辨兮景物紛紜滋游衍兮永利是圖民繾綣兮解愠阜財王澤湛兮於以繩之事可接兮沕穆湮淪法則變兮不均而厲衆乃渙兮曰惟懷柔仍舊貫兮足國裕民適我願兮豈弟君子竚宵且兮

○唐肅底柱賦

黄河之流西來數千里兮貫長城而南馳激龍門之險阨兮霆奔電馳氣洶湧而莫支歷華陰而徑趨兮乃折流而東下勢若萬騎銜枚而疾走兮將悉鋒盡鋭鏖戰于平野何砥柱之崒嵂

兮獨儼立乎中流儼一夫之當關兮强兵悍卒睥睨不敢運其戈矛惟禹伯子之敷土兮尊澤洞而平之鑿此山以流洩兮剖三門之嶔巇然後洪波巨浪齟齬而不騁兮分流析派間度以透迤過孟津而逾洛汭兮東極于大邳苟非是以步梗兮何以殺天吳水伯之淫威乎當駕方舟而求古蹟兮誓將豁心胸于浩蕩過黄老之神祠兮遡遐石之泱瀁盼連天之修檻于雲霄而直上瞯波汩汩包其下兮顯神功于俯仰使昔懷襄之莫救兮匯四海爲一區上巢下窟之

赤子兮殆皆戢戢以爲魚覽斯險而嘅嘆兮雖天造而地設微玄聖之大智兮孰成夫萬世之烈噫吁戲世道降兮風移俗偷頹波汗漫兮忌剛茹柔魚蝦鼓舞兮蛟龍薜愁豈無吾人之底柱兮障百川之横流

○薛瑄黄河賦

吾觀黄河之渾渾兮乃元氣之萃蒸瀦洪源于西極兮注天派于滄瀛貫后土之龐慱兮映玄溝之晶明過積石而左轉兮龍門呼而峻傾薄太華而東騖兮撼砥柱之峥嶸入大陸而北徙

兮迷不辨夫九河之故形經東海而紀衆流兮
擅浮沉之濯靈覽頹波而懷明德兮何莫非効
氏所經營登崑崙而俯視兮固彷彿其初迹馭
高風而騁望兮遂周游其曲直何末流之混濁
兮始清徵而湜湜羌灣灩而徐趨兮勢沄沄而
自得觸險石以鬬暴兮詫雷轟而轂擊天宇擴
而流漭兮渺上下之玄黃露雨霧霧而滃集兮
混遂古之洪荒微風蕩拂而渙散兮天機組織
其文章頹焱浩而洶湧兮百恠垂涎而鱍揚腥
雲濁浪以盪汩兮恍顛倒夫舟船靈曜升而赫

照兮乘正色于中央望舒在御而下臨兮列宿涵泳其光芒若乃震秉符以行令兮百谷淫淫其凍釋山澤沮洳以上氣兮增滉瀁之洋溢魚龍乘濤以變化兮杳莫測其所極祝融載節以南届兮雷雨奮達以霶霈潢麦流而股合兮百川奔而來會木輪囷而漂拔兮蔽雲日而淘汰任瀾洶而齧岸兮塊土焉塞夫衝潰霜戒嚴而木脫兮少昊執矩以司秋洲渚緬邈而石出兮始殺湍而安流霰雪紛其四集兮顓頊乘坎以奮神大塊噫氣而摩軋兮流斯下而龍鱗疊冰

橫絶而山秀兮河伯驅石以梁津羌險夷而明晦兮變朝暮與四時颷風起而衝目兮莽惟駭其難推覩圓方之一氣兮恒來往而遷移昔尼父之歎逝兮跨百世而罕知顧川流之有本兮與終古以爲期啓龍圖而闡六一兮悟主宰之所爲喟余心之未純兮感大道之如斯聊誦言以自明兮庶晝夜之罔虧

○余光海光樓賦

粤分野以肇土兮維虞夏之帝鄉載詠南薫之章兮馳遐想於羲皇夫或爲菰池而發兮逮今

遺響其洋洋大河跨以兮秦晉兮泰華巋其西方縱大觀於奇幻兮川原眩其矚望爰建樓以延勝兮靈厥名曰海光面中條之崒嵂兮擁孤巘之崇岡彼月波亦罔儷兮顧井幹其奚當仰霄漢其與齊兮俯玻瓈之琅琅雲霞流其璀璨兮拂珠甍而煌煌器車夜燭其下兮紫霧繚繞於其旁士女集而嬉遊兮魚龍角觝之蹌蹌官胥勞而此憩兮遥瞻萬頃之飛霜洞風披拂以蕩暑兮井泉迸冽乎氷漿伊海眼之涵鼎兮抑河脉之通潢倏神物之變化兮萃瀛島之真祥

忽豐隆導余往兮令先戒夫鸞皇余將遵夫池之渚兮聊逍遥以徜徉墟余登此海樓兮及長日之未央攀丹梯而直上兮望閬風以舉翮儀飛僊之瑶閣兮倒璚影於蒼茫澹容與而盻睞兮捫列壁之奎璜倚閶闔以排帝閽兮靈旗耀於前行約馮夷而幽覯兮鼉螭舞於沼中央邀至人於碧落兮恍與遇而相忘信精英之契合兮發長嘯於大荒陡青禽之來迓兮思飄飄其如揚神緯繣其靡定兮欲鶴駕而翱翔與人詐余焉懲兮余將靡執其羈韁余懼坦途之嶔崎

兮何爲馳逐於羊腸至人告余以成言兮子毋中路其倀倀子惟執夫不淄之道兮奚悲素絲之爲黄余惕然以中省兮幸迷之之未長駟玉虬以亟返兮信蹇修其弗遑夫蒙汜猶可及兮寧自委於榆桑亂曰登彼海樓瞻北極兮星河燦燦中心惻兮余懷至人之言維翼翼其罔忒兮

○上翰葡萄酒賦

洪武辛酉謁禹廟有以葡萄酒見餉者其芊寒清洌雖金桂之露玉杵之霜不能過也飲訖頹

然而醉覺而西山雨霽新凉晚生颸茶烟于鬢影漱松風於牙齒於是命童子執筆書是賦以酬之賦曰有西域先生蔓碩生者謁安邑主人主人曰何先生質性朴木言訥而體豊不動而能與人同不言而能為人容慕先生之風者能遺千乘之貴味先生之道者可忘萬鍾之隆且夫泒之繁衍流澤之不窮者其有自乎西域客起而揖曰昔卯金氏之五葉好逞兵而四征廣利之師律未輯博望之使節已行吾皇考時方埋名遁形跧光匿馨何聘帛之三徃覓上貢乎

西京雖一拔而遽起冀中葉之是榮尚未忘乎故土嘗含酸而寄情於是覲武皇于未央之殿因上表而致名也武皇見皇考中碩而外茂氣芳而德醇曰此真席上之珍也或待詔于上林或備問于几筵或與金母之桃同薦或與玉屑之露同歠東方之謔因吾而逞其技相如之渴賴吾以獲其痊向使武皇能盡用吾皇考之道必不祀竈而求僊也爾後太原之蔓延安邑之蟬聯吾能一說使百足之帛可得三品之職遽遷叔達之行以吾而表其孝宋公之賦因我而

著其賢予小子誠中原之一枝共大宛之一天
者也主人曰出處地望吾既聞之矣請聞先生
之爲道也客曰吾始也好耳言以媢人畜陰冷
以發痰愧學道之不醇方發憤以啟習遵麯生
之遺法亦禁水而絕粒詠刀圭之入口凝骨蜕
而生翼其心也湛然若止水其氣也盎然若春
色挹之而不汚濁引之而不反悉先生向言質
性朴木言訥而體豐者實由乎此矣吾能使稜
峭者渾淪彊暴者藏神戕賊而機變者皆抱璞
而含真欲使區宇之人皆從吾于無何有之鄉

而爲葛天氏之民也主人曰善乎先生之爲道也於是命僕執席具几百拜定交於先生先生於是啞然而笑欣然而談泛然而挹春江之波湛然若臨秋月之潭噀九天之珠玉蜚萬壑之烟嵐主人不覺氣和而意適體熏而心酣頹然而就枕不知明月之在西南覺而使童子之執筆記先生之良醰

○佟彭年野狐泉賦

原夫醴泉湧於嘉穴瀑布綆於幽巔毋乃山靈之所珍護豈其塵俗得而有焉夫何中條之址

斥鹵之旧地爰不愛其寶狐乃啓之以泉彼造物者假以自然之名勝數君子兮綴以棟宇之蟬聯疏星源而闢為沼引匹練而注為川亭號凌虛有觀瀾逢原張之如翼堂額活水亦有枕香涵碧差之以肴嘉樹朝而納景芳草夕而生烟鳥弄音簷戶之際魚忘形萍藻之天斯誠高賢之所寄興抑亦觴詠之所流連其為地也遠揖條山之紫岫近凌澍瀨之蒼波繞虹堤之蜒蜿帶雉堞之陂陀車馬之塵不集雲物之類相過以擬乎王官之谷彼或為楨徑者之婆娑以

言乎高陽之池彼或容倒騎者之嘯歌此則集南皮之賓主開北海之尊罍是雖接壤於闤闠列肆而實限絕以周垣繚窩盖山川風月時可得而寄傲何菜傭屠沽敢側足而叫訶時而春也黍谷消陰條風應律水脉潛生土膏其茁冰已泮而辭鴻泥初融而待鳦民方有事於東疇其無取乎宴遊之逸耶夫金行氣肅霜隕水凉曦輪南駕廣莫飛揚火不濟水陰勝於陽茲二時者鹽澤既歸於甃巾車亦所不遑惟當大火司權融風始扇炎帝鼓其洪爐波臣貢其竒衍

珠璣氤醸於泥沙氷花纍爛於池面藍田之玉已成璵璠之英盡薦於是畚臿雲屯工徒雨集杲日方中萬夫斜笠始垂橐而紛挐繼袒裼而据拾邪許則響荅啟竑揮汗則蒸徒漓潗咸負戴以遵迻敢貰勞於呼吸彼大夫者樂天時之亭毒佐萬寶以告成撤幕油而弗屐昇徒御而不驚載壺漿以蘇困腒擊橐鼓以合勞㙷輿人之祝曰大夫之力君子之頌曰聖人之禎於是退食解衣少休乎斯亭之上風洩洩其清和泉涓涓其澄蕩徐磅礴於濠濮之梁疑濯濯於氷

壺之奕肴核餞楚於賓筵吟咏亦適於函丈傷此民凋課耗之艱難而非評花判酒之欣賞然則登斯亭者睹京坻之積而色然喜閔淋漉之苦而惻焉思其將以忠州之石畫而持以鮮于之簡夷注于不匱以象泉流之出地撓之不濁以見清白之可師則允繼往哲而蒞遊者復何羨乎蘭亭金谷之詩

謝象中鹽池賦

太極剖判兩儀分端中含五精五精之用而水居一焉其生物之不測乃潤下而作鹹可以供

神祇可以調鼎鼐可以和五味可以燕嘉賓曰用必資為寶之大人之賴之與穀同化但出於海者塍畦而晒生於井者煎煉而成是皆人力非繇天造惟參井之分中條之麓唐封之南虞都之東禹甸之中首陽之傍有池爲方百二十里太行若礪逶迤於東北崖巍而嵯峨洪河若帶環遶於西南浹渫而揚波孕靈啓秘毓爲鹹鹺其為池也坎而平涵而不流形勢若盆水光似鏡有時瑞氣藹而若浮有時烟光凝而若紫瀲灔爲而晴方好空濛爲而雨亦奇漚泐渟泓

一碧千傾瀁漭濙漫衆派朝宗追夫赤帝握符烈日炘爍涵沫家沸幻化無窮光分水花氣亂山燒掛晶彩以絶艶散芒角而飄颻倏忽而紅爛熳倏忽而向的皪倏忽而噴若玉屑倏忽而艷若瑤池倏忽而澂如醍醐倏忽而瑩如玻璃南風一拂瀾漪北泛疊錦層冰離披凌亂玉液波翻瓊花彩散麗雲日之幾重鋪珠璣之萬段如印如斗如鏵如鏤彌漫兮雪浪光燦兮銀河明月映兮玉玲瓏微雨洒兮銀錯落曰惟天造不假人力笑淮浙之煎熬效渤海之煑勞是皆

天鈔其貺地不愛寶吸靈潤於河汾滙膏液於澮涑池外則鳴條岡黑龍潭桃花洞長樂灘卓刀堰姚暹渠一遐覽焉而相錯如繡依稀錦屏瑤島池內則琴聲臺野狐泉海光樓歌薰樓涉泉亭金盆池一登眺焉而飄飄欲仙恍惚閬苑蓬壺風氣盤鬱發為人文則有蒼頡風后巢父許由關龍逢巫咸巫賢傅說百里奚段干木關羽裴楷衛玠王通裴行儉柳宗元裴度司馬光趙鼎薛瑄張芮王崇古楊博劉崇文曹于汴若而人者是屬人傑亦鍾地靈茫茫宇宙勝地恒

多但名山大澤縱詡奇觀而不如兹池也裕國富民人間至寶洞天福地于此失其貴藍田合浦不足言其珍隋侯于是鄙其夜光宋王于是陋其結緑粤稽有虞氏曾于兹彈五絃而解愠再考穆天子亦于兹馳八駿而遊觀鳴呼池鹽之生天産矣然旱則濺涸而不生澇則汨没而不凝豈真蚩尤之爲祟實由沴祲之所召陰陽必和乎風雨必時乎其所以調燮而贊旋之者是又在人故曰致中和天地位焉萬物育焉

虞舜南風操

南風之薰兮可以解吾民之慍兮南風之時兮可以阜吾民之財兮

漢武帝秋風辭幸河東作

秋風起兮白雲飛草木黃落兮鴈南歸蘭有秀兮菊有芳懷佳人兮不能忘泛樓船兮濟汾河橫中流兮揚素波簫鼓鳴兮發棹歌歡樂極兮哀情多少壯幾時兮奈老何

唐

駕幸河東應制　張九齡

魏武中流處軒皇問道回長堤春樹發高掌曙
雲開龍負王舟度人占僊氣來河津會日月天
仗從風雷東顧重關盡西馳萬國陪遥瞻股肱
郡元首詠康哉

駕幸河東　杜牧

捷書皆應睿謀期十萬曾無一鏃遺漢武慙誇
朔方地周宣休道太原師威加塞地寒來早恩
入河源凍去遲聽取滿城歌舞曲涼州聲韻遠
參差

箕山　胡曾

寂寂箕山春復秋更無人到此溪頭棄瓢巖畔
中宵月千古空聞屬許由

宋

鹽池　王禹偁

極望似江沱漫漫起素波兩池泉不竭千古利
還多場吏輸年額畦夫奉月課收時車並載種
處地先磨碎顆珠凌亂乾聲至切磋岸平開雪
苑渠滲斥銀河衆鵠齊翔舞群羊自寢訛本原
皆瀉鹵異號亦鹹鹺沫訝浮鷺鷥津疑漫蚌螺
煮勞輕渤澥煎苦笑牂牁雨打重歸水滄盛更

覆簑炎風吹作片烈日曬成垛海味知難及蓄
青的不過惠人飧用關均口賦無頗泳鹿城雖
近蚩尤血若何有時紅爛熳是處白嵯峨潤下
經資國靈長任蠡哦江梅須待我金鼎始調和

中條山

崛起巨河邊奔騰欲上天遠臨滄海盡高與太
行連大塊横為脊它山立似拳土膏經舜采石
險任秦鞭洞黑狂吹雨峯青冷罩煙店荒檀道
絶寺古栢梯懸嶮漏微茫雪巖垂淅瀝泉迸根
通砥柱斜徑入開田北笑恒藏寶西輕華聳蓮

三門逞托迹五老迴差肩落實樵夫拾靈苗本草傳柱空鷺鴈塔影倒盖漁船繪畫終無手封崇必有年鹽池浮翠翯蓮澤媚漪漣陰壑乖龍蟄枯杉凍虺穿圖經標數郡神異産群賢呼壽嵩何謟升中岱豈專斯文如已矣此地可終焉暫看循銷病頻登合得仙許昌休自負吾什亦名鐫

金

虞坂行　　元好問

虞坂盤盤上青石石上車踪深一尺當時騏驥

知柰何千古英雄淚橫臆龍盤汚泥毋所歎麟出非時聖爲泣玄龜竟墮余具網老鳳常饑竹花實天生神物似有意驗以乖逢知未必若論好美是不祥正使不逢何足惜孫陽騏驥不並有世萬億中時有一乃知此物非不逢轅下一鳴人已識我行坂路多閱馬敢謂群空如冀北孫陽已矣誰汝知努力鹽車莫稱屈

元

九月遊黑龍潭三首　王演

登臨何處思飄飄並海龍宮戴巨鼇鹽澤引風

吹醉情條山分翠助詩豪天容澹泊清眉目秋氣蕭森逼鬢毛徧地軍麾幾時息鉄壺歌罷首頻搔

兩池鹺海闢清漪四面雲山列翠微幸遇一年酬晚節况逢九日出晴暉杯御秋露黄花老帽落西風白髮稀家隔兵塵歸不得眼穿丘隴淚空揮

忙裏偷閑遇四難不妨草草具杯盤望窮北闕三千里倚遍西風十二闌水落山容增古澹兩餘天氣凛清寒明年此會知何處醉撚黄花且

盡歡

中條山　　王　惲

中條如畫色蒼蒼雨過晴嵐帶夕光望入王官饒水竹路經虞坂足耕桑未容巖桂相招隱自笑微官有底忙多謝曉風驅暑退笠簷吹作馬頭凉

鹽池

解梁城下解鹽池萬寶騰光奪日輝我欲大觀窮化竅孔泉一賦了天機

明

葡萄酒　高啓

西域幾年歸使隔漢宫遺種秋蕭瑟誰將馬乳壓瑶漿遠餉江南苦吟客赤霞流髓滑無聲初疑豹血淋銀甖吳都不數黄柑釀隋殿空傳玉薤名聞道輪臺千里雪纖騎弓強凍皆折試唱羌歌勸一觴氊房夜半天迴熱絶味今朝喜得嘗猶含風露萬珠香沐頭如能有五斗不將輕博涼州守

鹽池曉望　王翰

涿鹿城頭曙色分素池如練逈無塵翠屛倒浸

山光净銀漢横鋪月色新五月南風凝雪甸四
時飛鳥避雲津應須靜待調羹手擬共江梅入
八珍

葡萄酒

揉碎含霜黑水晶春波灧灧煖霞生並漿細挹
紅泉溜淺沫輕浮絳雪明金剪玉釣新製法紫
駝銀甕舊家名客愁萬斛堪消遣一斗涼州換
未平

鹽池　顧福

中條山下古鹽池曾被蚩尤一混之百里光瑩

天地寶萬年轉運國家資漫傳蓬島生珠樹浪説藍田種玉芝不是星軺巡歷徧誰知造化此般奇

登中條山望大河有懷　薛瑄

登高遥望大河南木落天空爽氣寒細露微茫通汾洛亂山重疊接崤函白雲關塞新過鴈黄葉園林舊駐驂最憶郃陽同志客往來長是縱清談

登中條山東頭

魏國中條此盡頭登臨暇日興悠悠兩崖勢轉

黄流静萬壑聲寒碧樹秋官舍飛甍臨遠谷琳宫細路繞層丘風光滿目皆吾土逸氣飄然總勝遊

凍川導水行　　魯大有

秦晋分野群山圍川珍嶽貢争平乆皇仁敷化理薰絃民物熙熙自康阜作鹹潤下著箕疇雪句瓊花顆如斗汸汸鹺利佐邊儲水患年來數非偶很予謭陋愧三監留中鹽鐵書何有旁咨故道決西流父老前陳已騰口我家沉竈產青蛙東里漂廬總龍湫吁嗟誰辦極溺功不教噬

鰲魚黔首乃計徒庸程土物飛撽官胥迅奔走萬杵秋煙驟塹完弱縷沿堤裊新柳導滯疏湮滙大湖磽确胡能當擎掊清流拍岸瀉黃河濺沫驚濤鐵牛吼桑泉土藝麥有秋婦子欣欣饁南畝會看鹺海凝素英依依斥鹵歸窮部司農外府歲計餘裕國通商謠白叟作法於貪末獘流區區桑孔誰其咎何似清朝摧政平祖宗立法殊仁厚隨時補獘在臣工戒事先期豈容後將來繼耆富奇策經畧顯看掩予醜潤澤都歸畫一中億萬斯年同不朽

靜林寺　　李鑑

遠尋蕭寺上崚嶒，路遶荒榛步不能。鑿洞誰教藏石佛，開田自力老山僧。馴飛幽鳥低巢樹，忽走長蛟恠引藤。頭我豈爲遊衍者，題詩聊記一來曾。

虞坂　　李昆

予長々跡世猶尊，此日遨遊亦自欣。遷謫路長詩債積，炎涼味若酒腸溫。千山足底青煙靄，萬古天中碧浸雲。不必登臨求鸛雀，河東風物已堪論。

過菴花洞　　張士隆

洞口尋春信山巒改霧雲入林多險徑隔嶺半荒墳不見神仙跡翻驚虎豹群菴花斷流水悶悵倚斜曛

建河東書院

勝地幽深草樹新闢先卜築待居隣山連華嶽還三晋水帶黄河見七津牘有琴書期自得不妨魚鳥日相親渚蓮徑竹多風日壇杏宮芹與暮春

闢青石槽通鹽車

禹峽洪濤跨險開馬遷奇輿逐春來漫迷函谷
秦城迥隱望梁臺落澗迴急兩魚龍爭雪浪饞
風花鳥傍雲隈神功思覩還青簡古廟空看變
綠苔

鹽池

何年幻出水晶宮百里盈盈入望中雪涌池頭
重綴白日烘波面淺浮紅塌花聊假輕風力藝
草休言煮海功恠底奇形成斗夥賸勞鬼手與
神功

撈鹽八章章四句　朱裳

兩州十縣鹽丁萬餘戛五六月臨池吁且
臨池吁且炎暑熏灼且勤且懼手足俱剥
手足俱剥亦既勞止載饑載渴亦既病止
亦既病止公事靡盬彼此相念豈敢辭苦
豈敢辭苦不日不月豈不懷歸憲法明切
憲法明切無敢離伍陟彼條山瞻望父母
瞻望父母誰共饔飧弱婦稚子憂心如醺
憂心如醺何云歸哉我心悲傷莫知我哀

池行紀景　　盧　焕

雲落平沙泛晚晴素濤和月靜春聲芝田茁玉

平流乳瓊島飛花亂疊英八駿排風人已往一
元浮氣景初成歸遲野露肩風緊清勝山僧夜
半行

初春

麗景平圃齋寂寞畫堂澄白鳥聲嬌氷花破曉
分新色雲草含池翳弱蘆苗絲捲柔風隨日漾香
連粉玉為春消幽情拍碎欄干月一髮青山入
眼遥

長夏

影滿湘簾淡午薰獨怡虛境兒浄靈氛麥畊日色

傾丹頰榴可風情剪絳裙玉塵聲沉霏唾雪素屛清破篆香雲閑銷一卷先天易無語陰陽寂不聞

鹽池

天外中條千萬重山根滲泐瑞池通氷寒水浸三更月珠碎花迎一夜風戰雪玉龍爭退含調梅金鼎見全功可憐煮海人先老不識生生有大空

除夕

天遣東風報歲辰明朝又是一年新光浮斗二

樓臺曉凍減三正草木春植酒罇前孤飲客萱花眼裏未歸人青驄早與梅相約爲掃園林不點塵

觀鹽花有作

池頭昨日東風午瑞色今朝報早花未信瑶枝迷遠樹好看玉骨映晴沙光摇銀海三千丈香散炊烟百萬家御史西來公事了登樓圮望思無涯

和王元之鹽池韵　張淳甫

百里亘平沱南風清亂波山川鍾瑞異籌策稔

邊多國賦恒充頒商征特羨課晶瑩疑水浴形
礪肖人磨造物勞陰助神功爲巧磋潰流終到
海間委不成河業世丁夫願羸需婦女訖隆冬
時攉鹺盛夏始生鹺禁堰肢盤剉中條而結螺
富民資晋冀珍味溥祥徊窀運都閘港誅茅惜
遠簽雯霜浮浪出瓊玉積沙椞食費千鄉足年
收百倍過周官頒畫一管筴補偏頗主宰將窮
究幽玄欲問何偵譏嚴出入城堞勢巍峩吏警
宵傳箭單嬉晝寢戈陰山今遠道歲嵩豈須和

鹺海鋪瓊　周禮樂

渾霧漫空紫翠重癸氛鹵氣兩濛濛水連天去無邊白山過池來一帶紅烈日釀成銀錯落微風吹動玉玲瓏嗟予落魄將衰老始識乾坤造化工

中條秀色

層巒絶巘筆難形谷口樵歌更可聽遠樹雲拖千丈緑斷崖天挺一峯青嵐光暖翳芙蓉陣黛色晴開翡翠屏登覽不知歸騎晚滿襟風露過青冥

運府高槐

渭使曾乘御史驄綠槐猶似識清忠真姿不敢秋霜碧老幹高昇曉日紅翠色滿階嘶五馬清陰夾道擁三公當年六月炎蒸裡颯颯涼生萬里風

黌宮古栢

風清芹泮誦聲齊叢栢翻風草樹低翠滴青衿凝露雨香浮華衮煥文奎高枝寧畏嚴霜折老節曾經彩鳳棲切禁梓人休翦伐他年留作九霄梯

畫閣鯨音

百尺樓頭玉漏殘疎鍾敲落五更寒喚醒華表
初歸鶴驚起丹山舊舞鸞自是太音涵化育豈
同俗樂送悲歡聲隨大地朝陽滿海嶽晴明宇
宙寬
井泉湛碧
影涵秋鏡碧澄澄冷漱雲根細有聲巨擘山
分地脉伏龍潛潤噴金精光凝鹵海千層碧流
出靈原一派清六月炎埃飛不散井香天與濟
蒼生
洪洪靈光

路入丹臺草木香爐烟輕裊拂長廊虹光夜燭
雲逵遠廟食陰符國祚昌靈貺已榮新祀典穹
碑仍刻舊封章居人纍纍蒙庥化古跡猶能說
漢唐

珠林佛刹

暖日香飄薝蔔林纖雲晴護半山陰苔封一逕
紅塵遠松偃重門緋宇深古樹有巢歸白鶴祇
園無地布黄金老禪傳得安心法靜閉人間換
古今

登河東書院書樓和韻　呂柟

謫宦條陰借地幽，西風暮雨日登樓。慢披黃卷懷玄晏，忽對青山欲白頭。石樹倘新霜後葉，山禽久報院中秋。當年建置心何壯，地是虞鄉與叚州。

離城十里地清幽，南對中條起玉樓。墳典以來供頓足，海山何處可昇頭。日斜仄徑綠新雪，花暗東籬感舊秋。此計讀書髭鬢白，無材倘愧佐名州。

觀水車和韻

一泓碧轉白雲光，與客行看坐倚床。山下有泉

通涑水世間何處覓天漿誰能疏鑿百川會眼見周流萬里長遥憶石渠寒冽外井收無幕已傳方

每手曲水借瑶光況復縈迴日繞床井渫逢寒尤可汲籃餘誰道不為漿秋山碧石泉偏遠杜若清流香自長欲問當年胼胝客滄濱不語但東方

疕花洞聯句

驟馬衝寒共遠遊鳴程 桃花洞口喚漁舟呂 水山步下分晴景杲勃 詩酒盤桓愜好修程 野鳥不妨

侵譙席呂 松風偏解妬輕裘初 呼燈更上雲深
處經猶見殘烟天地浮呂

登兌高樓聯句

臘月三日登兌樓呂 西風北風寒颼颼張 蔡 橫身
霄漢星可摘初 俯首河山城欲浮蔓 張 三面亭閣
若孫子呂 四圍蒼翠仍春秋蔡 窓前獨帶夕陽
影初 牽引行人歸復留蔓

雪後觀鹽池

徧舖寰宇露山尖蔓 雪後看池不見鹽呂 一帶
橫拖千頃白蔡 大風高捲小樓簾初 尋梅隔澤

思還若蔓對景催詩令更嚴呂却憶長蛟眠正
穩芬便看雲雨起幽潛礽

觀水車和韻　周晃

一規寒玉碧沉光暇日游觀倦倚床推轂可烹
粲鼎雉綸餅誰釀鬱金漿千年坎究真難敗九
甸淵源本自長若遇王明能用汲沛然膏液徧
遐方

登書樓和韻　丘東魯

月池雲檻此清幽萬軸牙籤百尺樓勝有河山
開眼界絕無塵土到心頭雲霄北望收殘雨禾

黍丙成報好秋惆悵安陽今羽化憐予從未識荆州

百花亭子新成　初杲

性僻躭幽寂亭虛近市塵百花猶未種僂砌已横陳意到景俱會官閒物自春草堂瀼西上灞灑亦清真

院中漫興

庭院寂無譁天風引暮笳鹿馴當砌卧槐古出簷斜雲物迴晴影萍踪感歲華殿寒松有色何處見春花

龍逢塚

西風衰柳泣寒蛩，繫馬祠前吊夕陽。要使鳴條常纘禹，肯如終古出奔商。黃河涑水丘陵在，烈日秋霜草木香。野老亦知忠義好，細陳一派到雲長。

秋日始遊書院　余光

驅車出西門，原野秋已暮。迢迢望孤山，陡向暹渠渡。白楊嘶寒風，夾此宮墻路。遊子懷慕久，被拂以亟赴。入門瞻聖像，慰我心中素。躊躇俯荒池，彷徨倚紅樹。解衣攀薜蘿，獨向雲巔豎。幽巖

生紫霞㡯石龍虬騖巍巍今日山無乃平地布
轆轤汲井泉曲引山根注涓涓昔成流源委時
可浒汲引功弗停鑑沼復洄澍忽然見鳶魚悦
與西渠遇奇哉西渠子勵志搜遠趣觀此山與
泉植學基已固緬我涇野師繼此鳴韶濩青衿
萃講堂春風滿玄圃樸棫化已張顛蘖生時雨
鳳凰一高翔百鳥咸振羽云胡余子來狐巽何
所附空堂成寂寥傍舍亦歆垩伊咸穿敗垣蟋
蟀泣野露誰能効綢繆補葺一如故撫景懷伊
人長嘆不能賦

招士篇

北林多秀木好鳥時來止和鳴集其群羽翼各有倚愧我從西遊群麟獨南趾索居分毫草枯落恐自弛三晋風氣淳豈無豪傑士致之縣所招矢心與同軌朝夕汲新泉濯滌去其滓載瞻中條山壯志期並峙

河東書院觀水車懷西渠　張元甫

俯瞰澄泓一鏡光轆轤鳴咽拱銀牀雕盤覆處輕炎熱寒夜烹來共酒漿泉脉疏通江海量丹砂或就歲年長何當為我垂長綆汲作井蘇酒

萬方

和張參議水車詩　杜德仁

秋泓寒甃徹天光梧影苔痕紫石牀杜御醞香和玉露頻斟帶月汲瑶漿氣通涇對源何際水接西渠脉自長清意最憐靈活處時時隨品遂圓方

次張少參登書樓韵　王世相

鳥倦誰憐此地幽夜深明月獨當樓孤峯卓地偏開眼流水環山不盡頭白石亂飛黄葉雨青燈分坐紫蘭秋題詩愧我空相憶晚載琴書過

解州

鹽池　　蘇祐

龜疇演潤下龍文陳實中煮海聞吳疆鑿井稱
蜀雄睠茲條山側泓水何沖融築場豈仲父疏
渠殊白公南風洞宣朗葳蕤秀琨瓊結斗麗方
池形虎薦清宮榷利通四國坤靈昭玄功直盧
附周圜嚴扃啓中通報貺崇神楱千載誰能窮

同何瑞山登海光樓用韵

陽歲相逢處高樓並倚時池花飄白玉盤菜裊
青絲才笑今逾拙心情舊總凝春風須盡醉明

日有離思

次登海光樓韻　　何贇

縹緲危樓上留連芳草時玉波通海氣風柳送金絲耽句長揮巧逃名浪作癡岳陽何處望憂樂動予思

書齋夜坐　　張直

涼夜成閒坐空齋欲二更殘燈燃鶴夢香茗煮琴聲蘭砌因風馥筠窗得月清可憐塵世事還逐曙光生

荒園

一畝荒園裏年來且養真池澄洗藥水窓出拂
書塵松死悶連日詩成狂隔句安居知有自聖
主與良臣

世路

世路任東西從來惜馬蹄座無嫌窘客室有愛
詩妻意外功名絕胸中寵辱齊更分閒日月與
到自成題

書懷

作計一何愚王門恥弄竽上天容識字聖世許
為儒囊為買琴竭容因覓句癯不知究竟處成

得詩逋無

分雲嶺　　楊士魁

峩嵋南望布雲山隱隱霏霏染翠鬟莫戀空巖
自來去好施霖雨到人間

元宵　　舒遷

天上星辰懸萬古踈踈寥寥疑可數如何一夕
樓臺邊閃爍光騰別有天鼕鼕伐鼓隱春雷十
丈蓮花午夜開知是元宵百萬家銀釭火樹映
雲霞錯落星辰亂花鷁射入一萬五千里仙子
琵琶弄明月紫陌朱門盡車轍欲覓蓬萊無路

尋紗籠玉燭鎖春深新辭短笛初番起聽得令
人心似洗洒然步過小橋東倚闌寂寂渾無語

公署小石假山

五色池邊石重重簾外山斜穿日影碎珠點草
痕斑迸闌花無語橫空鳥自閑過來時一數幾
見破愁顏

仲春二日夜坐　魏謙吉

公餘對淺酌兀坐伴殘更煑藥驅新病挑燈憶
舊盟有懷還自遣多夢復難成直北烽煙急誰
知此夜情

栢香亭東有杏一株二月不花雨後漸生緑葉

杏林誰種栢亭東翠幹嬌枝出漢宮盡帶妖粧娛法眼聊將素質伴清風微承雨送巨春緑肯向苑開數日紅幽寂霜臺堪作伴繁花枉榔未堪同

觀池次韻　李章

中條隔海幾千重地脉那知遠亦通玉液波翻資小雨璦花彩散借南風天財不假因天力海錯何勞煮海功想是化工真秘泄作醎潤下敢

云空

登海光樓　　張荏

山碧崎孤屏水清横一帶高閣曉光精恢恢涵氣槩

存竹堂　　喻時

孤亭無客至石與水蕭森水近琅玕樹石連珉瑂簪四時不改色五月尚生陰每誦清虚賦深窺聖者心

烏來

野興入無際高歌嵩嶽西層樓臨栢府鶴圃灌

疕畦落日市聲斷薄雲山影迷蕭蕭臺院夕唯
有鳥來棲

驅車

風飄胡鴈冷春入晉陵遲財賦空疲縣兵戈剩
破籬黃沙千里合白草萬家悲肉食盈無計徒
然賦載馳

晚眺

樓上看山色山頭暮色遮隔林分野燒落日聚
寒鴉晉地春來慢嵩丘雲去斜懶尋鹽鐵論飛
意切丹華

種樹

臺裏三山處河中二月時引堤分雜樹穿井灌廻池春霽丹荑早風踈紫蔓遲寂寥到公暇步賞莫生悲

清明

惆悵海棠節遲廻蔓室城霜臺春獨冷寒食雨初晴徑仄蘭芽細池枯荇葉横只緣憂國事不覺是清明

登見闕樓

煙横見闕樓鎖院一何幽目斷白雲嶂夢過青

草洲孤身天萬里多病日三秋榮路寬如海不
堪圜鹿愁

看採鹽

料臺開宿草候館匝層巒風出紫微洞日浮白
玉灘萬夫氷上走九夏雪中看遠塞煩供給誰
憐採者難

秋日漫述四首

淹留萬里客愁苦一年心隔市鳴秋笛連墻獻
暮砧蟬驚移樹遠雀鬭入花深空切羇臣歎不
堪遊子吟

鬱鬱在羈旅蕭蕭驚暮天兩淮芳草外三晉夕陽邊國事裹憂兵甲身謀荒石田孤懷殊未下懶對王鈴篇

露浮桐葉冷水近荻花肥燕雀巢官舍黿龍泊釣磯火星已西下節使未東歸歌罷迴風曲秋容滿客衣

徵求憐菜色戰伐若瘡痍赤土秦王嶺黃沙裴子祠君憂何所答民病未能醫班草秋風裏寧忘九闕思

藩臬二公合餞瑞泉亭上

還朝未迢遞惜別倚清冷白水澗下澗青山亭
上亭峯高雲入座天近月依屛把酒何吝晚煌
煌對法星
　瑞泉亭小座感詠
學迷朱雀嵩身愧紫霞衣伊呂謀非謬關閩道
不遠野狐山上走乳燕屋中飛還到光成處幾
知宿昔非
　行臺苦熱四首
漢節千山外專城六月時獨揮青麈尾誰浸白
龍皮急鳥依庭樹潛魚跳石池可憐忠義士炙

背有餘思
晉陽三伏月客子九迴情諫草揮不去刑書愁
未明疏堂暄氣合飛宇亢陽横自避清凉處却
憐何子平
閩山炎海切臺院火雲浮檻草乾不媚池禽沐
未休空思飛雪散誰向廣寒樓官舍猶煩鬱何
堪田父愁
冠袍無走處汗背蠅依依瘴氣青天動火星白
日飛郊原愁歲惡鞍馬赴戎機苦憶人間事荒
城正擣衣

秋懷三首

阻絶關山遠蕭森天地同明河急牛女飛葉下梧桐月在清元殿煙横長信宮蛾眉執團扇寂寞對秋風

日澹葡萄谷風高鸛鵲樓龍沙初罷戰馬邑復防秋天地無終否豺狼有日收嫖姚古驍将自為漢王謀

秋風鳴絡緯日色下崦嵫水旱三江急兵戈六鎮危明君原好諫執政在匡時漫擬龜山曲寧忘孔氏悲

河東書院登眺

恠石攢成九疊屏層樓上倚六符星桐林蕭索秋初冷藤葉陰森池欲暝山繞南康白鹿洞水環東魯赤虹庭我來卻愧扶提力願有鵾鵬飛北溟

中條山

鳳節霜清千仞山羊腸路曲九盤關苔文蘚文點恠石珠樹瓊樹連迴灣玉女遠乘白鶴去仙人飛跨紫麟還一番勝覽塵勞外倒聽絕澗聲潺潺

氷檗堂

吏散亭空白日靜單袍薄履青天凉觸牖松風來淅瀝隔簾鳥語鬪鏗鏘人閑每憶春風嶺身弱長和玉女漿三十年來空汗漫秋雲冉冉過

南塘

海光樓再眺鹽池

山樓面面通青鳥水窟重重鎖翠陵平浦横拖一匹練迴崖迴結四時氷琉璃田上開金魄霄漢雲中掛玉繩日斷秋空歡不極荻花蕭葉瑞煙澄

坐見闕樓對中條山漫述

小樓斜日已高舂，坐對條山實氣重。薄霧遠迷金粟洞，層雲平起玉霄峯。唐虞城闕連青靄，秦漢池臺没紫茸。安得仙人九節杖，飛凌絶頂拾芙蓉。

雲晴瞰瑞泉亭

掃雲探春入洞天，蓬萊佳處碧雲懸。珠林光射七星石，玉澗聲飛五色泉。鳥近遊人過别嶼，猿依樵子嘯平阡。塵勞偷得須臾暇，滇海空思鶴上仙。

夕亭朋舊寫懷

一別淮西萬里行簿書潦倒晉王城谷鶯坐樹嬌不下海燕棲梁幽自鳴芳草却從人跡駐流雲獨向客愁生交遊夢入蘭臺夕起聽山家吹玉笙

野狐泉亭感秋作　宋儀望

少秉曠達情名區日偃仰一從宦王途遂廢丘壑賞偶此出遨遊聊爾謝煩鞅泉池何瀝泬亭館太踈敞秋風入林木葉落泉迸響睇懷俯層楹延覽觸幽爽流雲蕩軒閣斜日澹踈幌葵榴

夾路稀榆柳蔭堤廣游魚何逸濟浮藻相依彝
撫景眷深懷因之愜遐想棲遲白鹿游逍遥赤
城訪達生如可希長嘯出塵網

中秋邀胡少參張戶部凡九人宴野狐泉亭
分得河字

中秋懽月色池上對明河招客乘驄出勞君結
駟過情方河朔勝人比竹林多莫厭臨觴勸浮
生柰爾何

飲泉亭

野館依山結亭前汲竹分開樽邮惜夜落葉不

堪聞玉塞動飛鏡金波暗入雲應劉今寂寞不飲更何云

遊河東書院次西涯韻

郊原過雨草煙新滿院風光絕四鄰深洞細雲依斷壁曲池流水引通津到來幽徑花仍發坐卧閑房鳥自親最憶南陽張仲子肯留文藻照青春

萬曆庚戌運城創設迎春　劉敏寬

青逵真信息突地入雉城有脚來何晏無邊埋已盈物華驚艷異鼓吹奏昇平肇始恩誰似年

年春草生
陽春何處住今始到葭灰乆借儀文潤新逢景
運開歡聲雷忽動縟色錦成堆信是調元手從
天掇得來
鹺池
靈池偃仰鳳城隈萬頃清泠絕點埃圯陸既迴
銀作浪南董載詠玉成堆功分調燮山河壯最
奏安攘宇宙開閒上危樓頻送目更於何處覔
蓬萊
海光樓

岑樓突兀巨鼇擎，乘興登臨入太清。鹺海平鋪水鏡展，條山對列翠幃橫。繞舒遠眺空三界，未許豪吟傍五城。試揭簾櫳延灝景，無邊虛白等閒生。

存竹堂　蔣春芳

獨坐孤亭裡，春風翠滿城。誰知千里客，長共此君清。把酒聽鶯語，敲窗雜磬聲。琅玕看箇箇，應有彩鸞鳴。

欽綸樓

爲捧瑶函奉至尊，佇看樓閣起中原。使臣亦有

瞻依地咫尺長懸天語温平對南山春似畫望窮四野月當門吏人不到憑欄處風景依稀侍掖垣

歌薰樓

憑欄一望綠陰濃獨抱瑶琴興不窮聖代此時明舜日高樓八面入薰風煙生蔕岸連天白月照鹽花映水紅一曲未終人盡醉恍疑身世在虞宮

憶梅堂

疏影橫斜共雪浮先春花色幾人收不知今夜

亭中夢還有羅浮香信不

詠劉節婦李氏　　盧　潮

玉簫聲斷泣孤鸞冰作襟懷鐵作肝不惜芳年
隨水逝獨留高節與人看落花踈雨和愁老明
月清霜入夢寒天亦自憐荼苦甚儘教眉壽樂
平安

舜廟

鳴條蜒蜿界平川舜帝神祠不記年數龍宮連
秋樹碧一園塚接暮雲玄風林清夜皆韶樂野
老荒村亦豆籩遺地與河中原比壤虞陵誰道九

疑前

詠節婦侯氏　　張渠

鴻毛覷死一身輕，肯背僊郎石室銘。黛綠從今垂令範，汗青千古慕芳名。雲廻彩鳳追簫史，月落蒼梧泣女英。頼有立言當代士，為書潛德賁幽城。

輓劉朴菴銓部　　姚誠立

頤言成締好，意氣足千秋。雅識潛龍志，無憐野鶴儔。大名神所妬，靈寶帝還收。坐惜飈車遊，茫茫不可求。

漆園齊物子楚澤獨醒身聞道歸何順達生逝不羈大還君已矣吾黨定誰親門外悲歌者逍遥曳杖人

憶梅堂　曾舜漁

曾見羅浮萬樹梅花時詞客到含杯香風吹醒遊仙夢悵問春從何處來

還源　張士茂

水飛空谷掩萬壑匹練疑從九天落悵蜃靈蛟恣伏藏瓊珠玉葉紛噴薄騷人渾欲賦觀濤田父相忘滋負郭我來攬勝悟天機晝夜如斯雲

漠漠

魏豹城

憑高悵望重徘徊萬井寒銷霽色開霸業千秋餘弱草春光三月散浮埃女牆雲氣當空淨官柳鶯聲破煖來見說信陵能下士夷門何處首頻回

村居　曹于汴

秋雨送新涼一朝徧四隩既入貴人堂亦來寒士谷亦滋荒陬草亦實良疇穀世眼過分析造物笑拘蹙雲霞布長空山川羅禹服錦繡滿乾

坤不禁萬人目隔籬羨他人枉自隘其腹如愛
袖中藏不容珍在櫝遠人自大觀恢恢剖邊幅
我生從何來請君且三復

懷杜勿鳩兄

予昔在髫齡及窺勿鳩子蚤歲步青雲磊磊終
貧士六月被大布放歌悲世否奮毫落瓊珠孤
鶴鷄群恥狂飲不懼疾厭亂輒祈死齷齪市上
兒豈直上下第英風不可追心熱為背泚

濯德歌

一綍錯一疋惡織塵能障玉壺冰尺霧猶堪翳

太清宣尼濯德精彌精盪以江漢之砰磅滌髓瀝腸中外瑩毛可以吹疵何生疇為濯之時衾影我獨知急遽共流離疇為濯之具上帝時汝顧翼翼恐以懼

慎防歌

寸心有刀鋒刀鋒森如麻亦有水與火焚溺費無涯抑亦工變幻朝人暮為蛇忽以陰忽以晴忽以鳳舞忽以鵶鳴忽以虎嘯忽以鼠驚當其未變時羊腸望路岐及其變已成千尋瀉建瓴本來面貌果如何憑君認取莫蹉跎刀鋒水火

原無有慎防勿令微成多

近觀歌

近以觀遠人以觀天我以觀物後以觀前小以觀巨偏以觀全麁以觀細顯以觀玄枝頭一珠露萬古包鴻濛鴻濛不緣腐草隔仍向秋螢見化工一呼天地始一吸天地終所以聖王不下榻康民阜物成豐功

大同歌

農人農賈人賈文人文武人武左賈右農誰與通功軒文輕武誰與禦侮瞽師典樂刖夫司閽

智愚迭役孰去孰存乾坤何磅礴為縻為蚩蚩周王昌君義殷士揭臣忠山青雲靄白草綠花舒紅東家聖老于行西家愚洩于市無用費平章亦各畢其事

弔關大夫

下馬高墳淚欲零忍聞忠藎被嚴刑秋風惻惻天為老夏曆茫茫骨尚馨一死猶期成主悟九州豈意共身傾英魂彷彿來相囑莫道吾君不聖明

魏豹城

野老溪邊說魏侯荒原曾此樹瓊樓秦王殿上珠光照薄后宮中貴氣收故壘惟聞殘鏃出遺溝猶自淡烟浮興亡千古堪憑吊何事蜂衙喧未休

劍泉　侍御王草巖掊飲潓泉亭

古道迂從池上轉華堂幽傍柳邊開淡泉一鑑可清暑好鳥數聲時送杯石疊小山芳草合窓當群岫白雲來醉餘劇動烟霞思擬向龍沙築釣臺

野泓泉　吳學詩

中條之麓白蘋霜野狐亭上高雲凉客夜紅燈
還獨酒半山黄葉自斜陽飛花不定泉聲碎凍
玉無成海氣忙明月一亭歌坐出新歌翻動接
輿狂

閒居　謝傳顯

素性躭林壑休官只宴如浮雲憑去住茂草莫
芟除逸興幽偏愜塵緣静自祛儵然抱犢覽聊
以賦閒居

詠菊

萬卉經霜萎芳華循自峥遊蜂無競鬧皓月可

同清避祟重陽酒延齡甘谷英難逢知己侶近
代少淵明

詠竹

爲園那似辟疆寬種得新篁恰數竿冉冉風生
聞管籟青青雨過洗琅玕不隨桃李争春艷只
與松梅共歲寒俗客無煩相問訊高人惟許子
猷看

詠雪

素絹天孫剪六花散亂飛豐年農預慶迷路客
難歸霰凍槐枝瘦脂凝栢葉肥南山當户牖一

帶玉屏園

知足寫懷

小小堦墀內蒼筤竹數竿風來清韻足不羨渭川多

登中條山瞰黃河三門

宿海凌空下驚濤捲地來波翻疊若雪浪湧响疑雷天塹蹟常古禹功頌弗灰歷行雖九折底柱自崔嵬

遂吟六律感時述懷　陳于庭

逕折綿山道秋風攪轡過峰頭攢惟石樹秘沂

長河雲淨柴門迥天高落木多疎鍾催落照遮
莫上藤蘿
八月猶未雨三農望已過那能翻地軸空說倒
天河村落人烟少流移澤量多有圖思鄭俠乞
靈灑焦蘿
一行持繡斧禹甸幾回過肯使狐憑社從教虎
渡河為時心獨苦托物興偏多落落誰同調惟
堪問薜蘿
逐逐紅塵者居諸忙裏過誰言戀升斗吾意慨
江河白水蒹葭冷青天魍魎多浮雲變今古巖

石自垂蘿

北固聞鶯囀西汾數鴈過吳門懸匹練支石隔銀河六月裁書斷三江入夢多愁懷寄飛羽隨月到松蘿

平生一片氣李郭未須過劍合干星象萍分帳大河臣艱寧我獨客思更誰多極目南天迥將無念芋蘿

同劉貞老夜坐池上　徐揚先

池面分明半月形中條如黛拱如星玉沉沙底光搖練秀出天邊地有靈誰肩薫風來隔嶺暗

飛琴韻入狐亭挑燈夜話忘何處客路知心眼倍青

午日同梁冲老飲野狐泉　張銓

危亭移席醉公餘石磴攀緣興白舒魏豹城高開睥睨野狐泉冷浸芙蕖風傳絕巘中霄響月動冰天萬界虛最是葵榴驚節候登臨無復問居諸

飲虞舜彈琴處　項錫胤

薰風歌上古阜物見虞天石磴能爲響焦桐自清

可傳移樽步明月倒樹瀉金蓮時放花大勝跡多清韵何須雜管絃

和前韻　李月桂

同人春讌暮踏月醉中天虞帝已何在遺蹤尚此傳拍聞泉響石笑咏火生蓮別後應相憶薰風奏五絃

輓裴中舍　周訓成

身亡寧遽已奇蹟見江山名字有成約風雲不許刪屢如親召杜頗似仰曾顏何事猶餘恨遙遙天步艱

我意無今古爲刪不巧詞安知百史帙未允伊人居寡過曾無慊奇文間可師無庸兒女態舉目但漣洏

輓裴中含　馬廸吉

解綬歸來樂野畦瀟踈風韻與誰齊笑談樂聚只三友出入相隨惟一奚眼濶天淵皆自得心空氷炭不生睽朝聞夕死君何憾恐見條嵗蔽草帶悽

題郭明府山房　邢以正

寄傲鳴條春又春詩魔到處爲隣等閒誰識

休官好林下今朝有二人

帝舜彈琴臺　　七逵

海光樓下彈琴臺臨池對坐倚山隈朱絃一拂天顏開青桐入手薰風来薰風来自條山裊颯颯微波皺池水銀山雪浪五月間捲出層氷六十里六十里中水接天波光直與條山連彈琴臺下如霜白連阡比井皆鹽田鹽田不事灶烏鋳只候條山薰風起但願聖人彝疾病日日登臺調纖指我聞彈琴為阜財八風克諧五音偕太和駘蕩遍九垓鳳皇欲下思褭褭相隨鳳凰

喧燕雀如聖與民同憂樂驩虞豈止在條霍翔
曰微凉生殿角我来臺上一披襟遶臺柏掌試
追尋地下猶作絲桐音此日如見重華心
野狐泉亭招許斯令過飲　陸舜臣
有亭翼然臨遠山有泉泠泠聲潺潺河汾名勝
亦多矣但覺此中天地間中條昇列氣盤鬱倒
影繁陰垂翠鬟流漭海光含群動素練平鋪映
水灣歲久層臺日慘淡佳木蘢葱帷石禎剥啄
殘碑喧鳥雀響沓狐鳴幽壑間主人一旦事豪
舉丹艭更新苔蘚斑駁橋磴道何紆折風流千

哉不可刪勸君斗酒莫辭醉古來興廢類如環
落照當樽歌舞散滿堦芳草蔽重關折腰避世
皆金馬不須歸去始開顔孤雲檻外舒復卷任
與軒車時往還

鹽池　　馮達道

條山屈曲錦屏遮巧護甘淳碧水窪天遣四時
皆積雪風吹一夕徧生花平欺東海崇名府錯
認西湖可泛艖禹貢八州臚貢篚誰如神液富
天家

九日飲野狐泉亭　　馮達道

池濱歷落鴈頭霜氣逼危亭客思凉蓉菊不隨人俯仰壺尊應共爲商量從来嘯言千秋遠此際歡聲向晚作却望中條最高處幾人携屐醉斜陽

圖霧光者即能賦霧光序三都者不聞更賦三都也故曰賦家之心不可得而傳信夫劉賦鹽池詳矣核矣姚賦亦雙璧也爲鹽志故以二賦爲弁冕李君若思之作非不佳慮積薪之勢焉乃論詩南風一曲或曰爲池而作也則首及之茂陵秋風辭史曰幸河東而作

也則次及之獨惟有唐三百年為詩人淵藪臨池興詠應不乏人乃隻字不傳何哉姑採應制二詩如秋風辭之例借以補一代之遺闕自宋迄今篇什既衆惟王元之一詩永為鹽池實録而以他名作附焉非切於池者不録也縱不切於池非切於斯城之川巖舘舍上風人事者不録也詩以代序代以人序不復以詩之諸體分科者便於後來續入以省割裂分配之煩也選貴精不貴多卷帙寥寥容不盡愜作者讀者之心雖然空梁燕泥吴

江楓落既膾炙千秋矣其又多乎哉達道識

重修河東書院落成排律 有序　張應徵

余於庚戌夏杪受任鹾事清秋採歷書院於梢騎煙靄中挾頽更新以時詘舉贏未果越明年欣遇布熊兩憲臺露冕褰帷捐俸重葺因隆於創文彥蔚集余亦不敢悋俸稍之涼緯纘經綜相濟以有成也喜為之賦

王都接帝里遺俗雅沕淳秀啟條峯頂奇鍾鹵海瀕崇文當日盛養士昔年振齋台湖州法才追涑水倫分藜探蘊奥睽璺諳精純勝事嗟中

葉芳踪嘆後泯何時慈茂草茲會尚荆榛可惜香芸斷誰令丹壑新幸臨雙福曜喜得二天詢重理蒿萊舊特教棫樸薪羣歌騑馬力共戴繡衣仁有兩背成化無風不是春楩楠登俊選桃李待公甄從此輝奎璧於斯晰洛閩圖書資政治翰墨寓經綸美擧聞三晋歡呼起四民行將收琬琰取次勒貞珉賡獻賡颺句千秋頌作人

登海光樓

瓊樓何壯麗高敞蔚威神星野元分冀關山舊蜀秦條岡環翠璧鹺海產銀根倚檻金風綴盈

窓秋月新四圍溽暑去一片早凉親題咏背名筆遊觀悉大臣不才無鳳藻漫賦愧前人

登歌薰樓　張應徵

幾縱歌薰去復來環山秋色映樓臺池翻雪浪千層白地爍銀花百里開不息雄風吹繡袂當空明月照金懷追依舜帝揮絃處琴韻猶然響玉陔

題野狐泉　張應徵

野狐泉可濯清纓圖史何曾載此名色借玉珂流雪乳味同仙掌吸金莖波澂靜浥寒潭碧風

動光搖賽月明爲愛山亭景物好坐消終日樂

身輕

壬子夏杪應徵識

《山西文華》編纂委員會

山西出版傳媒集團
三晉出版社

山西文華·史料編

重修河東運司志

第一册
卷首至卷三

清　馮達道◎編

圖書在版編目(CIP)數據

重修河東運司志 / （清）馮達道編. —太原：三晉出版社，2018.4

ISBN 978-7-5457-1718-1

Ⅰ. ①重… Ⅱ. ①馮… Ⅲ. ①河東—鹽業史—明清時代 Ⅳ. ① F426.82

中國版本圖書館 CIP 數據核字(2018)第 270706 號

重修河東運司志

編　　者: 〔清〕馮達道
責任編輯: 張仲偉
封扉設計: 山西天目·王明自

出 版 者: 山西出版傳媒集團·三晉出版社（原山西古籍出版社）
地　　址: 太原市建設南路 21 號
郵　　編: 030012
電　　話: 0351-4922268（發行中心）
0351-4956036（總編室）
0351-4922203（印製部）
網　　址: http://www.sjcbs.cn

經 銷 者: 新華書店
承 印 者: 山西人民印刷有限責任公司

開　　本: 700mm × 1000mm　1/16
印　　張: 61
字　　數: 400 千字
版　　次: 2018 年 11 月　第 1 版
印　　次: 2018 年 11 月　第 1 次印刷
書　　號: ISBN　978-7-5457-1718-1
定　　價: 400.00 圓（全四册）

ISBN 978-7-5457-1718-1

《山西文華》編纂委員會

《山西文華》學術顧問委員會

《山西文華》分編主編

出版説明

山西東屏太行，西瀕黄河，北通塞外，南控中原，是中華民族的主要發祥地之一。中華文明輝煌燦爛，三晉文化源遠流長。歷史文獻豐富、文化遺産厚重，形成了兼容並包、積澱深厚、韵味獨特的晉文化。山西省政府決定編纂大型歷史文獻叢書《山西文華》，以彙集三晉文獻、傳承三晉文化、弘揚三晉文明。

《山西文華》力求把握正確方向，尊重歷史原貌，突出山西特色，薈萃文化精華，按照搶救、保護、整理、傳承的原則整理出版圖書。叢書規模大，編纂時間長，參與人員多，特將有關編纂則例簡要説明如下。

一、《山西文華》是有關山西現今地域的大型歷史文獻叢書，分「著述編」「史料編」「圖録編」。每編之下項目平列；重大系列性項目，按其項目規模特徵，制定合理的編纂方式。

二、「著述編」以一九四九年十月一日前山西籍作者（含長期在晉之作者）的著述爲主，兼收今人有關山西歷史文化的研究性著述。

三、「史料編」收録一九四九年十月一日前有關山西的方志、金石、日記、年譜、族譜、檔案、報刊等史料，以影印爲主要整理方式。

四、「圖録編」主要收録一九四九年十月一日前有關山西的文化遺産精華，包括古代建築、壁畫、彩塑、書畫、民間藝術等，兼收古地圖等大型圖文資料。

五、今人著述采用簡體漢字横排，古代著述采用繁體漢字横排。

《山西文華》編纂委員會

出版前言

山西晋南地區位於黄河以東，古稱河東。域内中條山北麓有山西省最大的湖泊、世界第三大硫酸鈉型内陸湖泊——河東鹽池，也稱解州鹽池、運城鹽池，今稱運城鹽湖，是中國開發最早的鹽湖。在古代，河東鹽池是納貢課税的重要來源，晋、陝、豫三省食鹽保障的主要基地。

「天下之賦，鹽利居半。」歷代統治者十分重視河東鹽池的阜財作用，設立專司，實行食鹽專賣，以收税利。漢代，於此置管理機構「司鹽」。唐代設兩地榷鹽使，宋代置提舉解鹽司。元代設都轉運鹽使司，首次以「運司」命名鹽務機構。至元二十二年（一二八五）設立陝西都轉運司，延祐六年（一三一九）改設爲河東陝西等處都轉運鹽使司。元代還在鹽池邊修築城池，名曰運城，此爲中國唯一鹽務專城。明因元制，在兩淮、兩浙、長蘆、山東、福建、河東分別設立轉運使，陝西行鹽地方隸屬河東管轄，稱爲河東陝西都轉運鹽使司。清代設河東都轉鹽運司，運使爲從三品，駐安邑縣運城。

明清兩代曾五次纂修《河東運司志》。第一次是明代嘉靖年間，詹榮纂《河東運司志》十七卷，已佚。詹榮，字仁甫，永平府山海衛（今河北省秦皇島市山海關區）人，嘉靖進士。歷任人同巡撫、兵部左侍郎。詹榮還纂有《山海關志》八卷。

第二次是明代萬曆十九年（一五九一），蔣春芳纂《河東運司志》，僅輯解州、安邑兩地，附載夏縣，已佚。蔣春芳，字實伯，山東益都人，萬曆進士。曾任河南道監察御史。萬曆十九年（一五九一），任河東巡鹽御史，重修運城鹽池「池神廟」。後巡按淮揚，監察泗州，官至尚寶司卿。

第三次是明代萬曆年間，王建中續修《河東運司志》，與蔣志比，範圍大增，包括河東十二州邑行鹽地區，已佚。王建中，浙江平湖人，原任福建按察使，謫河東運判。

第四次是清順治十七年（一六六〇），馮達道纂《重修河東運司志》，義例基本遵循王志，略有變通，已佚。馮達道，字惇五，江南武進（今江蘇省常州市武進區）人，順治進士。歷任陝西漢中知府、河東鹽運使，所至皆有政聲。馮達道重視地方文獻，還纂有《漢中府志》六卷等。

第五次是清康熙十年（一六七一），張應徵在馮志各篇之後，按類續增順治十七年（一六六〇）以後各事，並補作一序，成《重（新）修河東運司志》。張應徵，山東人，曾任雲南府知府，康熙九年（一六七〇）任河東陝西等處都轉運鹽運使司兼管鹽法道運使。張應徵稱馮志「義類犁然，衆有悉備」，故篇目、主要内容均一本馮志。該志一般著録爲馮達道編，張應徵增修。

《重（新）修河東運司志》體例完備，内容豐贍，詳細記載了鹽運司所轄境域之鹽政、風土、建置、人物、藝文等。與雍正《敕修河東鹽法志》重於鹽法、乾隆《解州安邑縣運城志》偏於一隅相比，《重（新）修河東運司志》可謂是河東運城全志。該志十卷，卷一圖考、建置、星野、山川、城池、鹽池、渠堰；卷二鹽法；卷三制敕、鹽臨、職官、宦蹟；卷四學校、師儒、選舉、秩祀、風俗、武備、災祥；卷五帝王、名賢一；卷六名賢二、闕德、流寓；卷七疏議；卷八至卷九文苑；卷十詩賦。志前「圖考」繪圖七幅，分別爲：「行鹽三省總圖」

「池廟總圖」「運城總圖」「池堰總圖」「巡鹽察院圖」「運司公署圖」「文廟儒學圖」「育才館圖」。每圖均有詳細文字説明。除前三卷與河運、鹽業直接相關外，其餘可視爲司情、地情之實録。

馮達道在《重修河東運司志》序中，提出了修志有「三易四難」的著名觀點。「三易」包括：「天子不稱制以斷，宰執不秉筆以裁，撓掣無人，注塗在我，一易也；地邇則邊幅，有所必循，職專而蒐討，不容旁獵，條例顯設，編摩夙成，二易也；營私無斗米之乞，畏咎無百口之憂，參考傳聞，便垂實録，三易也。」「四難」爲「敬慎之難」「詳覈之難」「審定之難」「裁製之難」。馮達道在早期纂修的《漢中府志》序中，還清晰辨析了方志的價值，提出志則在於「紀變也」，並以一個地方官員和學者的眼界，指出方志的價值在於服務爲政者備治一方，期望後來繼修府志者「有與立計、有與定心、有與爲提呼」。所有這些理論闡釋，不僅體現出自覺的史鑒意識，而且成爲推動清代方志理論發展的可貴思想，在中國方志史和方志學研究上具有重要意義。

《重（新）修河東運司志》初刻於清康熙十一年（一六七二），兹據原刻木影印，定名爲「重修河東運司志」，收入《山西文華》叢書。此次通過科學影印，使得這一清修著名河東鹽志再行於世，推動學術，嘉惠學林。

董劍雲

二〇一八年十一月

目録

第一册

第二册

第三册

第四册

重修河東運司志序

史括乎寰瀛志局乎疆畛雖廣陿殊量哉要以統名彙實羅古今于一覽其義同也兩者相較志有三易亦有四難夫志一所司事耳

天子不稱制以斷宰執不秉筆
以裁撓掣無人注銓在我一
易也地邇則邊幅有所必循
職專而蒐討不容旁纖條例
顯詮編摩夙成二易也營私
無斗米之乞畏咎無百口之

憂參攷傳聞便垂實録三易
也雖然藏書石室志在春秋
在官言官何關衮斧門掾可
供繕寫紛紜似記暑酤則敬
慎之難採風未駕于輶軒遴
席空煩乎握槧慨九原之不

作問芻牧以俱瘠而況玉步
已改鋒鏑頻仍豈惟奴子無
徵抑恐周官有關則詳覈之
難大端攸繫保無異同小小
抑揚兼存直諒或一事之談
有訕有諛或一人之身作賢

乍佞含毫復闍安所取衷則審定之難一曲三唱端冕者臥矣片語可了而刺刺不休又誰能聽之數見苦其不鮮沓拖何如短掉則裁製之難達之為是志也初調易而穀

爲以承漸覺其難久而覺其
甚難汗悚蓄胸之不暇本乏
史才妄欲補前喆所未逮豈
非不自量之過哉及乎餡池
以觀乃慨然歎曰此教我以
志之之道者也風行水上烟

火絕而珠琲生何其逸也眭而灌之旣暴之以炎曬復沃之以冷泉又何工也暑路霜飛皚皚彌望一何潔也其茸如飴大庖之所珍一何腴也捆載積藏萬億及秭又何贍

也若夫霖雨多則凝沍者亦灘然而敗鹽甚惡乎濫也客水入則主水失位而不敢與爭鹽甚惡乎冒也限晷而速取盈則苦惡不諧于口鹽甚惡乎率也顆粒成矣和之以

砂礫鹻硝則大商小賈皆折閲盬甚惡乎麗也夫志也循前槼則逸謀新搆則工尊本色則潔益之以芳潤則腴索之而諸有畢備則贍因而從乎簡直以除濫清其源流以

杜冒多其鍊治以避率歸于質實以汰麗非史也不猶存史之意與故曰此教我以志之之道者也黽勉從事粗成一編雖其形近似或將蔦歟俱陳而厥味無多難與縹醪

並薦聊堪代匱僅勝于無云
爾抑余更有說焉夫周禮則
亦姬公所以志六官也其于
鹽鹽人掌之以共百事及王
之膳羞而已地必有賦雖園
廛漆林亦賦惟鹽不賦詎惟

周漢自武帝以上唐自明皇以上官無禁爲漢始于孔僅唐始于第五琦最善其事者莫若劉忠州忠州之筦鹽課也初年入錢六十萬貫季年十倍而人無怨苦後世以爲

矣談嘉靖之世遂有細人從
而慕之剥膏脂以豐歲入自
謂大有功于國計按其歲入
之數為官耶為私耶當時之
民怨耶否耶前者作俑後者
効尤日引月長而天下遂瘠

脊多故故曰自古言利之説
非一大端不出于加賦理財
之術非一大端必不出于加
賦
皇朝丙申之制衡多寡而得其
中敬而守之萬世無弊諒無

取約束而紛更之者竊願自
今以往載筆者流雲興霞蔚
太平有象踵事增華獨于額
引額課則大書于冊曰如前
制廣而他省之志鹽政者亦
大書于冊曰如前制廣而志

司農有藝之征徧及四海者亦大書于冊曰如前制允若茲則一統鹽長之胙宜止世三十年八百而已哉夫爲鹽也志者即爲國也志罷罷愚秉敢告司帑

順治歲次庚子嘉平朔日

賜進士第奉

敕總理河東陝西都轉運鹽使

司運使行道臣事前陝西漢

中府知府戶部福建淸吏司

郎中晉陵馮達道謹書

重修河東運志

續志序

書之無關於國計民生者譔著徒勞修明罔裨昔人比之塵飯塗羹直以土苴視之可耳若夫職效一官與釐攸寄其有繫於國計

民生諸事勤思紀述以備觀考則慮深而及遠先之既不畏其煩繼之當不嫌其複也余於庚戌夏杪來任鹺事鞅掌之暇展運志讀之知晉陵馮公編次於

庚子之歲義類犂然衆有悉備披文晰意而畱心規制之大指恍從字櫛句比之間揭所重而告我矣亦烏容擬議於其後哉但理道盈虛易稱變動而人事

遷流不無益易若接踵者
不爲載筆以續貂幾何其
不閲久而因循姑置乎於
是計庚歷壬十有三載誌
中之無所更加者不敢漫
爲添足至若行鹽有改易

之區選舉增蔚興之彥以及繡使遞新職官迭任楢驂而理修葺文苑而長菁華諸條之宜列於志中者亦何能泄視無關而不及時以竊補乎爰續篇章亟

付剞劂謂之蘭葩合臭頡頏前集之備則余謝弗遑也如曰仰止先型共幾解皐以進視萬年有道之長則余亦兢兢自志也云爾

旹

康熙十一年歲次壬子菊月
上浣之吉
欽勅總理河東陝西等處都
轉鹽運使司兼管鹽法道
運使前任雲南雲南府知
府清淵魯漕張應徵謹續

修志偶述

志運城者弗遑旁及故直指元軒蔣公止轄解安兩屬而夏縣本安邑境亦附載焉運判褒羽王公續脩廣羅十二州邑著矣然與其遠而略又不若近而詳茲刻一遵原志義例小變通之而不敢有加若夫汰舊益新不無僭妄續貂貽誚其何說之辭

蔣公原志藏板遺失大半幸民間猶存善本購而得之頗用愜心而王公續刻板既失傳四出訪求卒無完帙故自萬曆中年以後一

切因革損益極費探討耿耿苦心讀者或能

垂鑒

志運司則鹽法其大端矣故志中尋源索委亹亹詳言之遂獨專一卷而尊國法剔時弊軫民艱慰商困之意不免私憂過計情見乎辭至渠堰池垣鹽之大利大害也大書不一書比於孫思邈陸敬輿之集録古方資治療者討論云

呂涇野先生解州志志正德以前事也曹真予先生安邑志志萬曆以前事也兩先生人

倫水鏡故前朝人物皆以兩先生論定者爲準後此則採之家乘質之輿評必的然可據始爲命管將来見聞所得仍當續入固不敢吹毛而失之刻亦不敢捕影以近於誣識者亮焉

舊志載名宦簡而核稱實録矣以管見所闕則今續祀于衛民祠者尚有十數公公論允孚而不爲立傳亦大闕典也近年来監臨之使筦鹾之長貳類多聲實茂隆足輝毘呂當與薦紳先生父老子弟考其事蹟務取至當

乃彙古今為一編續刻以行蓋傳三國者缺
儀廙而或以為非詠五君者略山王而或以
為是一揚一抑豈易言哉境内名賢凡私淑
者悉登親炙者有待亦此意

疏議悉關鹽法固矣有今昔咸宜者有宜于
昔不必宜于今者然苦心至計不可沒也酌
而存之供考訂焉若連篇累牘一事疊陳如
爭開歸禁奏討等說前朝往事存其一足矣
無取布穀瀾翻也詩文之選尤戛戛其難之
蓋選詩文以入志即與名家專集不同如謂

懸書足重不問其關切地方與否而一槩均
收則董澤之蒲可勝既乎
選舉志專録其出自運庠者例也而薦紳見
住運城有請正集思之益即非運庠亦宜表
其姓名舊志載例貢甚詳顧併他庠者雜出
於其間則蒼素淆矣且近今者未遑悉考姑
置爲原志續志皆不載武途世蔭亦姑置爲
統俟博訪其詳補入以成大觀若云妄有所
左右則張廷尉獨非貲郎郭令公獨非武科
李太尉獨非任子乎

不慧人在下中金根末辨况簿書徽纆風雅全隳漢志已不足觀何敢復言著述祇以涖任之初索志不獲深懼運城要地文獻無徵不揣蚉負慨然任為己事而同寮敦趣與人引領孰又不可以緩兩閱月之間三易稿而就雖矢懷矜慎顧紕繆必多觀者憫其勤而原其拙并教戒以所未逮則厚幸矣

斯志也賴同寮二三君子翼贊之力居多而少宗伯呂太史公時有所指授解州馬守雲騰署篆劉州同裕國安邑白令意夏縣丘令

宗文皆與聞斯役至于廣搜碑版彙訪事蹟則運幕陸舜臣許彭年運司學職張養秀李昉生張繡解州學職申弘謨張一卿安邑學職楊丕烈張鳴陽夏縣學職陳我志也監刻則大使倪起芝也諸生胡未恭其私志亦有足採法得備書

天道十年一變人事亦然斯志也藏板本司

命典守吏加扃鑰焉所望後之君子凡十載一增修之則力不勞而事易舉齊人有事于泰山必先有事于配林晋人有事于河必先

有事于滹沱斯志也其亦配林滹沱之屬也

與

達道筆記

重修河東運司志總目

新修河東運司志卷之一

晉陵馮達道編次
遼海朱之瑞
恒山魏櫆祥
荆南孫開祚同訂

圖考

解池隸山以西而行鹽之地直跨雍豫亦何邇封之有誠欲不出戶而知方輿尺幅之內有萬里爲遥者焉至於池堰城垣官司學舍皆令炳若丹青以便稽覽作圖考

石人山
太白山
商州
鄧州
秦山
兵勢山
漢中府
天壇山
陝州
華州
隴州
終南山
西安府
鳳翔府
涇河
邠州
黃河
同州
耀州
乾州
九峻山
甘泉山
鄜州
綏德州
延安府
蒲州
河津縣

圖
鬼谷山
南陽府
梅山嶺
洛河
河南府
孟津縣
北邙山
中嶽嵩山
馬武山
潞安府
懷慶府
孟縣
平陸縣
中條山
垣曲縣
王屋山
夏縣
鹽池
解州
澤州
沁州
太行山
遼州
安邑縣
運司
猗氏縣
絳州
孤山
平陽府
吉州
隰州
稷山縣

按河東鹺政總轄三藩西岀秦鳳東曁懷孟南通襄鄧北接代并幅員稱最廣云隆慶間鹺海不花因畦而種之苦惡不可食民用不堪私販蠭起而開歸遂隷長蘆額地割而額亦裁商力易辦也國課易盈也微式廓奚損爲惟進鹽一加助工助餉又加乃眷眷苦剥膚而議者徒咎割地是贅說也畫疆旣久

清興因之不變當事者亦惟馬力是卹乎毋煩與考工氏爭尺寸于軫輿間矣達道識

池廟

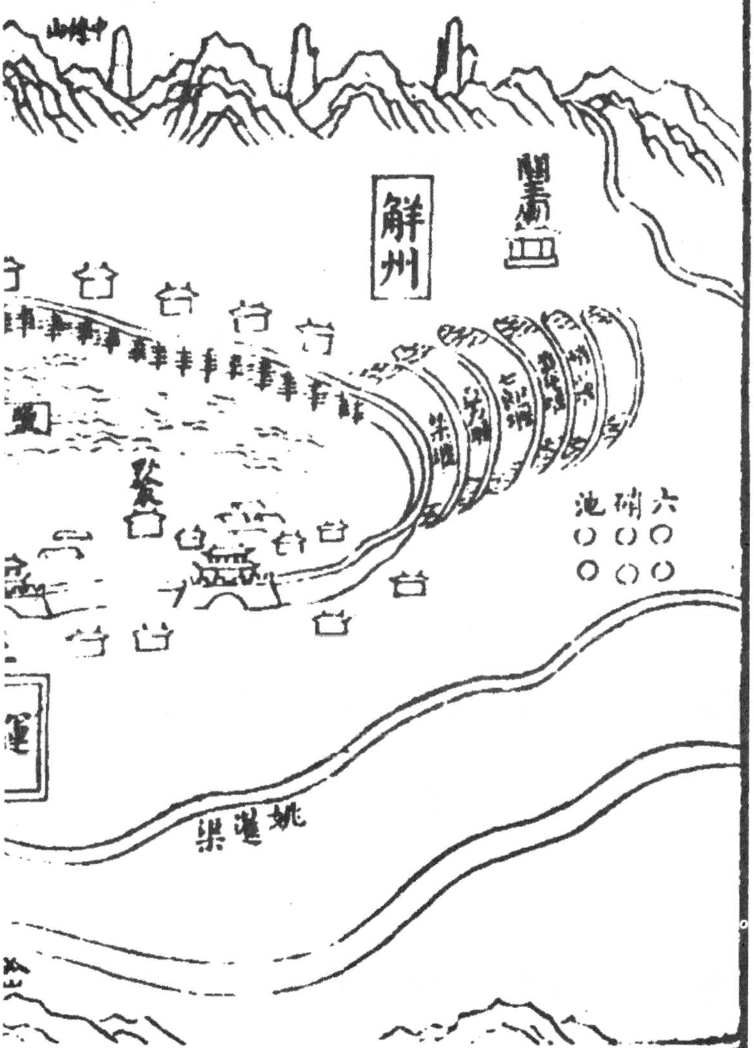

總圖

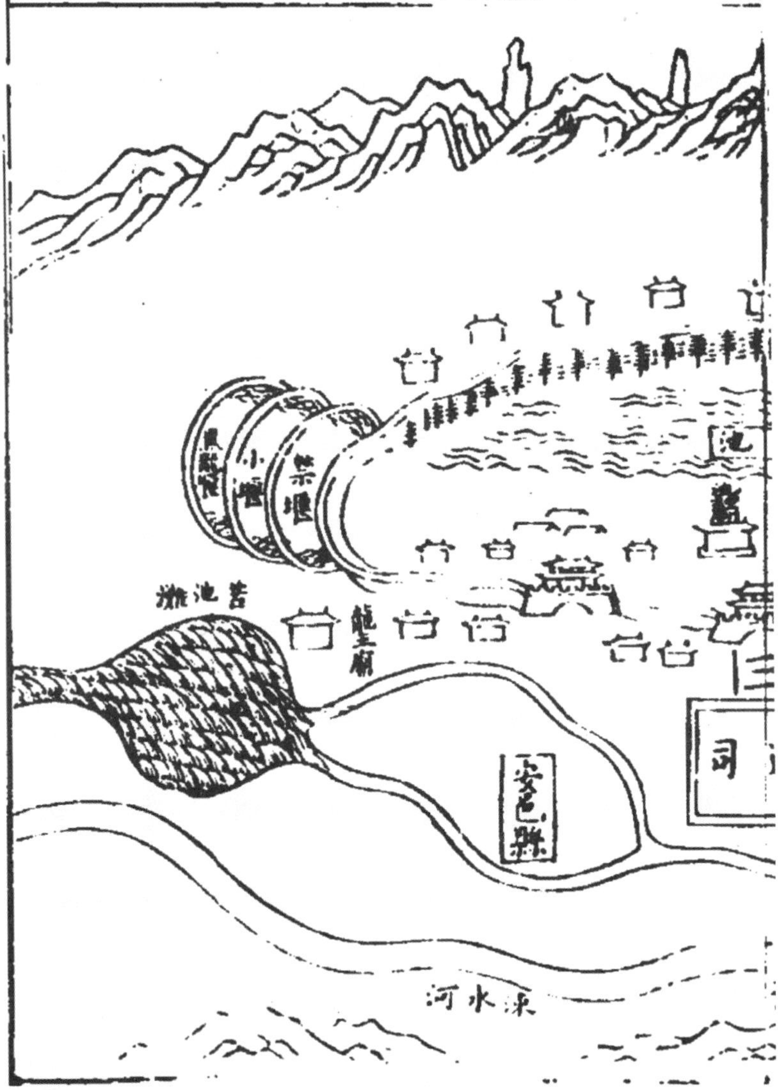

鹽池當中條之北麓西據解東距安邑廣六
十里袤七 里鹽額遞有贏縮今定為四十萬
引有奇所裨于軍國甚大歷朝崇廟祀以荅
神休禮也明萬曆間奉旨重新條山風洞與
池神三殿並隆
清興率由舊章饗祀豐潔所以報神者良厚則鹺
海效靈薰風阜物亦神之所以報
朝廷也予日望之達道識

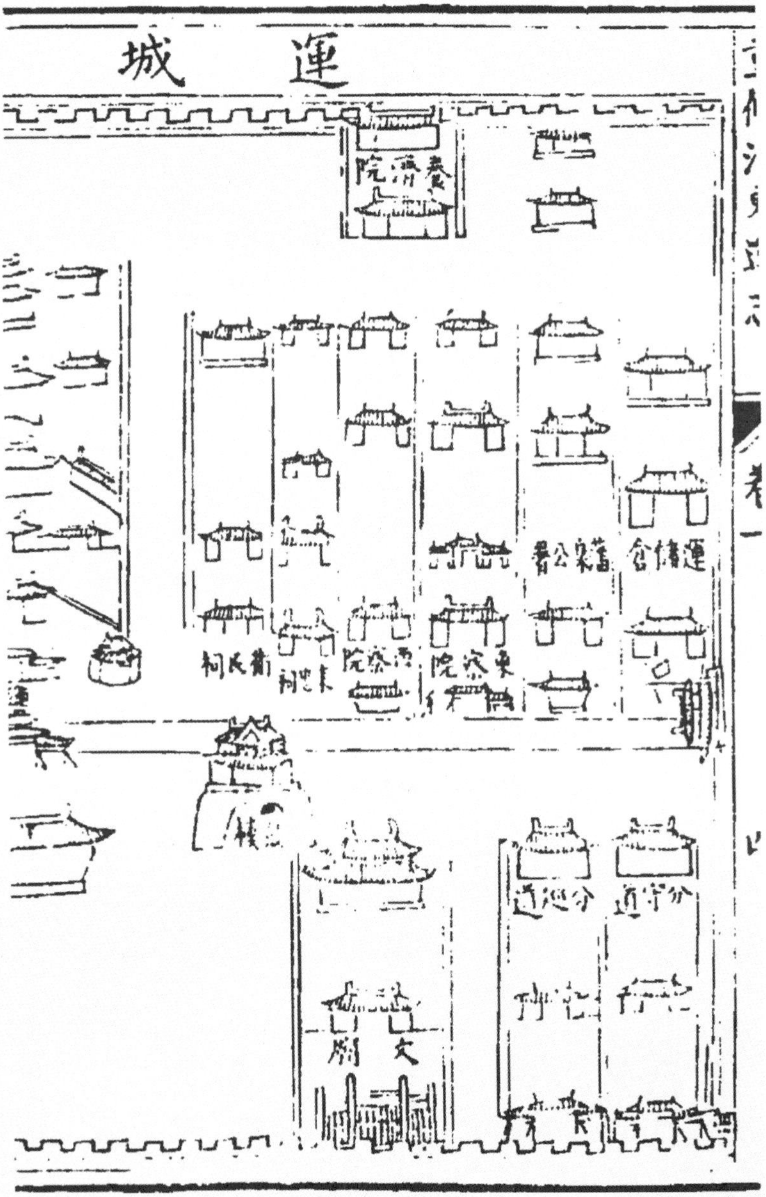
運城
養濟院
運儲倉
舊東公署
衛民祠
西察院
東察院
分巡道
分守道
文廟

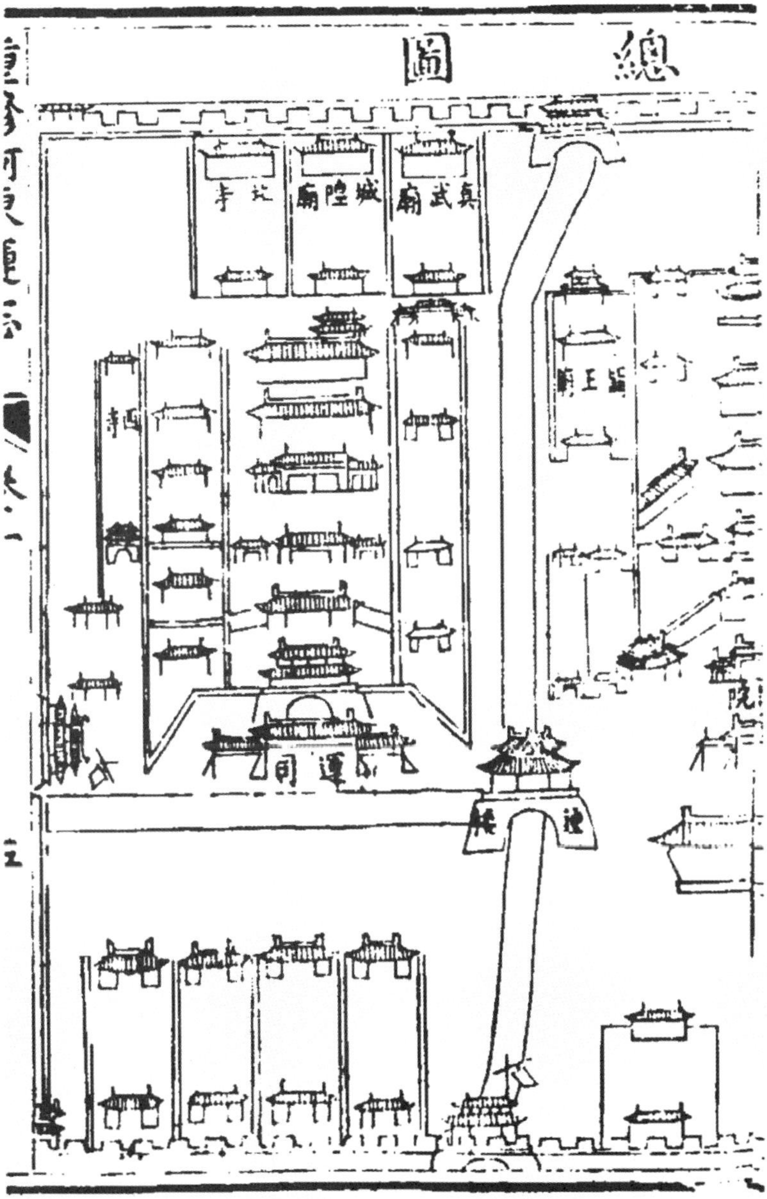
總圖
真武廟
城隍廟
運司

運城古路村地今爲河汾間一都會矣屢經兵燹以後大損膚摩轂擊之盛十年生聚繼之以强教庶其光復前休乎登其城百堵在望問誰襄事則維胡公克愼厥始惟盧公𥘉公余公克和厥中惟何公陶公舒公克成厥終金湯之埶慈不能隳奕葉以後民歌舞之矣達道識

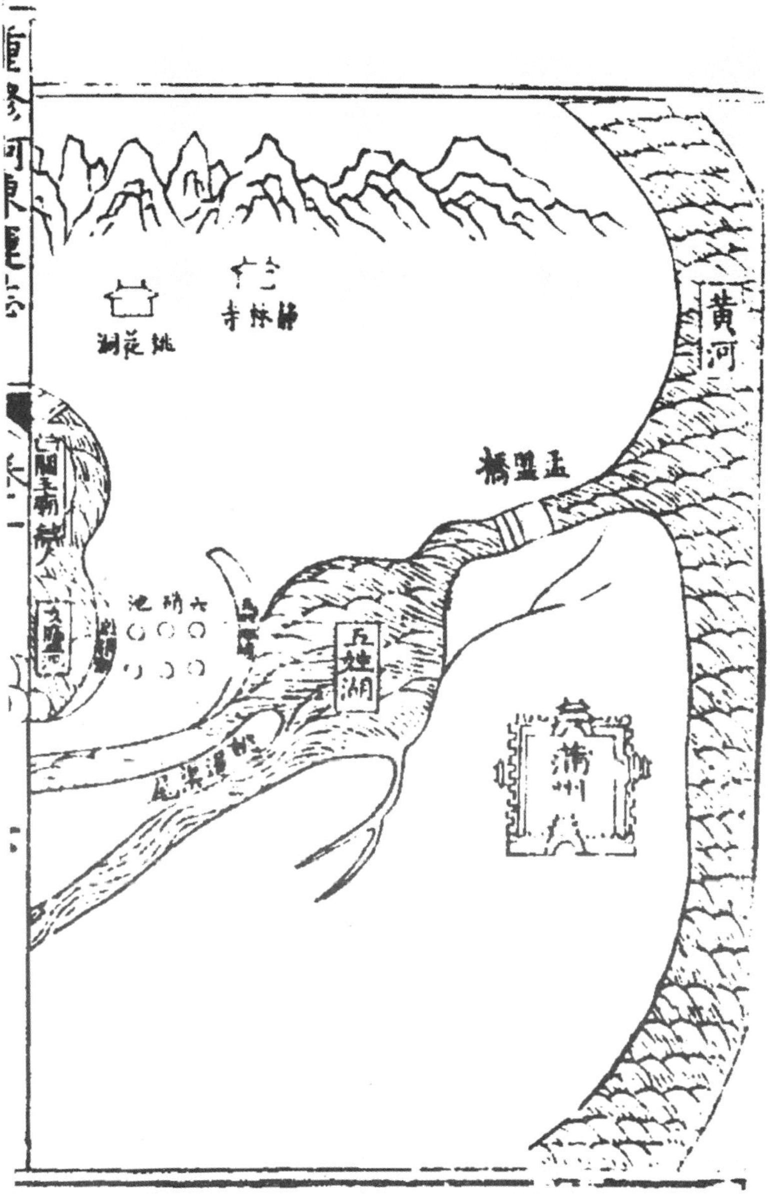
黃河
靜林寺
姚花洞
五姓湖
蒲州
六硝池

池堰

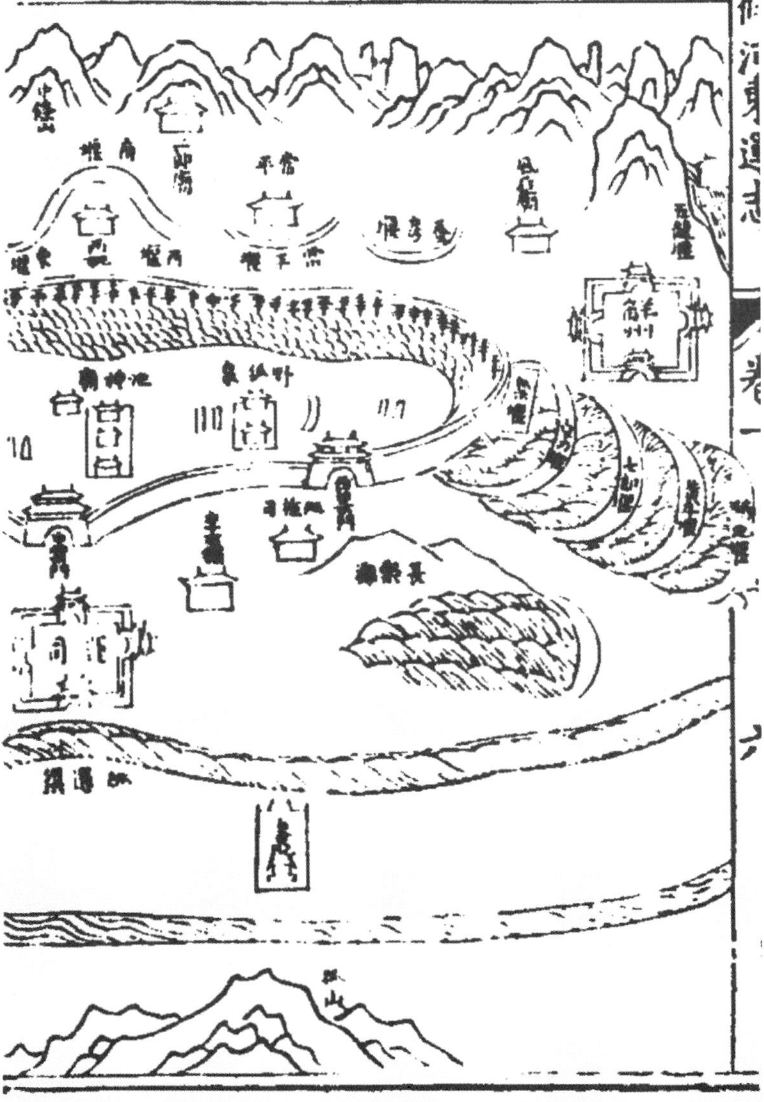

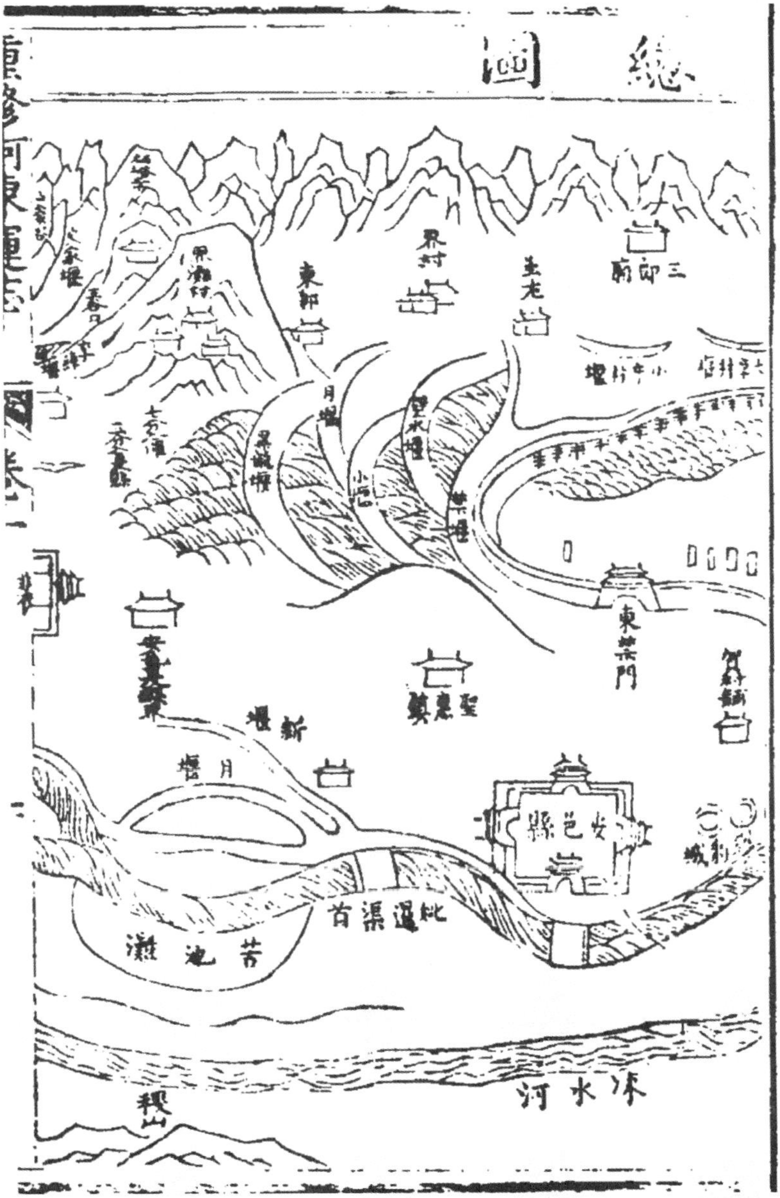
總圖
三郎廟
東郭
月堰
東禁門
聖惠鎮
新堰
月堰
安邑縣
姚暹渠首
苦池灘
涑水河
稷山

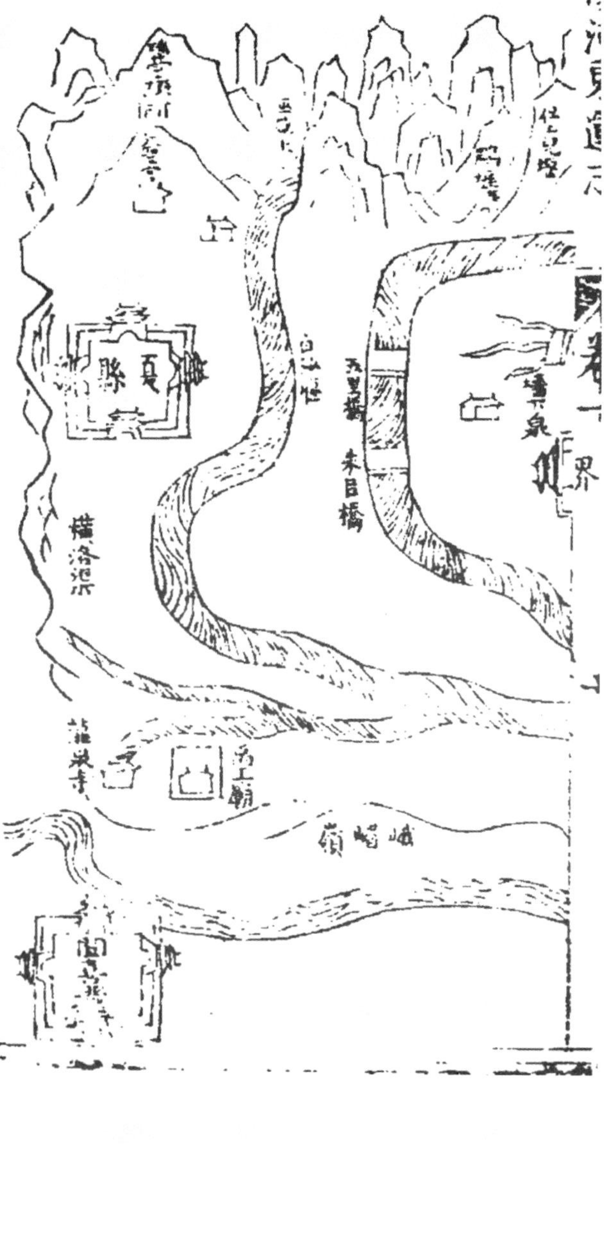

池之大患全在客水故環池遠近各因地埶築堰以防之其詳載于叙渠堰及渠堰志云

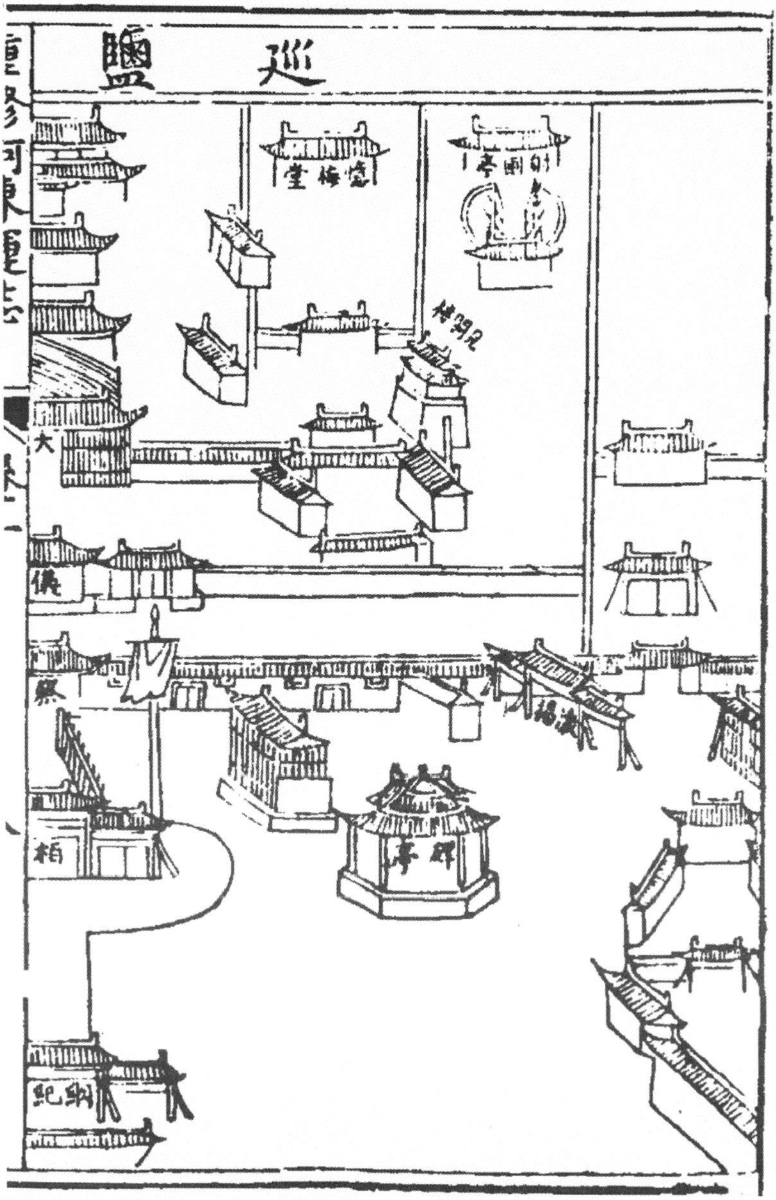
巡鹽
觀梅堂
射圃亭
碑亭
綱紀

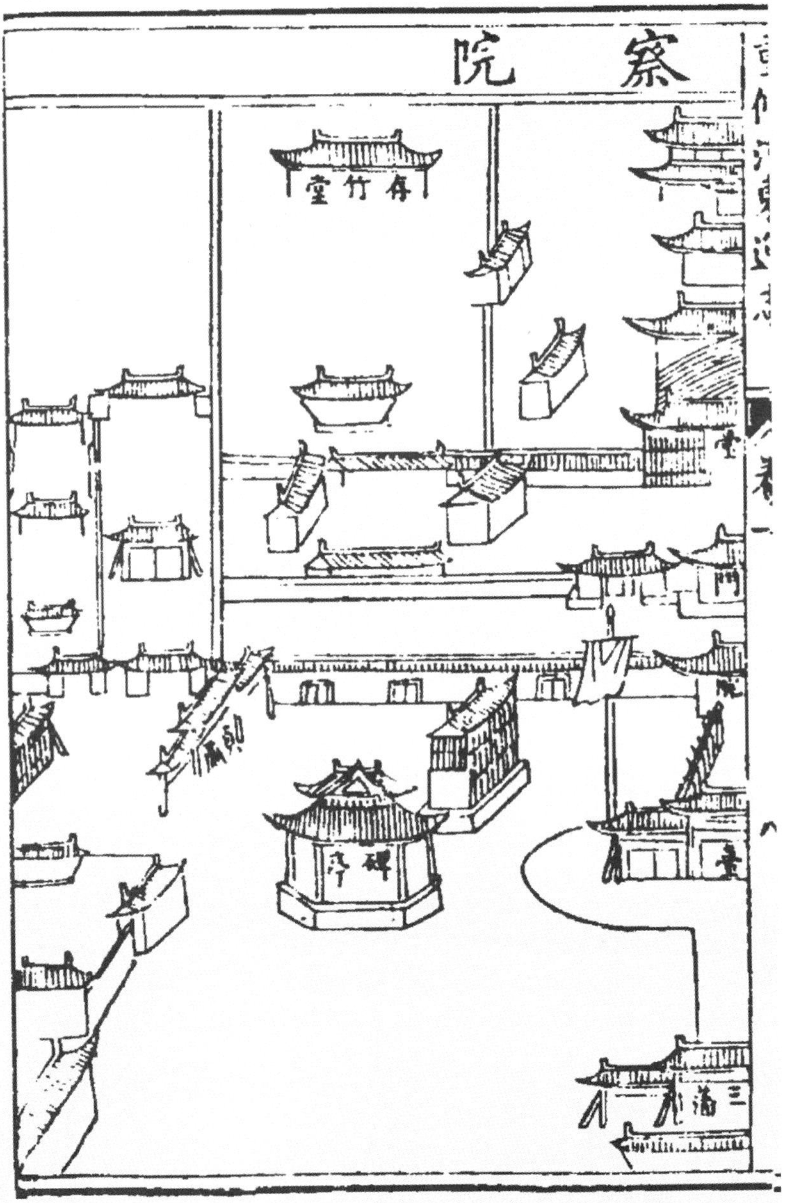
察院
存竹堂
碑亭

明初淮浙長蘆等處皆設監臨河東獨否止以分巡道攝之豈河東課少不足以煩直指與抑別有所見與御史張璡邑人也請令臬司副使僉事一員巡視歲一更未幾都運孟淮援例請于朝監臨之設自此始體統嚴重彈壓三藩而署在茲土以與池密邇也署邇池鹺司邇署拱稽鳴鐸警其耳鶴鄰犀渠警其目嚴霜烈日其敢不怵惕于迺衷達道識

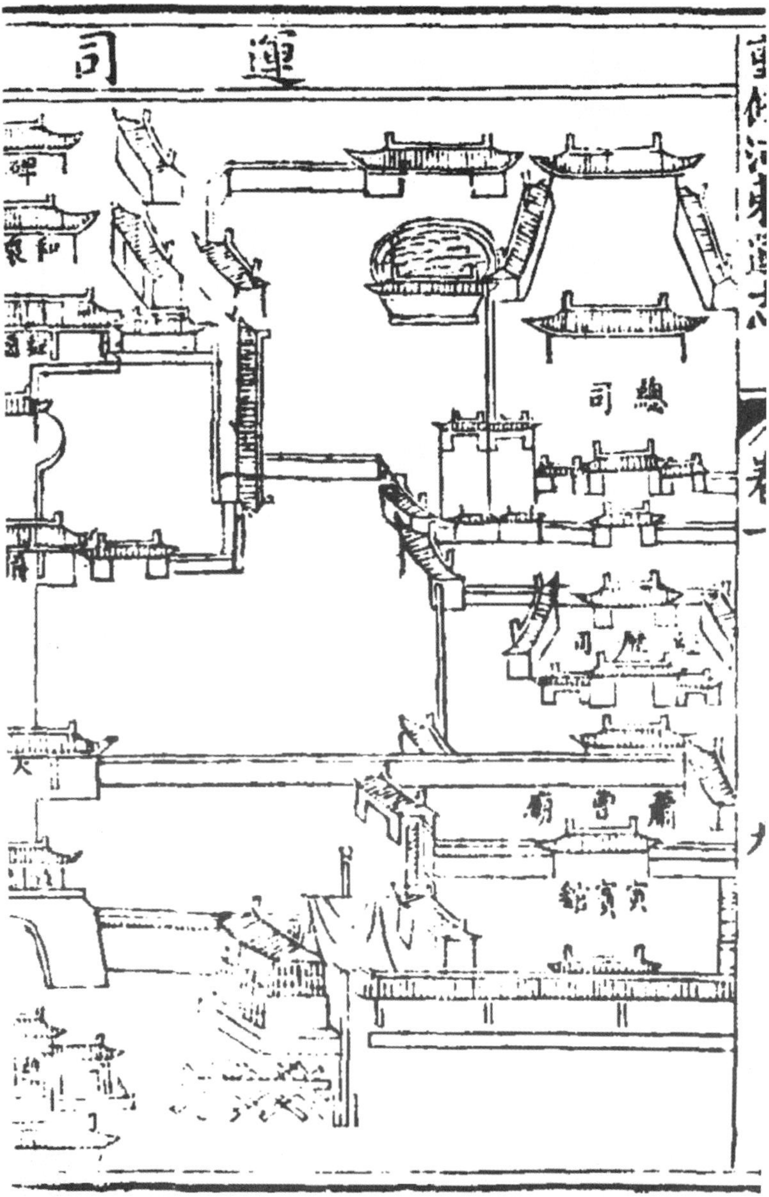
運司
總司
賓館

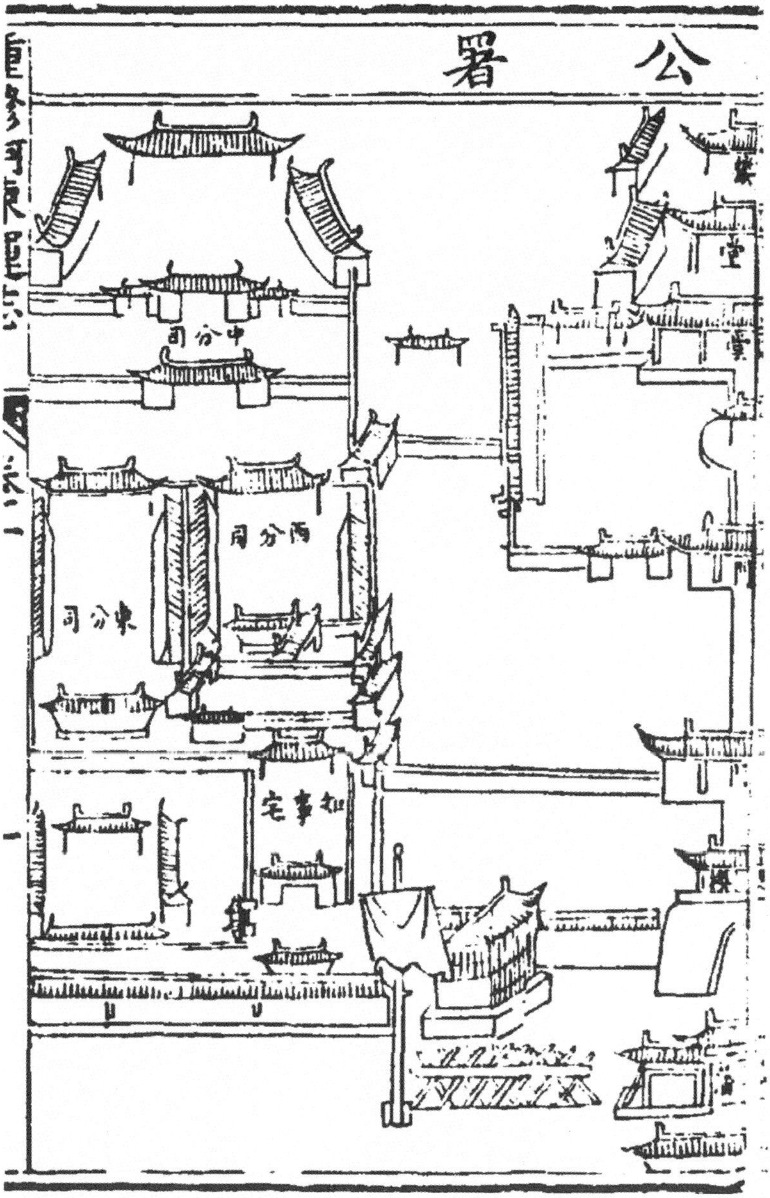
公署
中分司
西分司
東分司
知事宅

轉運使秩三品與大參相埒
清與加以
專勑重其事故重其官也三分司雁行相次各有
篆視郡寮貿絶烏即幕職亦具有體貌
國恩渥矣爰宅隩區而處之深而嚴肅而寬華而
不縟彼夫出聽事入退思者其傳舍視之乎
抑將砥礪清白激昂自表見以不負此竹苞
松茂者為也達道識

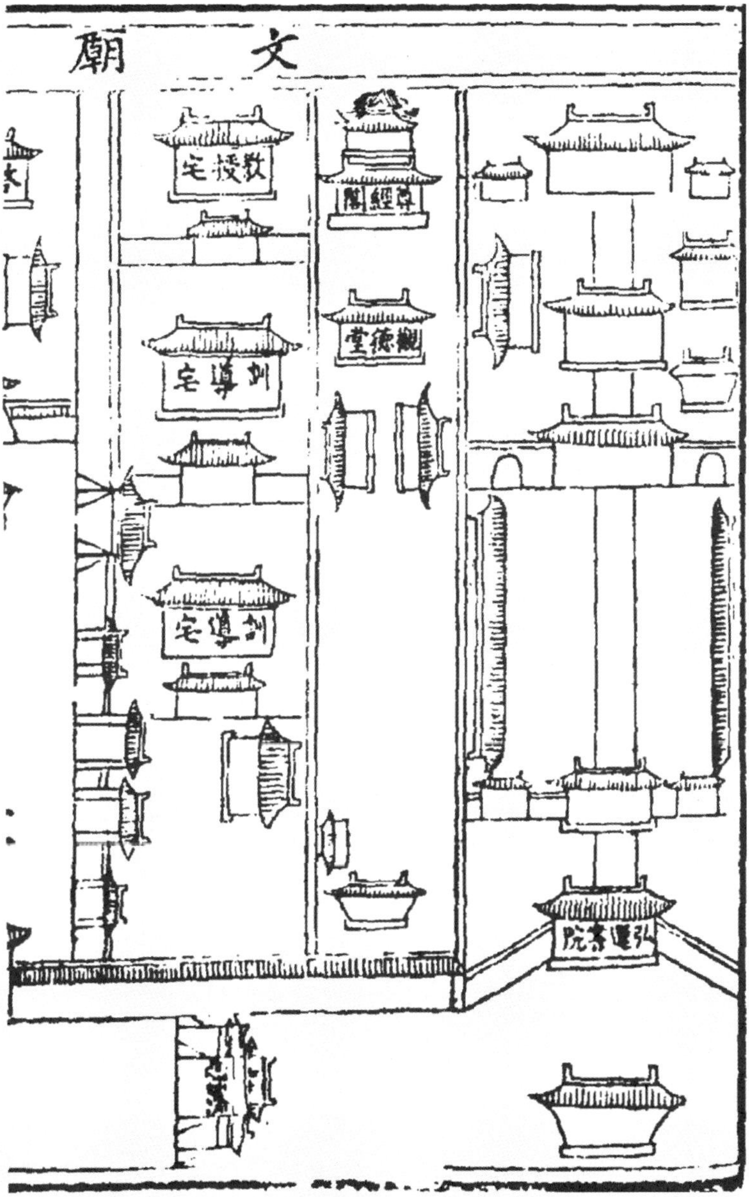
文廟
教授宅
尊經閣
觀德堂
訓導宅
訓導宅
弘道書院

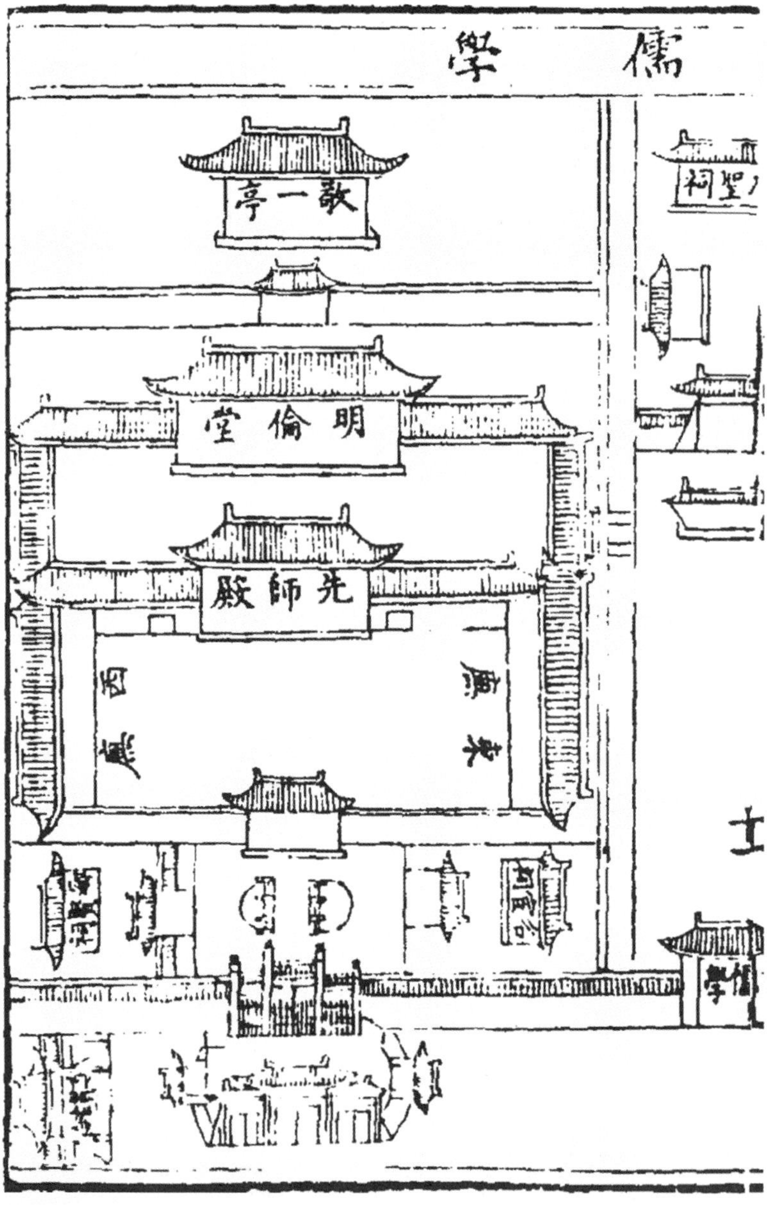
儒學
敬一亭
明倫堂
先師殿
東廡
西廡
儒學

運司無學獨河東運城專設一學始于明初章皇帝時從運使韓儒之請蓋異數也制度與郡庠等至直指周公置樂器朱公置典籍規橅日益盛而鳩工繕修者又不一其人迄今稱奕奕焉居是邦也遊斯地也其有偃仰青氊撤皐比而不御吾以責司鐸之官其有倡狂城闕湫碑訓以如遺吾以責披衿之士若乃朔望瓣香二仲薦蘩以外一切置不問哆然曰吾知醝海焉知頖池嗚呼此誰之責哉達道識

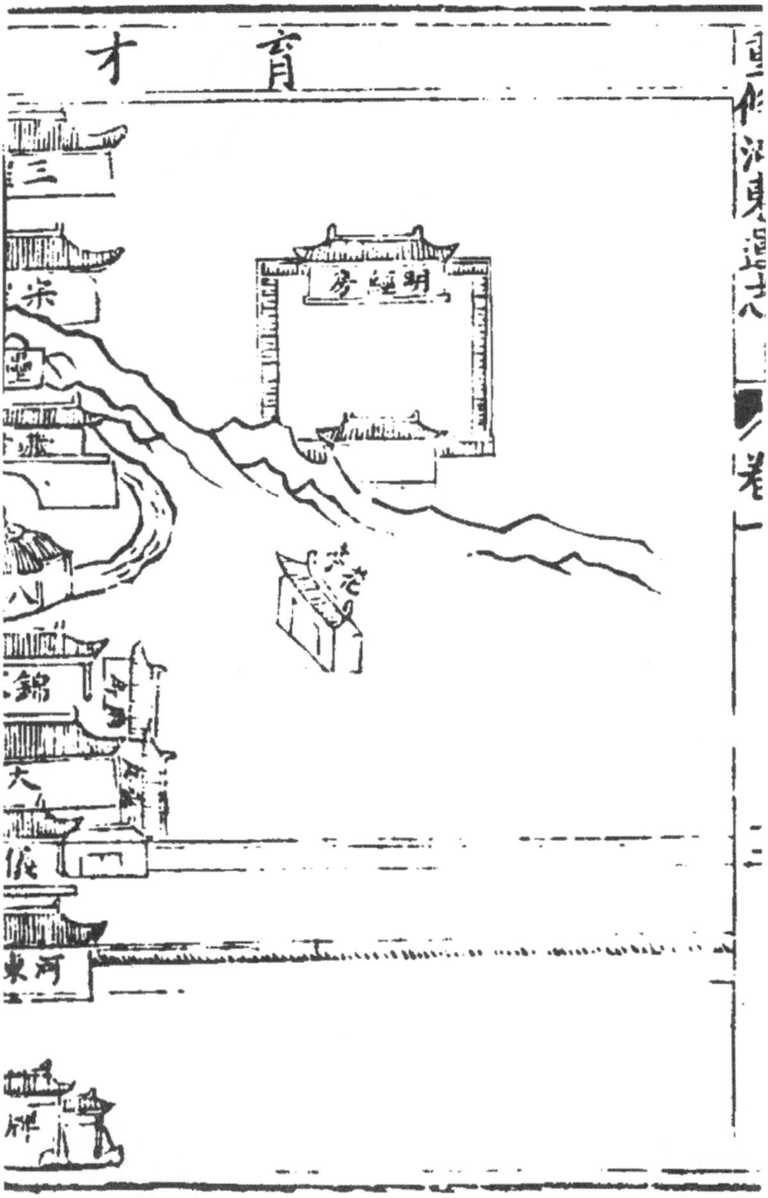
育 才
明經房
三
宗
錦
大
河東

館圖

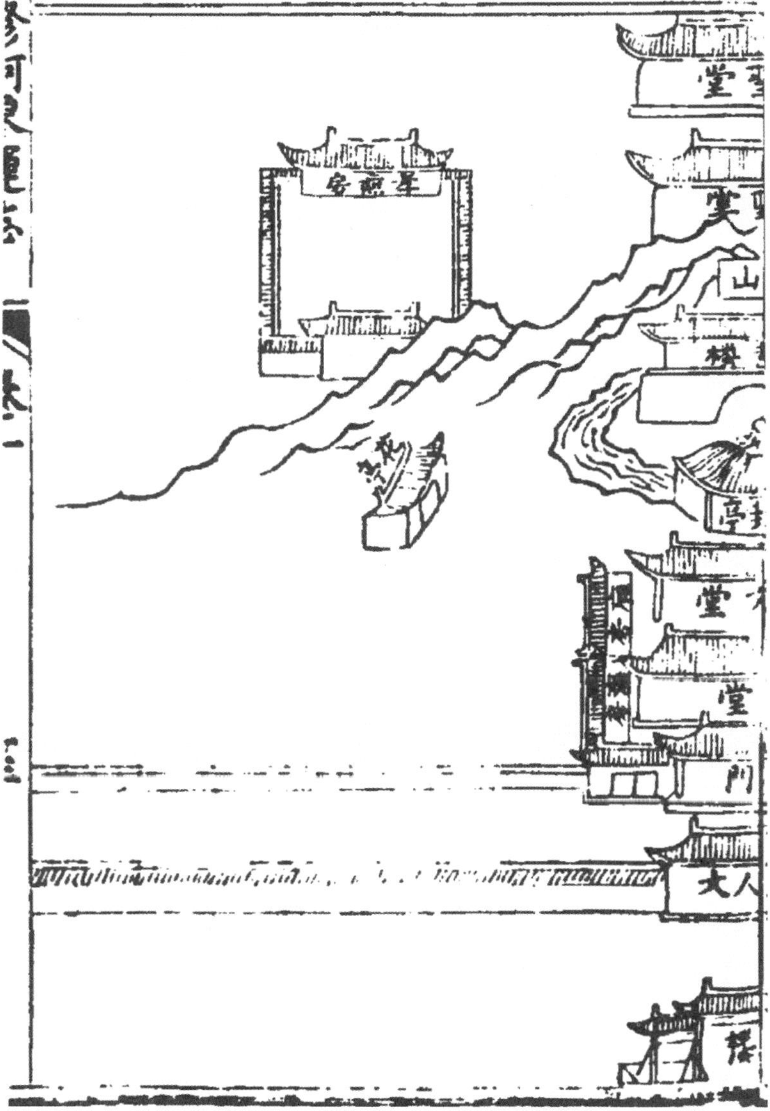

育才舘河東書院之遺也萬曆初錢爲江陵
烈熖所燼運使豐城李公倉卒間建　三聖
殿于中爲杯水之救幸而免至直指吉水李
公乃擴其湫隘使可避風雨陳俎豆焉又以
號舍星稀增建廂房于左右隙地使孝廉茂
才肄習有所蓋甚盛心也夫鵞湖鹿洞之設
謂僅資課誦乎抑更有進焉者乎濟濟多士
才不才亦視其所以育之者而已矣達道識

建置

運城處解州安邑之中古冀州地唐虞夏启時協和風動何其盛歟周衰三晉分裂卒并于秦漢唐以来代有沿革要以國賦所從出顛末不可不詳叙建置

周武王封第十五弟于司治西北爲郇城春秋屬晉魯僖公三十四年正月晉公子重耳圍令狐二月晋師退軍于郇以公子瑕宣撫之故名郇瑕魯成公六年晉人謀去絳諸大夫皆曰必居郇瑕氏之地沃饒而近鹽西南八十里封畢

公高之後爲魏春秋時晉獻公滅魏以其地爲
解賜大夫畢萬秦穆公取之封非子六代孫陵
爲解邑君文公復取爲晉地悼公以賜畢萬孫
魏絳威烈王二十三年魏與韓趙共分晉地徙
都安邑戰國時秦滅魏併其地楚漢紛起項籍
欲取梁徙魏豹爲西魏王王河東漢爲河東郡
領縣二十四晉分冀州爲二十九郡河東仍舊
領縣九後魏兼置東雍州孝昌中改唐州建明
初又改晉州置總管州仍爲郡隋初改平河郡
唐武德初分爲晉絳蒲隰慈五州置總管府天

寶祐改平陽郡乾元初復爲晋州宋屬河東路
後改屬陜西路金宣宗貞祐中改寶昌軍又爲
豐寶興寶二軍兩池舊置官八員置榷鹽院于
解守貳領之設制置使總其事元改晋寧置轉
運司于京兆時姚行簡爲解鹽使遷路村即今
治延祐間更名聖惠鎮罷運司置從宜府于京
兆後復河東陜西等處都轉運鹽使司至元間
監榷官吳從仕復遷于解後運使那海德俊仍
遷聖惠鎮明朝因之但除等處二字
清興如舊東北至

京師二千里山西省城一千里平陽府三百里安邑縣十五里南至江南省城二千里平陸縣一百里東南至夏縣六十里西至解州四十里蒲州一百六十里陝西省城五百里西北至臨晉縣一百里猗氏縣五十里

韓獻子之言曰近寶公室乃貧至哉言乎然設法施禁權在上而惠及下何必郇瑕氏之墟非天府也運城之建取其近寶不侵他官他官亦不得而侵之有沿無革雖百世可矣

達道識

星野并圖

周禮保章氏以星土辯九州之地所封封域各有分星以觀妖祥運城當晉魏之交則晉魏分星運城亦共其休咎焉叙星野

周禮注云觜觽參益州晉分疏云觜觽參伐實沈也魏益州分野河東及河曲皆東井之分參伐為戎索當河東盡大夏之墟帝王世紀云白畢十二度至東井十五度實沈之次晉魏分野漢志云魏地觜觽參之分野唐志云河東古冀州之域為實沈大梁之分寰宇志云平陽觜觽參之

次天元玉曆森羅記云觜觿參實沈之次屬益州晋之分野大明一統志云平陽府其星觜參其分野為晋而燉煌所刻天文圖説直列平陽之蒲解安邑為觜參之分野則尤的然較著云

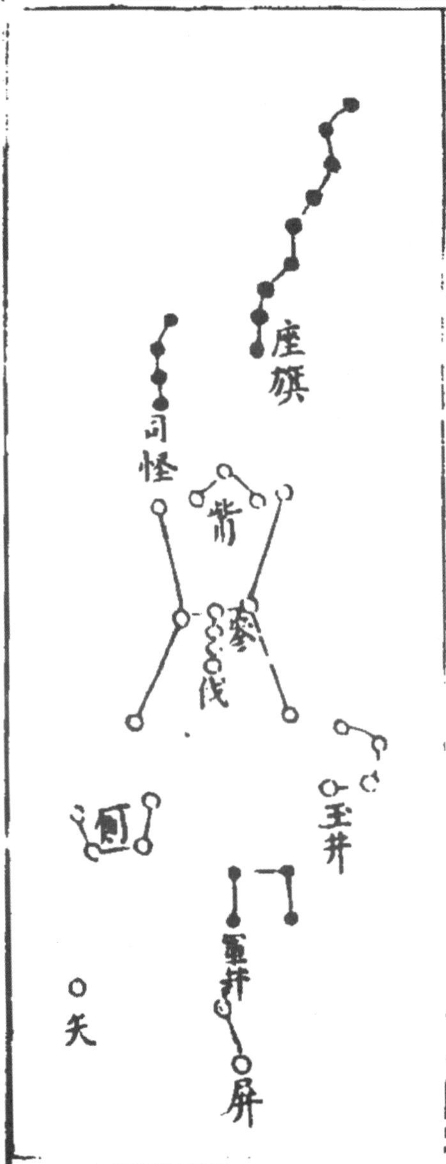

按星野之說互有異同大都不離乎周禮者近是九州各有星土因觀其贏縮圜角以卜妖祥超舍而出為贏贏為客晚出為縮縮為主人圜角則星之王相休廢也光芒四射曰王內實曰相無芒角不動搖曰休黯然無光色曰廢更察歲星及彗孛所在屬何分野而吉凶判焉此其大凢也觜觿為河東分野傳載既詳鹽池之生耗媺惡運城之平陂隆替必于是乎考之竊惧侈口談天蹤于測驗無裨于詔救政訪序事之用故粗陳其說為觀

彖者諗云達道識

山川附古蹟

晋國表裏山河，河東允稱完固，魏武侯所謂為國寳也。四歲三釜，是不一姓，斯寳也其何以什襲藏之？吾不具論，論其關切鹽池者，叙

山川

中條山在鹽池南五里，西起蒲州雷首，延袤數百里，東接太行，南跨芮城、平陸諸縣，北跨猗晉、安邑、夏縣、聞喜。絕巘奇峰，層見疊出，正對運司南門，天然圖畫也。迤西有王官谷，東二十里有靜林寺，高峙翠微，古栢森蔽。靜林東十五里為

桃花洞昔人見洞旁泛桃花故名東上八里爲直谷嶺少東爲荻子谷又少東爲五龍谷在鮮池正南五里其東岫有石巖巖水飛灑而下俗曰石巖噴雪其巖上有酒島字谷口西上南十里爲横嶺即中條山脊東有峻迹五代漢防宋逃遁之路其下爲弓張溝又東爲堡子谷又東爲仙女洞亦名玄女洞其中積水成潭又名黑龍潭雩禱有應潭東十里爲犬虎谷谷中有将軍堡堡後有鳳凰嘴嘴西過連雲棧至横嶺有陽關寨寨下有膽礬窯其旁有百藥草又東南爲檀道山其下

為檀道谷中有盎漿泉渟涵不流東亦有膽礬窰路通河南靈寶涇津渡又東南為白徑嶺儁石壁立左右參天中不容軌亦名石門即秦敗晉師于石門殽又東十五里為分雲嶺嶺顛出雲東西分布世傳尸鹽澤者也稍西有風谷洞若半井桉葉即飛風出則飛沙拔木其旁又有鹽風洞洞口若盆仲夏應候風出其聲隆隆俗謂之鹽南風池水得此一夕成鹽其上有天井山谷口舊有風神祠又其東為車輞谷谷有銀砂洞禁不採又東為二郎谷嶺多古洞又東為虞坂一名

鹽坂俗曰青石槽在安邑東郭南（即晉荀息假道伐虢處）坂東為巫咸頂俗曰瑶臺項商相巫咸巫賢隱處孤峯峭拔蒼翠摩空下有巫咸祠旁有巫咸谷谷中有水亦名巫咸水（在夏縣東五里）又東十五里為椰谷唐陽城隱處又東二十里為鳳凰山其東為湯山上有湯廟下有郭璞書堂山亦産銅（在聞喜縣南八十里）湯山東為秦王嶺上有鎮風塔蚕姑廟又東二十里為盤盤山（在聞喜縣南五十里）又東二十里為紫金山又為鳳凰原由東而北為峨嵋嶺高二里形如峨嵋土厚宜五穀（在聞喜縣東）由北而

西為王鈎山在安邑縣東北二里狀如王鈎又西為鳴條崗即商湯伐桀地北為峨嵋坡東自曲沃西抵黃河其陽跨聞喜夏縣安邑猗氏臨晉榮河正運城北畀也又北為孤山下為安邑之相里又北為稷神山在稷山縣南五十里上有稷神廟后稷始播穀于此而山陽多夏縣聞喜之地又南為紫金山在池北二十里舊產人參峨嵋坡在池東五里鹽池北岸逍遙坡在運城西北四十五里為女鹽池北岸雷首山南迤東三十里為舜所耕之歷山在芮城縣北歷山東北三十里為青龍

洞洞有青龍泉旱禱必雨洞東二十里為茸橐山茸橐東十里為石鍾洞世傳石鍾煉士修道於此頂懸一石如鍾水注其下又東五里為清凉寺又東十里為娥英廟又東為虞芮二君祠下有讓田又東為吳山中條山之支（在平陸縣西北五里）其山高平上皆民田南麓有吳泰伯廟故名東為傳巖即殷相傳説隱處旁有聖人澗澗東十里則為砥柱峯又名三門在黄河中流其形如柱高二丈餘砥柱旁有老君爐東岸為積津西有禹廟又東四十里為箕山山峯高峻形勢頗

箕故名山下有許由塚清澗在箕山之南即巢父洗耳處東有白王竅號錫窩東北則為王屋山矣中條名谷峻巘不能縷析此其大都云

黄河在蒲津門外禹導河碛石至於龍門經河津滎河臨晋而来南流至華陰東折至芮城南二十里走平陸至底柱過孟津等處為逆河入於海縣北五里有太安池居民引以溉田餘流入黄河西北三十里有嬀汭二水在歷山下東西相距二里南流者為嬀北流者為汭合流入黄河即堯釐降二女處西二十里為蒲蔔澗南入黄河

其西北有地皇泉流經魏文侯故城合通澤泉亦可溉田伏流如沙少東有龍泉在古魏城中西北隅上有五龍廟旱禱必雨又東北有鹿跑泉一名靜深泉在中庄里平地上清澈見底大旱不减霖雨不溢有龍神廟居民引水溉田大抵諸水皆黄河之湧溢也鹿跑泉北三十五里有恭水源出耳棗山流入黄河北二十二里有奧祝泉在中條山北麓石巖流入相傳魏文侯自安邑率軍至此衆渴文侯默祝以鞭指之乃得泉故名東北三十五里有溼泉出中條山清

凉寺古洞中南入河一名洹澤黄河由平陸南三里東流五十里至砥柱三門磧津達于垣曲水經云禹因鑿砥柱山以通河三川既決謂之三門又舊石刻云南曰鬼門中曰夜义北曰人門縣北五里有三汊澗其源出中條山東西二溝流與澗合故名可溉田餘流南入黄河河東二十里有聖人澗一名沙澗發源傳巖南入黄河涑水河在聞喜縣南十餘步源出夏縣横嶺山西流經縣治南稍東合甘泉引為函渠西流經夏縣界西三十里即司馬温公所居地又西

至安邑縣北二十里又西入猗氏縣境南入臨晋五姓湖過蒲州孟盟橋入黄河是水舊經解州三婁里數爲鹽池患御史曾大有尊之使北去濇泉在安邑西南一十八里鹽池北百許步味甚苦冽俗謂鹽得此方成湧金泉出夏縣墻下村經流安邑陶村西入黑龍潭鹽澤得之則滷液生花有裨鹽池如濇泉

古蹟之可據者如運司遺址在解州崇寧坊又鎮山坊有鹽場舊址關壯繆故居在州東十八里常平村今改爲廟其先塋即在村南隸安邑

者帝舜陵在縣西北三十里鳴條崗之陽孟子謂舜卒于鳴條即此陵高三尺方廣四十餘步甃以甓古栢數十章皆大十餘圍内外地共百餘畝縣西里許有魏豹城魏文侯所築後魏豹居之故名縣南五里有韓信城信屯兵于此以虜豹者縣東南十三里有張良城今名張良村東南十八里有妻室城則金將妻室所築也縣南二十里距鹽池二里許有蚩尤村相傳黄帝殺蚩尤身首異處故别葬于此而其迹已泯關龍逄墓在縣城東北二里段干木墓在邑之上

段村衛瓘墓在王范里衛玠墓即在其西虞坂在縣東郭南三十里俗名青石槽晋人伐虢假道于虞即此地明侍御張士隆鑿道以通鹽車爲夏縣有夏城今爲禹王城在西北十五里夏禹所築城内有青臺高百尺相傳禹娶塗山氏女女思故鄉築此臺以望遠後人立禹廟其上司馬温公故居在城中墓在西北二十里鳴條岡其祖父十七墓俱存焉

山川猶是也而年代遼遠多有傳疑如雷首謠爲首陽相指爲夷齊餓處墓之祠之不知

首陽遠在陝之鞏昌非雷首也維時周都鎬京雷首山逼近畿甸五百里之内二子耻食周粟豈不能超然遐舉顧低回輦轂之旁乎前哲辨晰最詳余不復贅又云河東有二歷山一在蒲州一在垣曲皆指為舜耕處夫山川名號良多疊出然豈容方羿之地有兩歷山又豈匹夫躬耕朝移夕徙恰是兩歷山乎在垣曲之瞽瞍村者為是則在蒲州之嬀汭者為非必居一于此志取關切運城信而有徵凡此以及州邑之勝如臨晋之五老萬泉

之孤山皆不敢牵而附也黄河自龍門南来折而東遹條山之陽鹽池正當浸滙處山北面若五龍汝于黄花静林王官谷諸水東若黑龍潭苦池湧金泉横洛渠諸水孰皆奔赴鹽池當亦河之流潤也他若蒲之溥惠夏之青龍聞喜之董澤臨晋之瀵泉桑泉若而水拇固不勝屈乎以其不接于池姑舍是而古蹟之可攷者附見于此使人深懐古之情焉

達道識

城池附官署　禁垣　禁門　鋪舍

傳曰勇夫重閉況國乎運城財賦所自出姦宄易生設金湯之險以備不虞前功何可忘也由元及今代加繕修門垣廨宇擁栢臺而星共之叙城池

運司舊在解州元解鹽使姚行簡徙治路村一名聖惠鎮即今運城已而復歸于解至元丙申運使那海德俊仍遷路村因築鳳凰城周圍九里十三步明天順間運使馬顯重修正德六年御史胡公止為禦寇計增高數尺門爲東曰放曉

西曰留暉南曰聚寶北曰迎渠然累土耳未加甃石也其後嘉靖二年盧公煥甃其東四年初公杲甃其西十三年余公光甃其北後何公贊陶公謨甃其南二十年舒公遷重修外城萬曆間歲月既久城甃剥落侍御劉公大受與運長孫可撰修築完固順治六年逆賊據城北門并西南城角兩樓盡遭回禄七年副總戎劉有占運庠生王秉粹等仗義捐修四門關廟亦盡燬十年運長陳喆重修復舊

巡鹽察院在城中央成化十年侍御王公臣建嘉

靖四年侍御初公杲循故拓新此後常加脩理

都轉運司在城西街正堂及中東西分司經歷知事宅各一其來已久天順間運使史潛加之以宏壯此後頻加修葺惟通惠樓毀而建建而復毀順治間運長龔如錫重興

布政司行署及大察院皆在城東舊有守巡兩道衙門今廢本司亦有別署在東門外中司在池南俱廢東司在安邑別用惟西司見在解州

譙樓在司治之左正德己卯侍御宋公鉞建鼓樓在學宮之右萬曆己卯侍御房公寰建

野狐泉惠民館一名漶泉亭在池廟西創于嘉靖
間侍御榆時萬曆間侍御蔣春芳重脩順治間
侍御胡公秉忠運長李月桂重脩
長樂巡檢司在城西三十里姚家庄聖惠巡司在
城東二十里鹽池巡司在池南西姚村今俱廢
税課局在司治東遞運所在司治北今廢
三場官公廨在司治南會鹽官廳在池北岸本以
居十二州縣撈鹽員役
禁垣舊環池築攔馬墻自安邑抵解州百四十餘
里成化間侍御王臣初至題奉欽依於攔馬墻

外又築禁墻二千五百餘堵高丈有三尺濶八尺丙申侍御陳嵩又加高共至二丈一尺濶如故正德丁丑侍御熊蘭重築嘉靖十五年霖雨水漲墻傾五百八十餘丈侍御沈鐸重築迄今賴之遞年修築高一丈五尺厚五尺

禁門三祐寶門在池北與運城南門相對育寶門在池東去安邑五里成寶門在池西去解州十里中東西三塲鹽車各由其門出入

城上鋪舍十四座城內九坊九鋪舍皆火夫巡守池內鋪舍中塲東塲各十座西十一座斗子巡守

池外舖舍三十六座弓兵地方協守

運儲倉在司治東今圮

養濟院在運城東北嘉靖間侍御喻時建

漏澤園四門外各一崇禎間侍御姜思睿續置

據高深以拒暴客履堂皇以思知臨非得已之役也鳳城之築為萬世利否則利藪即害藪向不有自畫禦人于郊關夜入也攫官鹽如掇者乎官署之設星羅棊置屹然稱重鎮爲嗚呼創起為難繕修為易若以繕修為不易則其于圮壞也不難矣可無慮哉達道識

鹽池 附西池　灘地　鹽站

東方曰斥西方曰鹵河内曰鹹皆鹽也而末鹽與顆鹽色味逈殊蓋風日凝成不由烹煉有天工焉叙鹽池

古洪水時三門未鑿解地皆水號爲渤澥水患旣去地以解名爰有鹽池在中條山北麓幅員百二十里東近安邑爲東池中近運城爲中池西近解州爲西池三場亦以是得名唐宋時每歲二月命畦戶入池治畦候風日之便引水灌種水深一二寸爲度經數時花浮水面謂之掃

花用扒過打即沉水底風力滌蕩逼以烈日映水視之如編貝然顆粒潔白遂成斗形歲旱粒細而芒霖雨過多日色不烈則青頭邑諺云南風生鹽紅白若東北西南風則塌花不浮池如沸粥謂之粥發其味苦澁須刮棄畦外另行𤅢種前朝盛時和氣磅礴相輔大備池底淤泥滋生鹽根糾結盤簇磊磈相連其上又生鹽板光潔堅厚勝載夫役扳上水約三寸五六月間曝以烈日鼓以南風飜騰浪花一落板即成顆粒古謂之漫生鹽今謂之塌花鹽加以時雨小潤

色愈鮮明故曰顆鹽切須鳩集人夫及時撈採若遇大雨便即解散秋冬池冷地枯不能生鹽間或有之強半硝鹻相雜味不良矣明季以来鹽不生花惟以畦種為事竭力澆曬不能充額又味苦難售私販横行于時權商為几肉壓待為逋藪而鬧歸之地始劃有道之世地不愛寶其在今日乎其在今日乎

西池

西池之大者曰女鹽池向曾設女鹽監元末移治路村遂廢周圍約三十里天時亢旱間或生

鹽淡苦不可食又有六小池除蘇老池及熨斗池夾凹池外一曰永小池一曰賈瓦池一曰金井池亦間或生鹽隆慶間正課不登計無所之御史郜永春奏請括此數池如唐宋舊制歸之于官洩池中積水去兩岸淤泥于盛夏種之及時收採修墻建舍立法捕巡合少成多未必無毫毛之助部覆報可此時大池水溢各商無可掣支亦無力完課因招各處有力之家隨意封納隨時掣放後因向年壓待諸商萬無補掣之望萬曆四十年鹽臺楊鶴許令于女池開荒澆

嘌准半報以恤久困每十車五車工本五車自報後天啓六年鹽臺黃憲卿允勤民之請于金井南北池開荒澆晒因鑿井築垣修蓋官廳所費頗多許照壓待商人例准其半報其永小賈兎二池勤民自備工本澆晒或准一年一更或准三年一更每十車准三車工本其七車准挨支商人帶報每年多寡不等積銖兩之獲以補正課之不足爲明季以來盡行荒廢積水汪洋而已

灘地

護池灘地共一萬二千三百四十畝八分六釐八毫徵租銀解部內東郭湯里任村共地三千九百三十一畝三分四釐八毫徵租麦變價解部其数詳鹽法志中

嘗讀郭景純鹽池賦其略云磊崔碌礭鍔剡其方玉潤膏津雪白淩岡粲如散璽煥若布璋可謂工于摹似矣但產鹽豊耗全視天時大槩雨少則鹽多無雨則涸涸則枯向曾灌以七郎之水無補于枯雨多則溢溢則淡而不生其弊尤甚于旱池水貴少不貴多昭然

可見沈存中筆談謂鹽澤旱不涸潦不溢非實録也又鹽生時頗得客水之力水惡濁喜清若池旁淡泉并其外湧金泉黑龍潭皆號清流鹽得此水始成池所喜納西北水多混濁不可竄入所最忌者則巫咸水水一入鹽不復生俗云無鹽河築大堤以防之如備盜賊云逵道識

渠堰

渠堰者鹽池所由成敗也渠不深無以瀉諸水而使之達于河堰不固無以障諸水而使之遠于池水不外出而内入則鹽立敗往事可睹已故渠堰不可不重也叙渠堰

姚暹渠在鹽池北十里舊名永豐渠源出瑶臺項下巫咸谷西流五里經夏縣南門外又五十里經安邑縣苦池灘會洪洛渠禹王廟之水中條山李綽堰之水合流一處由楊家庄入渠經安邑城北運城北西流六十里經解州北境又

西走六十里至臨晉五姓湖又西達蒲州入黃河隋大業間都水監姚暹重開此渠因號焉其後入河之路漸斷嘉靖初侍御朱公實昌濬之今順治十二年侍御朱公紱守道薛陳偉運長龔如錫中司徐化龍等重修足垂永遠矣五姓湖在臨晉境內受涑水并姚暹渠水恐水溢爲鹽池患故築堰防之女鹽池在解州西北七里據地高阜唐開元中置女鹽監於解亢旱則生鹽淡苦不可食水溢生魚藏生硝亦名硝池呑吐姚暹渠中條諸谷澎湃之浪漲則淹沒田廬

衝決禁墻為池患故築硝池堰重加黃牛堰以殺其勢六小池在女鹽池西北四里一曰蘇老二曰賈尾三曰金井四曰賀尉五曰永小六曰夾凹皆受靜林澗水入臨晋渰水灘澗東三里有張公泉二澗水大與鹽池相漲故築底張堰以障之七郎堰在鹽池西解州北灘西高東下女鹽池決則洪濤巨浪直犯鹽池故東築永安堰又東築七郎堰解州東灘有數泉又受北灘以上諸水遺大水輙潰決為鹽池害故築卓刀堰長樂灘在池北西接臨晋諸灘若姚暹堤決

水即南趨女鹽或湧北灘爲鹽池患故築長樂堰五龍谷堰在池西南因條山有五龍谷水勢洪湧築此堰排入硝池以防池患西禁堰在西禁墻下與阜刀七郎諸堰相連爲瀦水之備白沙堰上接瑶臺下抵苦池在鹽池之東排東南條山諸谷大雨澎湃之浪併巫咸谷蓮花池洪洛渠禹王城泉源之水俾由苦池入渠此鹽池在東第一堰極長且險每遇山水暴發驅石衝激沙堤難支夏縣生靈以堤爲命不但鹽池之患也李綽堰南自王谷口起由東轉折而北至

苦池灘止共五堰現存其三而四堰五堰皆廢排東南條山諸谷暴雨之水併白沙堰潰决之水俾由苦池入渠此鹽池從東第二保障堰距運城頗遠縱不遑巡視不可不加意防守也黑龍堰在池東南自東郭北抵任村受中條磨兒盤窑子溝界灘山泉之水併防李綽堰潰决之水中有黑龍潭深不可測唐開元中嘗於此置龍宫後置廟今傾圮僅有基址存烏壁水堰在池東南自界村北抵聖惠鎮受山坡之水恐黑龍堰萬一潰决故又築此小堰以禦之東禁堰

在東禁墻下長一千六百二十丈濶二丈五尺與壁水堰相隣防東灘各承之患大李村堰小李村堰西姚東堰南堰西堰秦房堰常平堰龍王堰金盆堰桑園堰渠村堰趙家灣堰俱在池南長濶不等各就地勢築堰以防南山瀑注之水焉按姚暹渠東自安邑楊家庄起西至臨晋五姓湖止高下各因地勢濶俱四丈渠水决則南趨爲鹽池害最甚故築長堰以防之近者己未之役誠不可緩云又有涑水堰在姚暹渠北以防涑水暴長則洩入姚暹渠此爲涑水之備

也

鹽池有不得不畜之水以資內潤尤多不得不洩之水以防內侵總聽命于渠堰竊睹諸堰中惟李綽堰為尤重以中條水勢悉滙于王官峪口倚為保障故也東南則黑龍堰為尤重西南則卓刀長樂二堰為尤重若五龍堰一決則萬泉党融獨深可不熟慮而豫為之所乎姚暹渠徑鹽池之北五姓湖受之以達于河年久濟淤梗塞處多水無所歸瀰而必潰潰而南池之左病焉潰而北池之右病

焉縱即堵塞往往疲民匱財且客水入池氣味自敗而鹽生又遲不特巫咸之水可畏也幸當事者因埶利導濬土以深其渠啓土以增其堰且漸撤孟津橋之梗令渠通于湖湖達于河河入于海審若是也水歸其壑又何南漬之憂乎先輩嘗欲浚渠柢黃建石閘于河口渠漲歸河河漲堅閘舟楫可通于桑渠堤堰無憂于衝决匪徒無害將百世實嘉賴之若曰非常之原黎民所懼則一勞永逸之說又何以稱焉遠道識

新修河東運司志卷之二

晉陵馮達道編次
遼海朱之瑞
恒山魏權祥
荆南孫開祚同訂

鹽法

附引票　行鹽　鹽丁　募役　額觧

禮名山大澤不以封後世或在官或以業百姓法令滋章不能勝姦奸蓋貨利之藪竊齊欲
牢籠壟斷横盈隨時潤色自漢唐迄今斑斑
可考也課引丁役額觧諸項皆法也不可不

詳敘鹽法

漢武帝元狩中兵連不解縣官大空商賈冶鑄鬻鹽財累萬金不佐公家急乃以東郭咸陽孔僅為大農丞領鹽鐵事僅咸陽言山海天地之藏宜屬少府陛下弗私以屬大農佐賦願募民自給費因官器作鬻鹽官為牢盆敢私鑄鐵器鬻鹽者釱左趾沒入其器物元封元年桑弘羊請置均輸鹽鐵官是時鹽官二十八郡而河東安邑為諸郡首宣帝地節四年減天下鹽賈元帝初元元年罷鹽官尋復之明帝時官自鬻鹽肅

宗建初中又議復鹽官鄭衆諫不聽和帝即位
罷鹽官獻帝建安初置使者監賣鹽
後魏宣武時罷河東鹽池稅富強者擅利貧弱者
無資延興末復立鹽司量其貴賤節其賦入公
私兼利孝明即位御史中尉甄琛表稱周禮山
林川澤有虞衡之官為之厲禁取之以時不
使戕賊而已雖置有司實為民守今縣官鄣護
河東鹽池而收其利是專奉口腹不及四體也
彭城王勰曰聖人斂山澤之貨以寬田疇之賦
收關市之稅以助什一之儲取此與彼皆非為

自所謂資天地之産惠天地之民鹽池之禁已久積而散之以濟國用非專供大官也宜如舊孝明卒從琛議弛以與民自從豪強之家乘埶占奪近池之民又輙障格神龜初乃復置官以監之其後興廢無常

隋開皇間鹽池亦與民同

唐初無鹽賦開元元年河中尹姜師度以安邑鹽池漸涸開决水道置為鹽屯公私大收其利時天下鹽池十有八井六百四十皆隸度支其蒲州安邑解縣有池五總曰兩池歲得二百千萬

以供邊塞之用其行鹽之地止於中州濟於汾西距隴坂東下京鄭抵于宛賦足之後仍解鹽萬斛以供京師自陳少遊奏加賦榷兩池鹽每斗錢三百七十民始怨矣兵部尚書李巽爲使兩池鹽利歲收百五十餘萬緡四方豪商猾賈雜處解縣主以郎官其佐貳皆御史鹽民田園籍於縣而令不得以縣民治之憲宗討淮西度支使皇甫鎛又加鹽估以供軍先是德宗貞元中盜鬻兩池鹽一石者死元和中减死流天德五城鎛奏論死如初一斗以上杖背沒其車驢

能捕斗鹽者賞千錢州縣團保相察比於貞元加酷矣鏄又奏置榷鹽使如江淮榷法犯禁歲多戶部侍郎判度支盧弘正以兩池鹽法敝遣巡院官司空輿更立新法其課倍入遷權榷鹽使以壕籬著鹽池之隄禁有盜鹽與鬻鹻者皆死鹽盜持弓矢者亦死兵部侍郎判度支周墀又言兩池鹽盜販者迹其居住保社按罪鬻五碩市二碩亭戶盜糶二石皆死是時江吳群盜以所剽易茶鹽不受者焚其室廬吏不敢枝梧鎮戍場鋪堰埭以關通致富宣宗乃擇嘗更兩

畿輔望縣令者為監院官已而戶部侍郎裴休
為鹽鐵使奏行鹽法八事兩池榷課大增其後
兵過天下諸鎮擅利兩池為河中節度使王重
榮所有歲貢鹽三千車中官田令孜募新軍五
十四都餫轉不足仍倡議兩池復歸鹽鐵使而
重榮不奉詔至舉兵反僖宗為再出云
周顯德中世宗謂侍臣曰朕覽食末鹽州郡犯私
鹽多於顆鹽界分況末鹽煎鍊搬運費用倍於
顆鹽今宜分割曹宋十餘州令食解州顆鹽
宋制兩池以戶民為畦夫悉蠲其他役每歲自二

月一日墾畦四月始種八月乃罷官稟給之又募兵百人目為護寶都以巡邏之安邑池每户歲種鹽千席解池減二十席每席百有一十六斤半以給三京二十八州軍至道三年兩池得鹽三十七萬三千五百四十五席此其最多之數也真宗咸平中度支使梁鼎言陝西沿邊食解鹽請勿通商官自鬻利且數倍詔以鼎為制置使而命内殿崇班杜承睿副之承睿閱視還為帝言往鄜延環渭等州禁青鹽令商人入芻粟運解鹽于邊其直與青鹽不遠是以民安于

法而蕃部青鹽欲售無從也今官運解鹽欲與内地同價邊民必冒法網入蕃界販青鹽以邀利而居者亦樂其價廉與之為市是助寇盜而結民怨也号以煩擾不售得譴罷大中祥符九年陝西轉運副使張象中言安邑解縣貯鹽三千二百七十六蓆計三億八千八百八十萬八千九百二十八斤計直一千一百七十六萬一千八十貫切慮遺利望行條白帝曰此財之阜亦至矣若過求增羨慮有時而闕不可許仁宗天聖八年或言陝西禁鹽得利微而為害博兩

池積鹽成阜其上生木合抱数莫可校請聽通商寛百姓力乃詔罷三京二十八軍州榷法聽商賈入錢京師榷貨務受鹽兩池然稅課入官耆頗耗自元昊反聚兵西邊用度不足因詔入中他貨由是羽毛筋角漆炭瓦木之屬一切以鹽易之猾商貪賈乘時賕吏為姦至入椽木二估千錢給鹽一大席為二百二十斤虛費池鹽鹽直益賤販者不行公私無利乃詔復京師榷法凡商人以虛估受券及已受鹽未鬻者皆計直輸虧官錢他州軍民間鹽悉收市入官官為

置場增價而出之復禁永興同華耀河中陝虢解晋絳慶成十一州軍商鹽官自輦運以衙前主之又禁商鹽私入蜀置折愽務於永興鳳翔聽人入錢量民貲厚薄役令輓車轉致諸郡道路糜費役人竭産不能償關内騷然所得鹽利不足佐縣官之急並邊誘人入中芻粟皆爲虛估騰踊至数倍歲費京師錢幣寖多乃從太常愽士范祥議舊禁鹽池一切通商鹽入蜀者亦恣不問罷並邊九州軍入中芻粟第令入實錢以鹽償之視入錢州軍遠近及所指東西鹽第

優其估總爲鹽三十七萬五千大席授以要券即池驗券按數而出任其轉售所得錢以實塞下盡弛兵民輦運之勞數年僋商貪賈無所僥倖其後三司言京師商賈罕至鹽直踴貴請得公私並貿而餘則禁止官鬻從之時兩池歲役畦户皆觧河中陝虢慶成之民官司侵剥民以爲苦乃詔三歲一代嘗積逋鹽課至三百三十七萬餘席詔蠲其半中閒以積鹽多特罷種鹽一歲或二歲三歲以寬其力其後減畦户并又稍傭夫代之五州之民得安田里無追逮侵剥

之擾是時兩池皆置官八解州有榷鹽院守貳領之總其事曰制置神宗熙寧間中書議陝西鹽鈔大出虛鈔而鹽益輕以鈔折兑糧草有虛擡邊糴之患請用西蜀交子法使其數與錢相當可濟緩急詔以内藏錢二百萬緡三司遣使易吏行四路請買鹽引又令秦鳳永興鹽鈔歲以百八十萬為額河南北曹濮秦鳳等處皆食解鹽遡自仁宗時解鹽通商官不復榷哲宗元祐元年户部及陝西制置解鹽司議延慶渭原環鎮戎保安德順等八州軍皆禁榷官自鬻以

萬五千五百席為額聽商旅入納于八州軍折博務筭給交引一如范祥舊法其出賣到鹽錢以給轉運司糴買徽宗崇寧元年解州賈瓦南北圓池修治畦眼拍磨布種通得鹽百七十八萬餘斤州具以聞初解梁之東有六鹽澤即今六小池綿亘百餘里歲得億萬計元符元年霖潦池壞至是乃議修復四年池成凡開二千四百餘畦百官皆賀內侍王仲千實董之仲千以額課數溢為功議者謂鹽池灌水盈尺暴以烈日鼓以南風須臾成鹽其利則博苟欲溢額不

俟風日之便厚灌以水積水而成味苦不適口崇寧間蔡京始變鹽法俾商人先輸錢請鈔赴產鹽郡授鹽欲囊括四方之錢盡入中都以進羨要寵民間食鹽雜以灰土解池天產美利乃與糞壤俱積矣初熙寧八年三司使章惇言東西永利兩監鹽課舊額二十五萬餘緡自許商人入中糧草增饒給鈔支鹽商人得鈔千錢售價半之縣官陰有所亡坐賈獲利不貲又私鹽不禁歲課自減令纔十萬四千餘緡若計糧草虛估官纔得實錢五萬餘視舊虧十之八請如

解鹽例募商入錢請買或官自鬻重私販之禁歲課且大增並邊市糧草一用見錢乃詔官自運鹽鬻於本路知太原府韓絳言其不便請罷商乃令商人輸錢於邊給券於東西監請鹽以除加饒折糴之弊仍令商人自占所賣地即官鹽已運至場務者令商人買之加運費初熙寧五年京西漕臣陳知儉言義鹽畸零非民所願乃罷之第令輸錢故宋於解池之鹽朝廷專置使以領之比方之鹽盡出於池云

元因乎宋皆領在官東池二場曰常滿曰監坂西

池二場曰紫泉曰會商場設官四員三監池一領縣事

明朝河東運司歲辦鹽六千八十萬斤每二百斤為一引共計三十萬四千引分撥陝西山西河南食鹽開中于宣大當時邊疆遼濶運餉維艱户部出榜召商以内地鹽中邊使商為飛輓至善策也洪武初每引價八分永樂中輸粟二斗五升官征薄而商利鹽價平而課充成化十年設解鹽東場分司于路村撈辦東場鹽課設西場分司于解州撈辦西場鹽課二十二年復設

中場分司增歲辦鹽課一十一萬六千引共四十二萬引內存積一十二萬六千引常股一十八萬九千引戶鹽一十萬五千引戶鹽乃派支各項食鹽餘則並與常股聽商報中者每引僅納米豆二斗七升七合弘治中尚書葉淇變亂成法始令運司招商輸課解部送邊于是有運司納銀之例而陝西又以銀供不繼定令河東每引納銀二錢一分而開中之法遂廢正德八年鹽花盛生御史張士隆請于額辦四十二萬引外另撈餘鹽二十萬引召商于偏頭等處開

中以補王府祿糧之缺嘉靖二十七年從御史陳玠議河東正鹽四十二萬引每引定納銀三錢二分得銀一十三萬四千四百兩餘額解宣府八萬外餘銀五萬四千四百兩並餘鹽二十萬引該折銀六萬四千兩共銀一十一萬八千四百兩內除四萬三千一百一十六兩八錢徑解大同府補給王府祿糧其餘七萬五千二百八十三兩二錢俱解山西布政司抵補民糧及王府祿糧先是正統十四年北邉多事戶部借撥山西民糧二十七萬三千六百石運赴宣府

接濟後議將起解宣府税糧盡數存留山西布政司支祿糧軍餉等項河東運司銀亦與焉及嘉靖四年至八年池鹽缺額此時尚有餘鹽變價歷年湊補可償十之三嘉靖三十二年從尚書方鈍言革去餘鹽名目定以六十二萬爲額除官吏食俸鹽三百五十引王府食鹽二千九百九十引實該辦六十一萬六千八百引每引三錢二分該每年辦銀二十九萬七千三百七十六兩内解宣鎮銀八萬兩大同代府祿糧銀四萬三千一百一十六兩八錢山西抵補民

糧銀七萬四千二百五十九兩二錢是歲供之数比原額過倍矣四十年總理鹽政都御史鄢懋卿棓尅媚上将河東堆積鹽料易銀一十四萬二千四百五十兩又每引正課外加鹽二十斤每年增銀四萬三百兩俱解太倉于是正課虧而邊餉缺萬曆二年督臣戴尚書題将陝西延安二府改食花馬池鹽于河東宣府年例八萬兩内認去三千二百二十一兩四錢四分改解延綏充餉萬曆十七年部議仍遵舊制以四十二萬引為額将開歸二府照會典改隸山東

長蘆運司將河東續增二十萬引內撥一十五萬引該課銀四萬八千兩令東蘆二運司分認照銀定丨每年各照數徑解宣府抵河東原額而河東年例止解宣府銀二萬八千七百七十八兩五錢六分餘引五萬既係續增辦納不前暫准停免十八年御史吳達可又題將太汾等處鹽票銀自本年為始免其解部竟解山西布政司抵河東正額考得票鹽名色起于嘉靖中有言太原汾州山路崎嶇商運難致乃許行土鹽給票收稅每鹽百斤納銀三分仍聽轉販于

岢嵐保德河南等處惟平定代石十州縣地里稍平令行運鹽而商人亦不至乃從御史趙膺之議行巡鹽御史會同巡按查覈州縣戶口食鹽之數計口定鹽給票收稅務使地無遺利法無遺奸先後增票共六十一萬五千五百七十九張抵作一萬六千三百二十引每票一百斤稅銀六分該銀六千九百三十四兩七錢四分以票稅比照引價頗有齟齬而此時總計則每年額鹽四十二萬引除各項認解抵扣外實該解宣鎮銀二萬八千七百七十八兩五錢六分

解大同銀照原額四萬三千一百一十六兩八錢解山西抵補民糧銀二萬一千三十六兩七錢四分共該銀九萬二千九百二十二兩一錢六分初萬曆十六年部覆補給壓待商人高世彥等派十萬引于年解山西額内藏銀三萬二千兩于太倉庫補發按壓待之名起于隆慶元年至四年池遭客水鹽花不生年例催督不得不責商人報納各商預納鹽價實未支鹽故有壓待壓支等項名目萬曆十九年巡鹽林御史題准仍將壓待鹽十萬引盡行支商徵價補解

山西鎮銀三萬二千兩免于太倉給發內除介休縣新增票鹽一百五十引抵觧銀四十八兩實行九萬九千八百五十引該加觧山西銀三萬一千九百五十二兩而舊行太汾等處票銀六千九百三十四兩七錢四分不與焉萬曆三十七年陳御史議引票兼行互相影射大為弊藪宜令行票之地俱改行引庶頭緒不多稽查亦便部覆報可自後萬曆二十七年有罷職百戶吳應麟以餘鹽變價之說進之稅使張忠忠往視每年包辦鹽面萬八千引該銀二萬八千

八百兩名為進鹽蓋取商人額內之鹽而責以額外之課商人苦之是時河東鹽課除花馬池認銀及太汾鹽票續增外實該解宣大山西三處年例銀共一十二萬三千二百一十九兩八錢二分及前項進鹽二萬八千兩至四十二年乃詔罷進鹽之數天啓六年大工告匱部議河東運司每引增銀二分共加銀八千四百兩崇禎五年從王侍御之議增鹽一萬二千五百引加銀四千兩充新餉又加練餉銀七千兩俱解戶部後因旱澇不常鹽不生結流寇猖亂商人

逃亡歲課壓欠難完于崇禎九年姜侍御奏行挨丁食鹽計引定課之法令各竈照人丁納價領運以不能封課之商支鹽給于户口而户口所納之價即抵商人之課在户口不至納價無鹽在商人不至守鹽坐困未嘗不兩便也後因鹽有美惡槩不用商鹽祇用丁採自是商支自晒户運丁撈商户夫鹽毫不干涉每年户口共納課銀五萬四千二十五兩六錢舊商共納課銀六萬三千九百七十八兩二錢二分每十引均為三兩二錢在下納引不難在上考成亦便

法久弊生行鹽地方路途遥遠里棍包攬盡胥勒索户口不苦納價而苦領運鹽不勝其累云

清興運司如舊順治二年蠲除新練餉銀革汰延安并王府官吏食俸鹽浮引及太汾遼沁小票實行額引四十萬六千七百三十三引順治三年奉文仍將前項王府官吏食俸鹽三千二百引自二年起照例變價解部每年變價一千二十四兩二項共行引四十萬九千九百三十三引共徵課銀一十三萬一千一百七十八兩五錢六分其太原所屬州縣鹽税銀共五千二百

二十二兩四錢六分係布政司徵解戶部汾州一府遼沁二州徐溝等處稅銀一千七百一十二兩二錢八分陝西鳳翔府屬課銀五千二百一十六兩山西河南戶口州縣課銀五萬四千二十五兩六錢商人鹽課銀六萬三千九百七十八兩二錢二分俱係本司徵解戶部順治五年將太原府屬鹽稅歸併本司徵解先是順治四年　朱鹽院招商人張永盛等二十六名承認晉豫戶口州縣課銀六年　劉鹽院又招商人馬興等二十餘名承認鹽課十年奉有鹽課

不許派及户口之

旨陳總司暨　劉鹽院又招商人董斆等一百一十餘名前後將平潞澤懷户口課銀盡數承認民累除矣商責重焉順治十三年因兵餉不敷河東增引十萬道加課三萬二千兩自本年秋季為始行鹽徵課　焦鹽院　奏請照舊行引額一體增加太汾遼沁增五千二百八十六引零九十六斤加課銀一千六百九十一兩六錢零鳳翔增三千九百七十六引加課銀一千二百七十二兩四錢商人增引九萬七百三十七

引零五十四斤加課銀二萬九千三十五兩九錢零招商人蔣泰亨等一百一名承認辦課所行之引增與行鹽州縣同舊額退引一并繳銷州縣以引多民累銷引爲艱申請商人亦以鹽多壅滯額課難完控告十六年　劉鹽院　題請比照長蘆減引不減課之例減去新增之引止徵新加之課每引比舊額增課銀七分八釐六絲一忽五微零此現今徵解之數也但河東商人窮苦遠不及淮浙富商之什一完課無資類多稱貸故當封課之時循是本商及至引領

支鹽僅堪償債者有之諸商困詘固屬可憐國課不登尤爲可慮細查近年事例歷有先掣後封之法於成法毫無所紛更但封掣之間略通融使正課先完私逋在後詳切咨詢均稱兩便現議權宜舉行魁商裕課伏聽　當事者折衷焉

引票

河東鹽引明初每引二百斤合存積常股户鹽三項共三十萬四千引存積乃見積在場者遇邊儲急用納價放支不拘資次比常股爲重常

股乃常年派數者以年例開中納價放支則必挨先後比存積為輕户鹽則派支各項食鹽所餘併與常股聽商報中者洪武時茶鹽引契銅版俱南京户科收貯每遇開中南京户部印刷勘合發各邊填寫商人姓名併所中鹽引數目俱用印蓋不許洗改編置底簿併流通文簿發運司候商人齎到勘合比對字號相同派場支鹽及刷印引目運司關領給付商人發賣永樂遷都北京其鹽糧勘合引目銅版仍於南部收貯正統六年鑄換印信其鹽引勘合文簿仍掌

於南京七年戶部請於年終各運司將各商齎
到勘合字號納過鹽糧數目各造冊繳部比對
查考弘治二年准奏各掣過引鹽坐於行鹽地
方發賣畢將引鹽徑赴所在官司告繳各運司
提舉司以每歲辦完鹽課實數年終造冊奏繳
即差吏赴戶科註銷又令歲報鹽課冊內開寫
某運司額辦鹽課存積常股數目該本色鹽若
干或布米折貨若干某場鹽課若干辦完若干
各立行款開造官攢某等辦鹽課收入某字號
倉囤某年月日出給通關河東運司限在次年

三月終繳此定制也至成化間增為四十二萬引每引照舊徵紙價銀三釐解南京户部為閱領紙價之用正德間增餘鹽二十萬引嘉靖間賦益增河東併餘鹽為正額共六十二萬引以三錢二分計除官吏食俸鹽及王府食鹽共三千三百餘引外實該六十一萬六千八百引每年例該銀一十九萬七千三百七十六兩此河東引額之大較也延及隆慶年間課有逋欠引無增損至萬曆十六年將開歸二府改屬長蘆山東共減去二十萬引照舊四十二萬引及奉

部文將十一年商人高世彥等奏准每年撥補商欠鹽十萬引徵銀解餉以本年分餘鹽給之是陰增十萬引也隆慶四年因太汾所屬州縣俱食本地煎鹽每一百斤抽稅銀六分給票一張票有定數後亦漸增至萬曆三十三年共票一十一萬五千五百七十九張印刷分發九州縣通共稅銀六千九百三十四兩七錢四分補解山西布政司作河東正課其後引票兼行真偽夾雜多寡混淆乃請改票為引以示畫一

清興鹽法統歸户部槩不用票而用引但河東採

鹽之法有二一為官丁撈採之鹽一為商人撈採之鹽鹽池附近十三州縣額設鹽丁每撈鹽十引商人納課三兩二錢此官鹽之用引者也商人自備工本出人力以撈鹽每百引為率內分七十引為官鹽照常納課分三十引抵作商人工本不納課止給官票以別於私鹽此商鹽用引兼用票者也部議撈採之法仍照舊貫兩太汾遼沁等州一照山東例革票行引以除私販之弊題奉

欽依但州縣銷引各有定数票鹽或壅積不敷額

治十年院司酌議將工本鹽盡數裁去以飛官鹽是商人于辦課外比舊日多費一番撈晒之工矣此商累所當恤也說者又謂向年商人撈採或串通鹽丁私賣正料為堆鹽者有之或受結攢斗盜賣官鹽者有之堆鹽者即商自撈鹽每一千引為百車者也今則事例不同爾無遁慮至散引掣鹽向來紛紜不一以致鹽積難售今特按月支鹽每場分為六轉每轉換日期支鹽有數求售不紛倘或稍壅暫停爾掣不得紊亂鹽政又鹽出三場畦分東西其間地有肥瘠

鹽有多寡時或有引無鹽間或鹽遠腳貴屡經前院准令通融掣支不復泥前朝撈鹽官料之規亦良法也

行鹽

河東既割開歸其行鹽地方陝西則西安漢中延安鳳翔四府河南則懷慶河南南陽三府山西則平陽潞安二府澤州一州其太汾遼沁等處俱食本地煎鹽隆慶間又將延安府改食花馬太池鹽萬曆間又將鳳翔府改食小池鹽崇禎間又將漢中府改食大池鹽地方寖寖無幾

而鹽課俱無減額崇禎九年姜鹽院議將平陽潞安澤州并懷慶一府俱改爲户口納課惟極荒磽州縣不與其行鹽之地止有山西石樓岳陽等處陝西西安一府興安一州河南之南陽河南二府汝州一州加以寇盜縱横私鹽充斥官商累足不前實在行鹽處所僅如黑子之着面耳考行鹽則例商人納課領引支鹽出場聽三省小販接買發賣行鹽州縣州縣始則按人丁而受鹽繼則計鹽斤而繳引按季比銷年終考成法至善也自流寇煽亂户口凋殘若按原

額派引則有一丁而派鹽一二引者傷于太重有一引而分給四五丁者傷于太輕殊非計口授食之制而窮民歎苦之不均矣

大清順治十三年　朱鹽院具　題行令三省藩司查算實在人丁均匀派引彼時有分別上中下三等州縣派銷者有止照舊額量爲增損者有不論人丁地丁一槩均匀者遂將新增十萬引各照多寡舊額加派繳銷嗣後以派銷不平州縣嗷嗷申請至十六年始比照長蘆減引不減課之例減去新增之引止食舊額之鹽而民

得免重困焉

鹽丁

按淮浙等各運司皆有蘆蕩鹽場有鹽戸丁煎鹽辦課惟河東別無竈蕩明朝于蒲解等州縣編審鹽戸八千五百八十五戸定鹽丁二萬二百二十名每二十名立料頭一人共撈鹽一千引為一料其鹽戸除正役里甲應辦糧草外一應雜泛差徭丁少者俱蠲丁多者量減于商人名下每引徵賑濟銀一分每鹽丁撈鹽一引即賑銀一分又查佃種逃絶鹽丁地土者每地三

十畝撈鹽一丁約九千丁并前不下三萬嘉靖間因富丁私自催役料頭攬收影射議每年清審時聽民自願無力者照舊供役有力者納銀一兩五錢免其撈採如遇撈採不及催募貧民每一料給以前銀二千兩為工費此工本鹽所由昉也隆慶間因前項佃地人户既應差役又復撈採乃豁免佃丁别招貧民補数又題准南岸撈鹽用鹽丁則民力不堪動賑濟恐財力不繼請廣召貧民于兩岸每撈鹽一料外給鹽十車此召募簡便之法也又議照民户編審均徭

事例行三門析丁之法照各州縣原額僉夫其打草脩墻二項責鹽夫供役若浩大工程仍起派州縣民夫毋累貧民萬曆六年陳御史以富丁出銀免役貧民包撈代辦富者愈逸貧者愈勞況名為富丁不無豪強假鹽户各色影蔽差役今宜將逃竄貧丁招徠復業其富丁七百十餘名停止納銀盡驅撈辦會鹽官明信賞罰毋容虛應雇代此時料頭七百四十號丁夫一萬四千七百不為不多既免差役又每料撈鹽一千引賑銀八兩後加至十兩不為不厚然路途

跋涉旅次艱食沸湯濺足烈日熏肌勞苦萬狀故富者僱代貧者强支查點不及十之四五撈採不及十之二三揑造冕名誑報虛數皆由料頭之包攬爲姦膏鹽官之扶同作弊也明末止存鹽丁六千四百七丁半每歲正月行文州縣從公清審汰年老收幼丁務足舊額一遇池鹽生結調取州縣職官督牽料丁星夜赴池照依分定中東西脚道竭力撈採每丁每日責照定例撈鹽並引三十丁爲一號一號所撈各自爲堆以辨多寡美惡撈採完日各在脚道高阜處

每一千引攢料一臺僉報臺頭一名日後鹽不足數責在臺頭補撈三司仍照分定處所取州縣印結驗校明白各置籤號挨院請掣每丁每年額撈鹽三十二引足額者官給賑濟銀三錢二分不足責令下次補撈令歲不足責令次歲補撈又每年九月終旬調取官丁在池南岸採取蘆葦每丁二十八束每束二十八斤堆放脚道三場斗級看守備來年苫蓋鹽料之用後因兵荒丁散我

朝順治二三年間十三州縣止存六千三百四丁

較明末又缺額百餘撈採仍依舊制六年逆賊之變鹽丁又多傷損見在止存五千八百四十四丁半節年池鹽罕生商人自行澆晒鹽丁未經撈採其賑濟銀兩亦盡歸于部焉

募役

明季中東西三場設有店戶牙子店戶上市作合牙子招徠舖販崇禎間革去店戶止用牙子開店作合見今存留牙子共六名中場二名東場三名西場一名○舊制車戶四百二十名赴池裝載商鹽商人給以脚資每場各輸換號頭

六名備馬匹以供差遣順治六年兵變後車户
無多號頭若累八年間運使陳詳允裁去號頭
在車户脚銀内扣銀買馬騾十二匹預供差來
恐馬齒加長不無倒損廿年間詳允仍歸各商
又因車户舊有辦納麥稭土坯及脩理覔夫累
及牙子十六年間議在車户脚銀中每車扣銀
一分五釐每遇掣放日期三場牙子各赴禁門
親收以抵修理覔夫等費今車户見存者中場
一百二十八名東場一百二十六名西場七百
零五名○鹽池内外城禁各門員役于順治八

年議定留用三百二十二名裁去舊額一百八十六名每歲工食凡弓兵永裁為三兩秤斗機兵仍照六兩支給除平陸縣報荒一百九十六兩八錢不徵外其原有額編州縣猗氏解州安邑夏縣聞喜芮城六屬多寡不等共該解銀一千一百六十一兩照三兩者該給二百七十六名六兩者該給四十六名共該給銀一千一百零四兩除給外下剩銀解部留用員役載入經制三禁門各門官一員守門弓兵各六名中禁門加二名三場各總斗十一名探鹽斗子各一名

中場東場各十鋪每鋪斗子二名兩場各二十一名西場十一鋪斗子二十三名池廟斗子文廟斗子看泉斗子各一名巡池箭手十五名聖惠鎮弓兵鹽池司弓兵各四十四名長樂司弓兵四十六名巡西池弓兵十五名四城門官四員守門弓兵六十名此外尚有應用人役而經制未載工食無設者前任運司龔通融酌處或將弓兵掣取頂役或查弓兵空役工食撥給上不悖經制而下亦無曠役無廢事爲挨門禁之設原以監掣放杜夾帶今議定打扒有差責在

門官剪角有錯責在弓兵夾帶鹽斤報名訛舛責在車戶而巡池之役惟在池内外緝捕賊徒不得于門禁生事害人亦恤商之一節也

額解

明季本司歲領引及王府食鹽變價引每引除正課外例徵賑濟鹽丁米價銀一分又除太汾遼沁州縣爲翔一府各食本地產鹽例不輸賑外商人每歲辦鹽三十七萬一千九百六十一引一百八十八斤該徵賑濟銀三千七百二十九兩六錢二分俱爲賑濟鹽丁及督採官員日

費并關引盤費後因池遭水患鹽丁缺額商人各自晒鹽掣支辦課前項銀兩因有餘剩自順治二年起除關引盤費并鞘木等項價值支用外餘銀盡數解部復于順治十年奏文自九年始將所徵三千七百一十九兩六錢二分盡解京庫又于十三年增引十萬道除派加太汾遼沁及鳳翔府例不輸賑外招商行引九萬九百三十七引五十四斤每引照例徵銀一分共加徵賑濟銀九百七十兩三錢七分二釐七毫十六年減去增加引目其賑濟銀兩仍照不減課

之例每引徵銀一分二釐有奇共銀四千六百二十六兩九錢九分二釐七毫一同解部充餉○鹽池周圍護池灘地各州縣分屬每年徵租銀七百九十三兩四錢二分一釐六毫租麦一百八十九石九斗八升三合有奇舊給運營順治四年奉文租銀解部租麦聽用後奉部劄租麦一併變價解部充餉○鹽臺贓罰銀自順治七年起惟聽本院發到各屬解到贖鍰照數解部九年間奉部劄河東巡鹽贓罰銀每年額定九百兩照數起解○裁省京書廪費銀一百四

十七兩一錢順治九年奉部劄每年如數解部

○裁減各項員役工食下剩銀查十七年經制

該銀三十七兩照數解部

海王之國謹正鹽筴矣吾氏詳哉言之後代或慕公利之美名弛以與民既虧國用徒長兢端不知今昔異宜文罔若存未必全無禁令但制法以寬均利于下而利乃大歸于上無與之爭而已周禮鹽人所掌有苦鹽散鹽形鹽飴鹽刮于地而得者其味苦曰苦鹽風其水而成者味苴如飴曰飴鹽鮮鹽得風而

成其鮐鹽乎畦而種之者其鹽鹽乎蓋池比于五穀之壞豐耗不常約計十年以內大有不過一二年大無且二三年餘皆微生大有則採辦額數或有奇羨否則致功于澆晒商納課在官仍矻矻焉自食其力計其勞費當略與竈鹽同引倏裁倏增課有羸無縮一加而補民運再加而補藩祿再加而權奸之奉括四加而中涓之進奉五加而佐工與工罷而稱助餉助矣又加而稱練餉瀉陸海于尾閭之壑君子所以扼擥太息于前朝也當今

聖人御寓　大司農均平弁討　直指使儼然淮之一切權貴請求豪門專擅宗藩奇娩之弊與夫鹺吏待支之困既蕩然一空商民有不謹守功令丐餘潤以活身家者乎引之有夥支賣支也價賤亂真而故縱之充斯様也鹽之有夾帶也指官鹽爲堆鹽與吏爲奸而發比隣之蓄也諒非商所敢出矣關歸爲已斷之臂孰不可以復聯見今行鹽地秤秤中之半道耳杜私販以疏官引非令長之責而誰責哉鄉者浩穰之區作奸犯科實繁有徒保

無遺種茲土恃嵎負而莫敢誰何者乎均一利也不以利急公之民而以利奸宄必非人情或曰鹽苦惡民弗願也今又弗可強寧府咨焉此其責向在丁今在商何則鹽盛生則採辦者丁事也商不過措摭丁之所餘夫丁雖甚疲孰乎然脚道有定所出入有三門當事者時其勤苦而噢咻之薪水良便作息相間未必以軀命殉也以予所聞影籍雖存隸也不力揩朴驅之而首鼠前却其勉荷畚鍤者又採取非時雜浟硝鹻泥沙以充數鹽惡

則價輕價輕而商折閱奚惑焉年來雨水頻仍池中枯析不知何時始花鹽丁也者僅以供修築之役商乃自出貲財銖兩積之以佐縣官之急是矣顧四方所以挾金錢而貿易者鹽也非硝鹻泥沙也持硝鹻泥沙而欲博其金錢悞人適自悞耳不亦愚乎爲今之計商寧厚用工本權子母而平之而無以苦惡者樸其間引將不導而自通如是而猶或沮焉是令長市德于私販而樹怨于官商也其又何說之辭至于募役一項任輦運者車戶

也任守護者拜斗也任邏緝者弓兵也任通販者手子也皆衣食于鹽而或廪于官或給于商裁汰以後尚三百餘人足供任使矣受若直辦若事無沮格與無武斷與無居間而乾沒與無呰窳偷生坐縻廪餼與無窟穴于其中奸法與盜盜與是在董率者加之意焉夙夜在公一切與之更始商不畏市門之瘕源源其來即鉅萬之賦奚患乎不登何況岀嵯之間普天一體銷鋒寢燧漠然惟見山高而水清安知此有藝之征不更蒙寬減也乎

愚故叙次今昔具見其源委使後之君子得
有所考鏡云逵道識

新修河東運司志卷之三

晋陵馮達道編次

遼海朱之瑞

恒山魏檝祥

荆南孫闢祚同訂

制勑

觧鹽行三省有鞭長不及馬腹之慮監臨奉璽書以行天威柄爲近者比䣊司于藩臬臣同奉勑盖異數也詩不云乎畏此簡書叙制勑

勑監臨

今茲命爾前往山西河東等處專理鹽課察照
户部題定經制所轄河東一運司靈州一提舉
并轄陝西西安府之關内道漢中府之關南道
延安府之河西道鳳翔府之關西道河南懷慶
府之河北道河南府之河南道南陽汝州之汝
南道其行鹽地方西安府漢中府延安府鳳翔
府懷慶府河南府南陽府平陽府潞安府澤州
沁州遼州河州開封府襄城一縣并管河東解
池靈州花馬大小二池凡一切鹽引鹽課均應
採辦督銷徵解首在約束衙門聽事等官及承

差書吏各役使之一遵法紀無致作弊生事擾害商民仍遵旨不得委官察盤徒滋騷害借名訪惡追取贓罰并詞訟贖鍰承舍書役犒賞等項都行裁革巡方本源既正始可表率司道郡邑克修職業有興販私鹽提調所在軍衛有司嚴行緝究其巡捕員役敢有通同作弊玩法容奸一體治罪但不許生事苛求將貧難小民負鹽易食者槩行擾索更照近日屢次部覆條議諸項切實舉行毋以虛文塞責鹽政事理有應會山陝河南各省督撫須與參酌舉行其各運

司場務官吏及行鹽所屬府州縣官有踈率怠忽贓職廢事或貪賄肥己虧損額課允干鹽政應拏問者就便拏問應奏請者具奏定奪其汝寧一府向食淮鹽仍歸兩淮巡鹽管理臨洮鞏昌二府向食西河漳縣井鹽今歸甘肅巡按管理與爾無與勑中開載未盡事宜聽爾酌便請行爾受茲委任須公廉精敏不辭勞怨俾積蠹肅清通商足國斯稱厥職如或貪黷成風上下蒙蔽貽誤國計責有所歸爾其慎之故勑

勅
醝司
茲以河東鹽賦國計攸關命爾清理當茲整頓
維新之日首宜約束衙門官吏胥役恪遵法紀
無致作弊生事擾害商民該司本源既正方可
表率僚屬用循職業爾宜招集商人徵核正課
應行引目務立簡明則例以示綏懷仍嚴查撈
採戶丁稽核派銷斤引飭捕役以緝私鹽省虛
費以速徵納剔侵蠹以疏積壅查照近日戶部
覆議鹽政逐款舉行凡行鹽地方事關稽察勾
攝銷引催科悉聽管理所屬行鹽各官如有貪

污溺職縱役侵漁應審問者先行審問應劾奏
者轉報巡鹽御史劾奏勑中開載未盡事宜有
應斟酌損益上可裕國下可便商者聽熟計經
久之法呈報巡鹽御史商確妥當具奏施行仍
聽該御史考成舉劾爾受茲委任當持廉秉公
釐奸剔弊務使商民輻輳國課充裕斯稱厥職
如或貪黷相沿怠忽誤事致耗蠹叢生商民失
業責有攸歸爾其慎之故勑

鹽筴關乎國計與漕糧茶馬並重河東鹽政
又與他省稍殊

朝廷遣使督視每多慎重誠以裕課恤商非持廉
秉公其道無由伏睹　臺使者所受
訓辭深切著明釐剔大端盡此矣鹺司之有
專勅始于順治五年管理鹽法道秩居副使道員
之上則自康熙六年始寧惟是假之寵靈俾
之車上儛蓋望深寄重使人虩虩憂隕越焉
其曰本源既正方可表率僚屬大哉言乎雖
與典誥並傳焉可也
康熙二十三年九月內河東運使高夢說陞
任員缺吏部照例銓補具　題奉

旨這員缺關係緊要着九卿詹事科道會同于應陞官員內將清廉素著者不拘定例選擇擬補具奏欽此會同選擇兖州府知府張鵬翮擬補具　題奉旨張鵬翮補授運使鹺司之由會推奉簡命自此始則與藩臬較重矣膺是選者惟清慎勤敏殫心盡職以不負聖朝簡任之意斯可矣

鹽臨

河東鹽法舊以分巡道攝其事成化中始如
淮浙例遣侍御監之歲一更
清興如舊繡衣煌煌百官之矩矱也敘監臨

明朝成化間

王　臣字充實江西吉水人舉人十年巡

袁　禎字貞吉江西豐城人進士十一年巡

陳　昺字孟安山東曹州人進士十二年巡

胡　璘字汝温山東濟陽人進士十三年巡

李　寅字敬之直隸興濟人進士十四年巡

奚銘字克新直隸宛平人進士十六年巡
周洪字寬夫山東武城人進士十八年巡
曹奐字世傑山東壽張人進士十九年巡
余深字濬之浙江新昌人進士二十年巡
吴珍字朝重直隸沭陽人進士二十一年巡
劉翔字九霄直隸獻縣人進士二十二年巡
弘治間
張泰字世亨直隸肅寧人進士元年巡
黄玹字敬潤湖廣蒲圻人進士二年巡
劉廷瓚字宗敬河南光州人進士三年巡

王　表字大章河南西平人進士四年巡

吳道寧字世安河南河内人進士五年巡

韓　春字時元直隸蠡縣人進士七年巡

張應奎字時禎山東蒲臺人進士八年巡

邢　義字介甫山東濟陽人進士九年巡

劉道立字成己河南杞縣人進士十年巡

李　鑑字晦之山東濟寧人進士十一年巡

楊　璋字廷宜湖廣孝感人進士十三年巡

李　鉞字虔夫河南祥符人進士十四年巡

曾大有字世亨湖廣麻城人進士十五年巡

湯 沐字新之直隸江陰人進士十七年巡

正德間

甯 杲字仲升山東蓬萊人進士元年巡

徐 鈺字用礪湖廣興國人進士二年巡

周廷徽字公賢湖廣麻城人進士三年巡

魏彥照字德輝直隸容城人進士四年巡

蕭 選字廷舉直隸三河人進士五年巡

胡 止字仲善河南羅山人進士六年巡

燕 澄字憲清直隸真定人進士七年巡

張士隆字仲脩河南安陽人進士八年巡

楊時周字𩅰文直隸固城人進士九年任
朱　裳字公垂直隸沙河人進士十年任
熊　蘭字天秀江西南昌人進士十二年任
宋　鉞字德威山東武定人進士十三年任
鄭維新字敬甫廣東歸善人舉人十五年任
丘道隆字懋之福建上杭人進士十六年任
嘉靖間
朱寔昌字士光江西高安人進士元年任
盧　煥字堯文河南光山人進士二年任
祄　杲字啓昭湖廣潛江人進士四年任

沈松字如松浙江德清人進士六年巡

蔣暘字文暉山東樂安人進士七年巡

王宣字敷言浙江臨海人進士八年巡

楊東字啓明直隸當塗人進士九年巡

方涯字汝濟直隸太平人進士十年巡

宋邦輔字子相直隸東流人進士十一年巡

王嵩字承晦山東章丘人進士十二年巡

余光字晦之直隸祁門人進士十三年巡

沈鐸字時振浙江歸安人進士十五年巡

何賛字堯卿浙江黃巖人進士十六年巡

陶　謨字大顯浙江秀水人進士十八年巡

舒　遷字于喬直隸黟縣人進士十九年巡

魏　謙吉字子惠直隸栢鄉人進士二十一年巡

曹邦輔字子忠山東定陶人進士二十二年巡

喻　時字仲甫河南光州人進士二十三年巡

王　忬字民應直隸太倉人進士二十五年巡

陳　炌字文晦江西臨川人進士二十六年巡

劉應熊字體暘陝西隴西人進士二十八年巡

黃　中字文卿浙江遂昌人舉人二十九年巡

尚維持字國相河南羅山人進士三十年巡

宋儀望字望之江西永豐人進士三十二年巡
李禎字材用江西新昌人舉人三十三年巡
左拄字立卿陜西寧州人舉人三十四年巡
楊儲字元秀江西廬陵人舉人三十六年巡
周滋字伯霖山東諸城人進士三十七年巡
吳過字檢之河南汝陽人進士三十九年巡
王諍字子孝浙江永嘉人進士四十年巡
熊迴字叔遠四川富順人進士四十一年巡
胡鑰字畏卿湖廣潛江人進士四十三年巡
張檟字叔養江西新城人進士四十四年巡

王君賞字汝懋山東淄州人進士四十五年巡

劉師孟字志淑河南臨漳人舉人四十五年巡

隆慶間

趙　睿字若思直隸涇縣人進士元年巡

郜永春字子元直隸長垣人進士三年巡

俞一貫字原道直隸婺源人進士五年巡

許子良字直夫浙江仁和人進士六年巡

萬曆間

張　道字以中江西湖口人進士元年巡

趙　池字道涵山東昌樂人進士二年巡

金　階字子升浙江仁和人進士三年巡

陳用賓字　福建晋江人進士四年巡

尹良任字　湖廣漢川人進士五年巡

房　寰字仲伯浙江德清人進士七年巡

邢　侗字子愿山東臨邑人進士九年巡

王國祚字　直隸滄州人進士十年巡

趙　楷字憲吾四川犍爲人進士十一年巡

姚三讓字伯謙直隸永年人進士十三年巡

李堯民字耕莘山東濟寧人進士十四年巡

吴達可字　直隸宜興人進士十六年巡

秦大夔字舜卿直隸吳縣人進士十七年巡
林祖述字道卿浙江鄞縣人進士十八年巡
蔣春芳字實伯山東益都人進士十九年巡
顧龍楨字翼卿直隸無錫人進士二十年巡
楊宏科字融博浙江餘姚人進士二十一年巡
黄一龍字鱗伯福建龍溪人進士二十三年巡
吳　楷字允式山東曹州人進士二十四年巡
汪以時字太易直隸婺源人進士二十六年巡
曾舜漁字澤卿廣東博羅人進士三十年巡
陳于廷字中湛直隸宜興人進士三十七年巡

楊師程字　雲南安寧人進士三十八年巡

楊州鶴字　直隸大名人進士四十一年巡

萬崇德字　直隸徐州人進士四十二年巡

王遠宜字浮東直隸覇州人進士四十五年巡

江日彩字　福建泰寧人進士四十七年巡

天啓間

張　粼字忝山山東樂陵人進士元年巡

劉术受字貞白江西泰和人進士二年巡

李日宣字緝敬江西吉水人進士三年巡

劉　徽字心虞北直清苑人進士四年巡

黃憲卿字海茹江西廬陵人進士五年巡
李爍然字任明浙江縉雲人進士六年巡
崇禎間
李應期字　山東沂州人進士元年巡
陳廷謨字沙南北直成安人進士二年巡
王與徧字百斯山東新成人進士三年巡
羅元賓字天樂浙江會稽人進士五年巡
楊希旦字忠吾四川閬中人進士六年巡
楊繩武字念爾雲南彌勒人進士七年巡
姜思睿字崗愚浙江慈谿人進士九年巡

王龍震字起一福建晉江人進士十年巡

李嗣京字少文南直興化人進士十六年巡

楊　鶚字無山湖廣武陵人進士十三年巡

成友謙字石生南直海門人進士十五年巡

大清順治間

劉令尹字子木直隸滄州人進士二年巡

朱号延字嵩若山東平陰人進士三年巡

佟鳳彩字高岡遼東遼陽人四年巡

劉　達字淇贍北直濬縣人進士五年巡

梁應龍字　遼東義州人六年巡

盛復選字　滿洲人七年巡

趙如瑾字　直隸雄縣人舉人八年巡

劉秉政字憲評遼東廣寧人九年巡

米　綬字五任江西進賢人進士十二年巡

焦毓瑞字輯五山東章丘人進士十三年巡

李榮宗字祚昌遼東遼陽人貢士十四年巡

劉曰義字贊宸遼東人貢士十五年巡

胡秉忠字靖宇遼東遼陽人貢士十六年巡

張學禮字立菴滿洲人貢士十八年巡

康熙間

徐越字山琢江南山陽人進士元年巡

季振宜字滄葦江南泰興人進士二年巡

高珩字任衡山東淄川人進士三年巡

董文驥字易農江南武進人進士四年巡

李安熙字野臣山東長山人進士五年巡

施維翰字硯山江南華亭人進士六年巡

葛思泰字　滿洲人

傅感丁字雨臣浙江仁和人進士七年巡

巢路洪字　滿洲人

夏人佺字鼓澤江南壽州人進士八年巡

布舒字　滿洲人

熊一瀟字蔚懷江西南昌人進士九年巡

穆成格字　滿洲人

楊維喬字岱頎山東海寧人進士十年巡

常書字　滿洲人十一年巡

何元英字蕤音浙江秀水人進士十二年巡

朱尚義字質菴遼東義州人十三年巡

彝世布字　滿洲人十四年巡

鞠珣字觀玉山東嵩山衛人舉人十五年巡

徐誥武字孟樞江南金壇人進士十六年巡

傅廷俊字　直隸滄州人進士十七年巡

曾寅字方山江西清江人進士十八年巡

黃斐字棻園浙江鄞縣人進士十九年巡

傅臘塔字　滿洲人二十年巡

何嘉祐字子受浙江山陰人舉人二十一年巡

馬爾漢字　滿洲人二十二年巡

滿丕字　滿洲人二十三年巡

李時謙字吉爻順天大興人進士五十四年巡

勒信字　覺羅二十五年巡

圖納哈字　滿洲人二十六年巡

法爾哈字　滿洲人二十七年巡

郝惟謙字鈍齋直隸霸州人舉人二十八年巡

索果字　滿洲人二十九年巡

格爾特字　滿洲人三十年巡

康熙間

徐越字山琢江南山陽人進士元年遷

季振宜字蒼葦江南泰興人進士二年遷

高珩字任衡山東淄川人進士三年遷

萱文驥字昜虞江南武進人進士四年遷

李文熙字野臣山東長山人進士五年遷

施維翰字硯山江南華亭籍上海人進士六年遷

葛思泰字　滿洲人七年遷

傅感丁字肅臣浙江會稽人進士七年遷

鄂色字　滿洲人八年遷

莫洛洪字　滿洲人八年任

夏人佺字敬渟江南壽州人進士八年任

布　舒字　滿洲人九年任

熊一瀟字蔚懷江西南昌人進士九年任

穆成格字　滿洲人十年任

楊維喬字岱瞻山東海寧人進士十年任

嵩　書字　滿洲人十一年任

何元英字雝音浙江秀水人進士十二年任

朱尚義字質菴滿洲人甲科十三年任

壬子夏杪應徵續

齊世布字　滿洲人十四年巡

鞠　珣字觀玉山東大嵩人舉人十五年巡

徐誥武字孟樞江南句容人進士十六年巡

賚

圖字克弘滿洲人三十一年巡

河東行鹽地半入他境前朝勢要占種及他
奏討凡所以梗鹽法者無不至非侍御持斧
臨之其如蠹尾何
新朝罔不蕩滌而私販充斥隳引橫行如故也
當宁憂之周爰之使相踵而至向者群公建議亦
嘗罷遣然風紀所繫必不可罷故不遠而復
謹據題名碑歷誌姓氏于卷端為庶寮之領
袖焉達道識

職官

官之有長貳屬員猶家之有主伯亞旅也家無游手而衆治官不尸位而官治在鹽言鹽敢以不知幾焉爲美談乎家有乘所以明世系也官亦有世系焉叙職官

運使

漢黄霸　淮陽陽夏人爲均輸長

唐司空輿　爲権権鹽使　馮興　以職方郎中兼侍御兖鹽計

陸位　以詹事司直知鮮池　常縱　以大理評事知安邑池

五代鄭元昭　漢乾祐間爲権鹽使

宋

宋摶 真宗大通中任　陳堯佐 閬中人

包拯 合肥人真宗時任　周沆

歐陽修 江西廬陵人　顧臨 哲宗元祐初任

崔嶧 長安人　薛顏 萬泉人

薛尚 顏之孫提舉解鹽

金

范承吉　王尉 香河人大定初任以廉名

元

姚行簡 中統癸亥任　澗閭端夫 至元乙亥任

郭相 至元十二年任　傅中順 至元二十二年任

奥屯茂 大德戊戌任有惠政　吳從仕 至元間權鹽後充解鹽使

阿失鐵木兒 皇慶二年任　完顏德輝 延祐元年任

那海德俊至正甲午任　鄭衍至正七年任

高昌閭閭至正九年任有善政　護應實至正庚子任

鄧立中至正壬寅任　卜顏鐵睦兒至正癸卯任

蔣堂以清謹聞

明朝洪武間

朱芾直隸臨濠人侍郎二年任　孔敡湖廣孝感人副監令七年任

胡大用浙江縉雲人賢良十三年任

永樂間

馮璪四川巴縣人監生十年任　陳𠟎山東人監生二十二年任

洪熙間

楊　傑　山東濱州人監生元年任

正統間

韓　偉　浙江永嘉人監生二年任　何永芳　浙江常山人進士十二年任

景泰間

馬　顯　直隸廣平人進士二年任

天順間

史　潛　直隸金壇人進士三年任

成化間

延　祥　直隸大興人舉人元年任　孟　淮　直隸博野人進士七年任

李　文　直隸遷安人進士十三年任　倪　顯　浙江海鹽人進士十八年任

雷　升　遼東人進士二十二年任

弘治間

李　釗　河南洛陽人進士元年任　　陳　勉　江西臨川人進士九年任

王　宏　山東文登人進士十年任　　張　浴　山東商河人舉人十二年任

李德仁　順天東安人進士十五年任

正德間

劉　瑜　山東文登人進士四年任　　徐　翊　直隸長洲人進士六年任

王　宣　四川嘉定人進士八年任　　趙　麃　武驤右衛人進士十年任

安　奎　直隸趙州人進士十四年任

嘉靖間

馮志　浙江慈谿人進士元年任　伍全　江西安福人進士二年任

杜旻　直隸山陽人進士三年任　黃景星　四川酆都人進士五年任

王溱　直隸開州人進士十年任　劉夢詩　江西永新人進士十二年任

詹瑩　湖廣麻城人進士十四年任　袁士偉　山東肥城人進士十七年任

李章　四川長壽人進士十九年任　黃行可　福建莆田人進士二十年任

陳謨　四川巴縣人進士二十二年任　應大桂　浙江仙居人進士二十二年任

鄒奭　四川巫山人進士二十四年任　高尚志　山東冠縣人進士二十九年任

王三接　直隸崑山人進士三十二年任　方啓參　湖廣巴陵人舉人三十五年任

周堂　直隸邳州人進士四十二年任　王潺　直隸長垣人進士四十三年任

隆慶間

蘇繼　山東壽光人進士元年任

汪汝海　直隸蠡縣人進士四年任

董原道　四川巴縣人進士六年任

萬曆間

李廷觀　江西豐城人進士三年任

李寵實　直隸玉田人進士八年任

王世能　直隸宣城人進士十一年任

夏鐘　四川大足人舉人十三年任

王以纁　直隸文安人進士十四年任

王命爵　福建南靖人舉人十七年任

尹廷俊　雲南蒙自人進士二十年任

林國桐　福建閩縣人進士二十三年任

趙光大　直隸宛平人舉人三十八年任

劉紉培　湖廣麻城人官生四十一年任

趙健　四川劍州人恩生四十四年任

丁士浚　浙江歸安人進士四十七年任

天啓間

孫可僎湖廣崇陽人舉人二年任　顧懋光直隸通州人官生五年任

沈弘業直隸慶都人舉人五年任　周仕國江西寧州人舉人七年任

崇禎間

姚繼崇浙江歸安人舉人四年任　陳達四川奉節人舉人六年任

章金鉉四川漢州人舉人九年任　趙邦琦貴州黎平人舉人十四年任

大清順治間

董宗聖遼陽人國學生三年任　佟延年遼東撫順人國學生員三年任

彭有義遼陽人滿洲籍國學生五年任　陳喆順天大興人供事官七年任

龔如錫直隸永年人進士十一年任　李月桂遼東瀋陽人貢士十六年任

馮達道江南武進人進士十七年任

康熙間

閔三元遼東錦州人貢士二年任

蔡永華山東蓬萊人貢士三年任

張一魁遼東廣寧人官貢八年任

張應徵遼東籍山東臨清人官生九年任

程啟朱湖廣黄岡人進士十五年任

康熙間

閔三元遼東錦州人貢士二年任　蔡永華山東蓬萊人貢士三年任

張一魁遼東廣寧人官貢八年任　張應徵遼東籍山東臨清人官生九年任

壬子夏抄應徵續

運同

金劉徽柔正隆中任廉名第一

元王中順至元癸未任　焦榮至大三年任

宋天瑞皇慶二年任

明朝成化間

趙瓚山東歷城人監生三年任　侯蓋直隸華亭人舉人九年任

李嵩陝西秦州人舉人十七年任　王琳直隸崑山人舉人二十年任

劉羽山東人舉人二十三年任

弘治間

王憲直隸晉州人監生元年任　潘理浙江餘杭人元年任

黎世榮 交趾人監生六年任　胡贊 浙江餘姚人進士六年任

程憲 江西浮梁人舉人十四年任

正德間

婁賡 浙江嘉興人舉人二年任　郝海 直隸祁州人進士三年任

宋冕 直隸定興人監生六年任　李邦彥 直隸薊州人監生八年任

張奎 河南裕州人舉人九年任　廖俊 江西新淦人進士九年任

曹宗璉 河南鄭州人舉人十二年任　田蘭 直隸清苑人進士十六年任

嘉靖間

王承恩 直隸高陽人進士五年任　毛麟之 直隸壽州人進士七年任

吳寅 直隸常熟人舉人八年任　李繼光 河南湯陰人官生十一年任

牟泰 四川巴縣人進士十二年任　喬祺 直隸涿州人進士十五年任

孫隆 山東范縣人舉人十七年任　劉啓東 河南羅山人舉人十八年任

張木 浙江鄞縣人舉人二十一年任　陳棟 直隸寶坻人舉人二十二年任

劉勳 湖廣潛江人舉人二十五年任　鄭寅 浙江餘姚人進士三十年任

姚良弼 武功衛人進士三十一年任　彭澄 江西萬載人舉人三十四年任

袁成能 福建閩縣人舉人三十五年任　王漽 錦衣衛人進士三十六年任

宋繼祖 四川漢州人進士三十八年任　劉時舉 江西吉水人舉人四十一年任

楊一鶚 直隸曲周人進士四十五年任　王閎 直隸清苑人進士四十五年任

隆慶間

陸東 河南祥符人進士三年任　王以纁 順天文安人進士四年任

朱文益　江西浮梁人舉人六年任

萬曆間

陸一鵬　浙江餘姚人進士三年任

王琢玉　山東莘縣人進士五年任

薛紹　湖廣江陵人舉人六年任

牛可麟　河南祥符人進士八年任

吳淵　山東汶上人官生十一年任

梁式　山東冠縣人進士十二年任

劉維城　河南項城人官生十四年任

鄧于蕃　廣東南海人舉人十五年任

黃兆隆　浙江餘姚人進士十七年任

張第　山東茌平人進士二十一年任

俞指　直隸休寧人舉人二十五年任

葉修　江西南昌人進士二十七年任

胡士鰲　福建詔安人進士二十七年任

馬英　山東東阿人舉人二十九年任

祝以冏　浙江海寧人舉人三十八年任

鄭崇厚　直隸淶水人舉人四十三年任

孫可僕湖廣崇陽人舉人四十八年任

天啓間

鄧全悌廣西全洲人舉人三年任　胡崇英遼東金州人舉人五年任

崇禎間

盧友竹人三年任

大清順治間

佟延年遼東撫順人國學生三年任　蔡獻瀛江南宿遷人恩貢四年任

鄭弘圖滿洲人國學生六年任　王宏猷山東平原人貢士七年任

徐化龍浙江山陰人進士十一年任　朱之瑞遼東義州人貢士十五年任

張之璧江南通州人進士十八年任

康熙間

黃標　遼東海州人貢士六年任　祁彥　遼東廣寧人貢士十年任

王秉忠　遼東人舉人十三年任

副使

元喬宗亮 至大庚戌任　張忽都荅兒 延祐元年任

明朝正統間

孔哲 山東莒州人監生二年任

天順間

呂經 廣東高要人舉人三年任

成化間

祁溥 河南汝州人監生十一年任　秦環 直隸南陵人監生十五年任

孟聰 山東寧津人監生二十年任

弘治間

王　惠直隸平谷人舉人四年任　張　璿直隸南皮人舉人六年任
賀思聰直隸永年人進士七年任　婁　虜浙江嘉興人舉人十三年任

正德間

劉　楫山東益都人舉人二年任　胡　鐸浙江餘姚人進士四年任
李　鳳河南郾城人舉人六年任　任　似四川南充人舉人九年任

嘉靖間

王崇智山東曹州人舉人六年任　程伯祥直隸績溪人監生十年任
丁　相直隸清河人舉人十二年任　張雲鵬直隸河間人舉人十四年任
杜　涇山東泰安人監生十五年任　吳　璵陝西華州人歲貢二十一年任
劉元婁河南郾城人恩生二十三年任　程　儒陝西伏羌人監生二十五年任

楊　敷　四川西充人進士三十二年任　宿光溥　四川夾江人舉人二十六年任

鄒文元　福建閩縣人舉人三十八年任　王　秩　湖廣漢陽人進士四十一年任

隆慶間

張　時　直隸易州人進士元年任　丘　瓚　福建惠安人進士三年任

霍維萑　直隸任縣人歲貢六年任

萬曆間

陳嘉謨　湖廣湘鄉人舉人元年任　章　述　浙江蘭谿人舉人四年任

陳大章　浙江鄞縣人進士七年任　任登瀛　山東歷城人舉人八年任

蔣邦輔　湖廣黔陽人恩貢十一年任　任希望　直隸清河人舉人十二年任

薛　諫　浙江山陰人儒士十五年任　顧應龍　直隸無錫人進士十七年任

趙有功直隸鷄澤人舉人二十年任　張書錦衣衛人進士二十二年任

劉邦重直隸上海人選貢二十六年任　王邦安山東汶上人選貢二十九年任

于應龍山東莒州人選貢三十二年任　吴守默河南固始人選貢三十四年任

張凌雲山東章丘人官生三十五年任　周維禎浙江諸暨人監生三十七年任

藍士龍江西金谿人舉人三十九年任　王嘉命山東平陰人選貢四十一年任

馮賓期直隸江都人監生四十二年任　王允升山東鄆城人舉人四十四年任

天啓間

李思賢江西南城人監生四年任　高偕直隸滁州人監生五年任

郜士垣浙江鄞縣人貢生七年任

崇禎間

沈涞浙江烏程人康貢監元年任

大清順治間

范登仕遼東遼陽人國學生三年任　張肇斌浙江山陰人恩貢三年任

李因之山東長山人官監五年任　李士楨山東長邑人貢士七年任

張希傑滿洲人貢士九年任　張逸山東海豐人進士十三年任

魏魁祥直隸栢鄉人拔貢十八年任

康熙間

邊之鉉直隸任丘人拔貢七年任　晏霖江南江陰人進士十六年任

判官

明朝景泰間

揚浩 山東濟寧人舉人二年任

天順間

劉斌 河南新鄉人舉人八年任

成化間

張璿 陝西安定人監生五年任

張綸 直隸睢寧人監生十五年任

辛純 河南襄城人舉人十七年任

李節 山東泰安人監生十九年任

王績 四川蒼溪人監生二十三年任

弘治間

袁　翶　直隸松江人進士二年任　　馬　夔　直隸大興人舉人十年任

正德間

武　鋭　山東魚臺人監生三年任　　吳　瓚　直隸騰驤衛人舉人五年任

李應禎　河南儀封人舉人九年任　　楊士魁　河南蘭陽人進士十年任

高　遷　山東茌平人舉人十四年任

嘉靖間

杜　盛　直隸寶坻人進士六年任　　廖　軫　江西崇仁人舉人七年任

張　恭　山東招遠人監生十年任　　韓　暹　陝西保安人監生十一年任

趙　業　福建同安人吏員十六年任　　張大綱　直隸霸州人監生二十一年任

董子儀　直隸上海人進士二十四年任　　田　濬　山東聊城人監生二十八年任

朱　性　直隸沙河人監生三十二年任　董士奇　直隸武進人監生三十三年任

李一德　江西吉水人監生三十七年任　荆守約　直隸安肅人監生四十四年任

隆慶間

高　燦　直隸清苑人監生元年任　林奇才　福建晋江人進士三年任

范　津　江西樂平人官生四年任

萬曆間

孫　臣　直隸容城人舉人二年任　李　梧　四川瀘州人進士六年任

黄宗周　四川梁山人貢士七年任　梁　符　山東汶上人舉人十一年任

戴文珮　江西浮梁人監生十四年任　孔祖尭　廣西臨桂人舉人十五年任

王　禎　直隸開州人進士十六年任　吴　尭　浙江山陰人監生十八年任

韋國賢　直隸遷安人選貢二十年任
黃世典　江西南豐人監生二十二年任
呂徵昌　浙江餘姚人進士二十五年任
陳春雷　浙江永嘉人監生二十九年任
李　旦　山東諸城人舉人二十九年任
黎民敏　四川樂至人選貢三十三年任
王建中　浙江平湖人進士三十四年任
顏悅道　直隸魏縣人進士三十五年任
張藍瑭　直隸邯鄲人監生三十五年任
王德溥　江西上饒人監生三十六年任
田一井　直隸安州人進士三十七年任
吳　化　湖廣黃安人進士三十八年任
崔讓吉　直隸魏縣人歲貢三十八年任
陳　鑑　雲南石屏人進士三十九年任
岑鳳翔　直隸邢州人選貢三十九年任
林景耀　福建福清人四十三年任
鄭安民　貴州安化人四十四年任
胡宗漢　山東臨清人四十六年任

天啓間

趙宋儒浙江平湖人舉人元年任　史躬盛浙江烏程人進士三年任

李森山東日照人貢生五年任　鄭武烈福建龍溪人恩貢七年任

崇禎間

巫彬南直當塗人貢生元年任　王域直隸滄州人貢生三年任

大清順治間

郭寅日福建同安人選貢二年任　張希傑滿洲人貢士四年任

孫茂滿洲人國學生七年任　郭顯功遼陽人貢士十一年任

華愈燦湖廣興國人恩貢十三年任　孫開祚湖廣荆州人拔貢十七年任

康熙間

徐念肅江南華亭人貢士八年任　俞鳳章直隸宛平人教習十五年任

康熙間

徐念肅江南華亭人貢士八年任

壬子夏秋應心藏續

經歷

明朝成化間

霍　謙　山東濟寧人監生十五年任

弘治間

孫　廣　直隸安州人監生元年任

常　傑　陝西秦州人監生二年任

王　儉　湖廣麻城人監生六年任

魯　詢　河南商城人監生八年任

謝　宏　直隸南陵人監生十五年任

正德間

韓　旺　山東海豐人監生五年任

孫復亨　山東招遠人十四年任

嘉靖間

霍紳直隸衡水人監生四年任　汝順直隸吳江人監生八年任

崔岳直隸廣宗人監生十七年任　毛恕直隸新樂人監生二十二年任

劉鉦直隸通州人選貢三十二年任　孫光祖順天武清人歲貢三十四年任

辛珮河南許州人監生三十七年任　蔣德懋直隸武進人監生四十二年任

楊文輝直隸淮安人監生四十五年任

隆慶間

留元嶶福建晉江人監生二年任　王嵩直隸趙州人監生六年任

萬曆間

程嗣爵直隸歙縣人監生二年任　黎紹詵廣東順德人舉人五年任

陳九纓山東益都人監生七年任　柳明山東臨清人舉人十年任

朱景昇直隸崑山人監生十二年任　趙址山東萊陽人歲貢十六年任

曾綽湖廣衡陽人舉人十九年任　馮世泰浙江慈谿人監生二十年任

孫鵬程山東歷城人選貢二十二年任　周仲仕四川仁壽人進士二十三年任

霍與瑺廣東南海人舉人二十四年任　蘇攀福建海澄人選貢二十六年任

吳學廣福建上杭人吏員二十九年任　余森直隸盧江人吏員三十一年任

李珽江西南昌人監生　趙汝德南直廬江人監生

柯應第南直貴池人監生　董成名南直武進人監生

汪大遜南直徽州人監生　徐允薦山東海豐人舉人

潘汝霖南直監平人監生

天啓崇禎間

胡廷靖 浙江杭州人監生　李應登 直隸武清人貢生

錢元善 南直通州人選貢　蔣士麟 廣西全州人官生

林昂 福建漳州人官生　王之鞏 陝西醴泉人貢生

李世顯 浙江烏程人監生　邊大舜 北直任丘人舉人

朱國輔 南直崑山人舉人

大清順治間

張學智 山東樂平人貢士三年任　俞璧 浙江山陰人進士八年任

林有本 直隸大興人進士十二年任　陸舜臣 浙江山陰人歲貢十六年任

康熙間

楊　霞山東臨淄人進士元年任

王起龍鑲藍旗人貢士八年任

壬子夏杪應徵續

知事

明朝成化間

夏樂正 江西安福人二十二年任

弘治間

方果 浙江慈谿人吏員六年任　趙恕 直隸河間人吏員七年任

韓璋 直隸威縣人監生十五年任

正德間

李思儼 直隸衡水人監生六年任　李繼明 湖廣崇陽人吏員九年任

姚璉 直隸愽野人監生十五年任

嘉靖間

蔡　鴻　直隸潛江人吏員三年任　曾　宜　江西臨川人知印八年任

段尚綱　河南伊陽人吏員十四年任　姚　惠　直隸定興人吏員十八年任

李　遠　江西豐城人知印二十年任　白　忠　直隸靈壽人吏員二十一年任

楊　琥　江西安仁人吏員二十二年任　章煥然　湖廣善化人知印二十六年任

趙循秀　浙江臨海人監生三十一年任　吳原志　福建連城人吏員三十四年任

劉國良　浙江山陰人知印三十五年任　劉　綱　直隸無爲人吏員三十五年任

陳時夏　直隸大名人知印三十八年任　李鳳池　山東鉅野人監生四十二年任

田　耕　河南湯陰人歲貢四十四年任　李　椿　江西豐城人知印四十五年任

隆慶間

桂　詔　直隸合肥人吏員三年任

萬曆間

吳邦彥　江西高安人吏員元年任　　趙棟　雲南賓川人吏員二年任

喬巖　河南商丘人進士四年任　　蔣大方　湖廣鍾祥人知印五年任

張九鶴　直隸薊州人儒士七年任　　曹儒　湖廣武昌人吏員十年任

陳巳聞　湖廣武陵人官生十五年任　　蔣昉　江西廬陵人監生十七年任

王邦禮　山東長山人舉人二十年任　　王臣　陝西井州人選貢二十三年任

譚誥　廣東東莞人吏員二十五年任　　鄒三傑　福建清流人吏員二十七年任

鄧錫爵　江西新淦人吏員二十年任

大清順治間

王存鰲　山東丘縣人選貢五年任殉難　　佟希堯　遼東人貢士七年任

王恩問 陝西冨平人吏員卜一年任

李永昌 直隸任丘人舉人十三年任

許彭年 順天大興人拔貢十四年任

康熙間

潘玉 浙江浦江人吏員三年任

高駿升 浙江秀水人舉人五年任

党應乾 順天大興人供事官卜五年任

康熙間

邊之鉉直隸任丘人援貢七年任

壬午夏秋應徵續

食貨也者其周身之脉乎引而上則泥丸之宫注於下則湧泉之穴故司鹺政者以轉運名必將疏壅去梗呼吸畢貫不使底滯成疾斯為不忝其官臣門如市臣心如水水味淡惟淡乃可治鹽其母以清白之躬為羹魚服肉也則善矣上下千百年官于斯者不知凡幾如右方所録皆近而有徵善于其職者若而人負乘速官謗者若而人其来無名其去不思倏焉泯没者若而人嗚乎後之君子其何途之從與此外一二瑣員亦各有典守惜

也掛一漏萬仍其闕如非載筆者之本意也

達道識

宦蹟

士苦不宦耳宦矣而不得以宦名真不近名耶抑求名而名不我隨耶河東一席地以奉命至以受銓至者多矣炳炳燐燐名與中條並聳者幾何人也敘宦蹟

漢黄霸字次公淮陽陽夏人少學律令為河東均輸長以廉察稱

隋姚暹大業中為都水監先是鹽池苦客水為患暹乃濬永豐舊渠兼築堤堰自安邑楊家莊西至臨晋五姓湖以入於河客水有所歸乃

不為害後人德之因更名為姚暹渠

唐姜師度魏州人玄宗時為河中尹鹽池廢涸師度大發徒卒開水道引清流以灌池鹽利大生乃置屯以收之公私均裕焉

司空輿憲宗時為巡院官戶部侍郎盧弘正判度支遣輿新立兩池鹽法其課倍入因遷榷鹽使輿以壕籬固鹽池之堤禁盜鹽與鬻鹺者皆死人無敢犯者

宋宋摶萊州人為河東轉運使真宗時邊患未息摶經理鹽運有幹治聲會請罷採以紓民力

陳堯佐閬中人為轉運使奏除石炭等稅及減
官冶鐵課歲十萬又預防池患築堤種柳民
永以為便
周沆為轉運使時多盜鑄錢吏以峻法繩之犯
者日衆沆但命高估鐵價盜鑄者無利不禁
而自止焉
包拯合肥人耿介有風節嘗經度解鹽以通商
販軍國賴之
歐陽修慶曆初以右正言為河東制置使募民
闢墾廢田憫河東賦重奏罷十餘事

李綽元祐間為解令兼鹽池事自王谷口築堰
防池由東而北至苦池灘止排條山諸谷之
水并白沙泛溢之水皆由池以達於渠後人
即稱為李綽堰與姚暹渠同不朽焉
金范承吉時承李宋之弊國賦額太重承吉立法
簡便官既足而民有餘
元卜顏鐵睦兒為運使値國課告匱派及州縣戶
口公設法嚴緝私販課得充足鹽丁撈採不
許衙役侵擾修築渠堰不許豪猾倖免他如
歸李氏之鬻子退張氏之爭婚供稱善政

護齋實司鹺有惠政鹽丁車戶就現在均派免其包累時有造船垣山土伕諭有司免本鎮人不與賣零鹽止收官價交課鈔免民充役定鹽草之價並鹽斤之數俱稱便民

明孟淮博野人憲宗時為鹺使因池鹽旁行秦豫法難盡行且占種奏討者多不勝掣肘之慮請如淮浙事例遣侍御監臨積弊始一清焉

王臣吉水人河東新設監臨首命公往悉辦心經畫築堤整糧弭盜定額課以足邊法紀森嚴豪強屏跡及代商民扃闔入都願再借六

年上允之公拮据不倦竟卒於官商民爲立
忠愛祠與池神並祀云
胡贊餘姚人爲運司同知才識敏練時場積餘
鹽官民俱苦之贊建議奏請改派稱兩便焉
中場收放鹽課多則病民少則病商贊一一歸
于平後致政去
胡止羅山人巡視河東會流寇鴟䐍鹽課將逼
運城城僅土堡數尺民無固心公與孝廉謝
詰謀立調鹽丁萬人增高四尺許五日而就
寇不敢窺士民仰德立衛民祠祀焉

張士隆安陽人先是商販鬻鹽由河東達河內阻於中條攀嶺而走羊腸公憫之乃鑿山通道商得方軌又創書院以造士科第烝烝起厥後張江陵柄國議毀之時運使李廷觀夜夢偉人謂之曰余張御史也為國養賢乃欲鞠為茂草君弗能救與李驚寤立改為三聖廟議乃寢即今所云育才館者是也

盧煥光山人嚴重有方略稱名御史西姚劇賊聚衆盜鹽為蠹公不動聲色而靖之興起人文三省皆蒙教澤學校誦之不衰

伍全安福人爲運使饒有幹濟每見鹽場掣支強梁攙起懦者破陵躒乃分定車戶派以三場序以六班魚貫出入衆論翕然稱便

余光祁門人文望冠西臺著作高古在先秦兩漢間視鹺河東剔弊釐奸不畏彊禦建正學書院加意作人雖童子亦擇師以教之

喻時光州人時有奸民誘宗室亂法者公置之法興風雲雷雨之祀課士多成名

詹瑩麻城人幼有至行聘未昏而女失明或謂宜改圖公曰我聘而改圖誰復聘者竟娶之

是歲擢巍科及為運使多惠政毎旱潦有禱
必應又嘗修卓刀等堰裨益為不淺云

袁士偉肥城人操守光大兼有通才在司值歲
凶道殣相望公歎曰此非朝廷赤子乎乃悉
召貧民給以工本令入池撈採課充數年而
存活亦以萬計又增補秩祀祭器祀典光爲

李章長壽人性寛而政和毎值採鹽民相謂曰
勿惰恐李使君知之不日而數盈焉

郴英巫山人倜儻剛直除猾吏剔弊端勢要豪
商莫不歛手屏氣監臨直指亦雅重之不以

佗務干也爲運使九年邊無匱餉歲無餘貲兩入覲皆以廉能課最公論允焉

方啓參巴陵人嘉靖乙卯地大震公爲運長節已勤民數月間易危而安修城而一人不擾掣引而三場均給葺禁垣捕私販謹庠序上臺屢疏薦揚公浩然思歸民建祠以祀

劉勲瀘江人少孤苦多歷艱辛同知司事清而勤性往戴星掣放車户感之見事風生鹽場積蠹袪除殆盡衙宇肅然

尚維持羅山人自奉節儉官方肅清商人以時

掣支私販一切斷絕故一年而徵十年之逋
爲修書院立社學建名宦鄉賢二祠周子衿
之匱乏給老病之資藥善政難以枚舉瑞鹽
盛生禱雨雨應人謂盛德所感

李禎新昌人入境時邊餉火急赤地千里公體
恤行恕正鹽籍逼私販督撈條辨功罪徧諭
所司釐剔浮賦且于院前開道樹坊窩賑于
役又有教育多士之功

周滋諸城人監鎬時正值地震之後凡祠廟公
署悉爲修理時池不生鹽已十載餘公爲潴

水以養其源疏流以潤其涸獲鹽十倍于昔
且清地築堰雖藩府之怨不恤焉
王諱永嘉人伉直不阿有古大臣風視鹺河東
以冰蘗各其堂蓋自砥也值大旱公禱雨祈
鹽引鬻切責茸雨久霽鹽花盛生都御史鄢
懋卿時宰嚴嵩之私人也總巡天下鹽政盡
括民財以媚上監司承旨掊尅欲加賦河東
公抗議而沮士民至今德之鄢始至開宴安
邑令治具肴席至三十餘金公見之大怒立命
撤去務從儉約宴罷明日即具餞以促其行

鄙無所加于公屛氣而去

郜永春長垣人精于核鹽清祿糧以杜奸欺收硝池以弭私販題南陽以復舊轄興書院以羅人才疏河渠以通水利開南鍚以便撈採俱功之不可泯者

王世能宣城人先是商困于催科監禁之苦不勝其擾公爲使不差衙役且親督採鹽商獲大利後卒于官商民痛之

林祖述鄞人慈祥篤實極意恤商當關歸割版之日公知大司農已有成心豈不與辯革來

乃請減鹽課請壓待商人本息俱論商人感之入骨撈採以時緝捕有法公論多之

蔣春芳益都人按臨河東酌立鹺規可垂久遠新池廟緝志書至今賴焉

林國相閩人為運長蘇商惠民尤加意於作人先是正統間永嘉陳偉以國子生歷任本司請於上建運學厥後生徒漸盛顧多貧不能舉火公創義倉置學田以廩之士蒙其惠刻學生纂訓問字錄二書行世

王建中平湖人由省中遷閩臬謫本司判官持

已清釐凡興革大務如壓待進鹽運發遠商等事伏義争執不爲勢沮又置田修學崇重文教有續修運志今散佚不傳

汪以時婺源人刻意節儉一以鋤強字弱爲主餘鹽餘銀屢疏執奏爲民請命省公用銀糴穀三千八百餘石爲賑饑民賞鹽丁之用又建太陽廟以補正祀之未及焉

楊師程滇人按河東執法不貸大盜鹽蠹盡伏其辜且以清名著雨神廟其所創建

張潑樂陵人按河東時有困商五十餘家立豁

其課杜起掣緩預報一切繁費悉行裁省懲積弊之蠹葬無主之殍報竣後尚留金羅穀幾四千石以備災荒最遺惠者朝議加課公特疏痛陳商苦獲免去之日民遮道泣送有卧轍幾絕者

孫可僎崇陽人任運使仁慈明敏人咸頌德

劉大受泰和人酌量預報裁省添搭鹽不貲之脚價柴價免鹽丁之鹽銀草銀刪灘地之蘆價清護池之侵地取田苦池租銀作餉募兵又有修學甃城諸大政

李日宣江西人按河東內絶私營外無貴態修八政橋以利人行應有建白不避嫌怨商民慕之河東有育才館若合秦豫晋三方人士敬業其中館遂隘因節費捐贖增置學舍又建弘運書院于運城迎曹真予先生主之又置學田以供朝夕人謂鄒魯重新焉

陳廷謨咸安人以肅衛命入境即禁班迎鋪設之擾在程禁旁採親課程清衛蠹調課額俱有成效及艱歸民立去思碑

王輿徽蘄城人按鹺時寬嚴互用奸宄屏跡革

勸民務採以塞弊賚恤壓待商人以蘇孑遺
會流賊將至城下公素得民心且執法不貸
協力堵防運城無恙
揚繩武瀕今政持大體凡事游刃而解不假手
於左右先是崇禎甲戌運使全署缺官安邑
令張問明署事惟事嚴刑衙役乘機詐害商
困遠逃公下車露章劾奏得旨拏問人情脊
快公因日以招商爲事商乃樂趨又特䟽民
間疾苦乞免包差之累賑饑民養貧士捐俸
贖以葺文廟池神廟表忠祠以次興舉極重

武備修城練兵殆無虛日聞秦寇逼河郡率士卒沿河堵防民賴以安去之日行李蕭然商民無不歎泣

姜思睿浙人按鹺日正值歲歉首出三千金煮糜哺之國課告匱群商就斃公甦復戶口乃得生全於四門外置漏澤園共五十餘畝暇則立社課士且置田以資之

楊鶴武陵人按河東時值連歲荒歉公糴粟於太汾秦渭徧給窮民民為立救荒德政碑又築敵臺增新兵河南寇逼崔惟一聞風潰散

又置田贍士以資四民之無告者

趙健蜀人任鹾司姿性英頴不為左右所欺且廉潔自持一介不苟數十年猶存道其清者

盧友竹任運司同知清白自矢攝總司篆時痛革陋規除朋合之銜役藪隱匿之奸商又增兵濬濠為未雨之防臨機應變調度有法賊畏公延安威名值兵至引去

河東晉地也晉國亦仕國漢唐以来以文德武功著斯土者史不絕書予讀鹽非關切鹽政縣不錄所以別於州邑之志也錄以時代

前後爲序而不以官位似崇庳溷矣然與唐宋一例且甚便于将来之續刻也往代諸名公或有未立傳者既散見于碑文事蹟之中不必以傳重而近代名卿尤多跨越疇昔則虚左以待公評之自定焉嗟乎高山景行雖不能至心竊嚮往之人情大抵然矣跡其行事又多所忤午慕悦雖殷局當乎流磬播穢存乎其人鴟鴞非不知鳳德而麒麟仁厚豈按圖而摹似者哉昔人有言不恨我不見古人恨古人不見我君子所由貴自砥也達道

識